Ivar Buterfas

Mut ist nicht Leichtsinn

Ich musste eine Lücke schließen

Ich widme dieses Buch allen Menschen,
die sich mit Mut einer schweren Krankheit zu stellen haben
und über sich hinauswachsen müssen,
um über eigene individuelle Wege
dem inneren Frieden näher zu kommen.

Autor (verantwortlich für den Inhalt):
Ivar Buterfas

Zu beziehen über:
Dagmar und Ivar Buterfas
Oberaltenallee 20 a, 22081 Hamburg
Tel.: 040 / 22 955 00, Fax: 040 / 22 800 15
E-Mail: autor@ivar-buterfas.de; Internet: www.ivar-buterfas.de

Druck:
CPI books GmbH Birkstraße 10, D-25917 Leck

ISBN: 978-3-934672-24-6

Inhalt

Ein Mut machendes Beispiel

Die ehrliche, direkte Art der Erzählungen von Ivar Buterfas machten schon den ersten Teil seiner Autobiographie („Sonny Goj") so beliebt, dass insgesamt elf Auflagen folgten. Ich denke, der hier neu vorliegende zweite Teil wird nahtlos in diese Fußstapfen treten – schildert er doch packend und realitätsnah seine Bemühungen und Kämpfe in sehr unterschiedlichen Bereichen.

Ein zentraler Punkt ist sein Ruf nach einer angemessenen Würdigung des Stalag XB Gefangenen- und Straflagers sowie in den letzten Monaten des Jahres 1945 Konzentrationsauffanglagers Sandbostel, in das zur Zeit des deutschen Faschismus aus 46 Nationen Kriegsgefangene interniert, menschenverachtend gedemütigt, gequält und ermordet wurden. Nach dem Zweiten Weltkrieg wurden die Inhalte und Taktiken des Terrors, die der Verführung und die Willigkeit der Meisten, wenn überhaupt, nur höchst unzureichend in der Masse der Gesellschaft diskutiert. Viel eher wurde pathetisch geschwiegen und tabuisiert. Themen, von denen man nicht redet. Wir erinnern uns: Neunzig Prozent der durch die Gestapo abgeführten Menschen wurden durch Nachbarn denunziert, Spitzel waren kaum nötig. Über Sandbostel schwebte die Verdrängung so stark, dass die markanten Baracken des Lagers noch nicht einmal abgerissen, sondern einfach in den Köpfen der Beteiligten umgedeutet wurden! Eigentlich mahnten sie täglich durch ihre Präsenz ... doch man hat von nichts gewusst und will auch nicht über die Zeit reden. Bloß nicht nachdenken. Eigentlich hat sich an dieser Vorgehensweise bis heute nichts geändert, auch in Bezug auf aktuellere Themen.

Dem Engagement von Ivar Buterfas ist es zu verdanken, dass endlich auch an dieser historischen Stelle die Themen öffentlich diskutiert werden. Es bleibt zu hoffen, dass irgendwann den Lippenbekenntnissen und verlegenen und abgegriffenen Floskeln vieler „Entscheidungsträger" ein echter Prozess des Nachdenkens folgt – und endlich die Herzen sprechen, nicht nur der Verstand.

Die zweite, herausragende Auseinandersetzung für Ivar Buterfas war aber überraschenderweise auf gänzlich anderem Felde, nämlich dem der Gesundheit. Ein Themenbereich, der bisher tunlichst von ihm gemieden wurde. Gerade hier hat seine erfrischend-burschikose Art einen Weg geebnet, der seine Rettung werden sollte. Die Chuzpe, sich dem abstrakten Unheil namens Krebs mit Trotz entgegen zu stellen, entschied über den weiteren Verlauf. Seine charmante Störrigkeit, die sich dem seifenblasenartigen Einlullen vieler Ärzte entgegen stellte, war der entscheidende Faktor, aus dem gesellschaftlich vorgezeichneten Weg auszubrechen.

Frage hierzu: Wenn mit getrübter Miene und getragener Stimme einem Patienten eindringlich mitgeteilt wird, wie lange er noch zu leben hätte, dann wäre er doch ein ungezogener Patient, diese Vorhersage nicht auch zu erfüllen, oder? Welche Zeitbombe wird da täglich in Menschen platziert ...

Nach Beginn der ausgeprägten Nebenwirkungen der Chemotherapie weigerte er sich, diese weiter fort zu setzen; ein wichtiger weiterer Schritt in diesem Prozess. Da inzwischen klar ist, dass eine Chemo nur bei einem sehr kleinen Anteil der Krebsarten überhaupt nennenswerte Effekte erzielt[1], fragt sich Ivar Buterfas mit Recht zu einem erfreulich frühen Zeitpunkt: Welche echten Alternativen stehen mir zu Verfügung? Doch gab es lange Zeit keine Antwort, eher Ablehnung. Genau hier offenbarte sich leider die oftmalige Ignoranz im Bereich der Medizin: Eine kritische Selbstreflexion findet nur selten statt, meist herrscht ein nivellierter und bequemer Pragmatismus. Ein ihm bereits bekanntes Muster wiederholte sich in frappierender Parallelität.

Gesammelter Mut und ein offenes Ohr für bisher Ungehörtes, das brachte einen Kurswechsel und neuen Wind in die Segel. Andere Herangehensweisen und Mittel wurden zwar weiterhin durch einige Behandler diskreditiert, wahrscheinlich aber auch, weil sie ihnen schlicht und ergreifend unbekannt waren. Der vermeintliche Zufall verwies Ivar Buterfas letztlich auf ein Mittel aus der Ganzheitsmedizin, das Froximun, das ihm half, sich trotz aller düsteren und unheilvollen Vorhersagen über ein baldiges Ableben auf die Hinterbeine zu stellen. Noch heute wollen viele nicht glauben, wie gut es ihm geht, dass der „Totgeweihte" wieder Reisen und Vorträge unternimmt. Selbst die meisten dokumentierenden Ärzte scheuen sich, von „geheilt" zu sprechen. Und doch lebt dieses Beispiel für einen anderen Weg direkt vor der Nase, noch dazu mit bester Laune.

Für den kurzen Weg auf dem Pfad der ganzheitlichen Medizin, auf dem ich bisher Ivar Buterfas therapeutisch begleiten durfte, darf ich mich schon jetzt bedanken. Im Namen vieler Patienten für sein Mut machendes Beispiel.

Marcus Stanton, Arzt

[1] siehe Artikel im Spiegel Nr. 41/2004 „Giftkur ohne Nutzen"

Prolog

Es ist Donnerstag, der 1. März 2007. Ich sitze gemütlich in unserem schönen Wohnzimmer und genieße den herrlichen Ausblick durch die großen Panoramafenster. Vor mir breitet sich der Kleckerwald mit seiner großen Vielzahl an uralten Buchen und Eichen aus.

Auf unserer Terrasse befindet sich ein Vogelhäuschen. An dessen Seiten, fest montiert, die Meisenknödel, im Häuschen selbst herzhaftes, gesundes Vogelfutter. Längst hat es sich unter den im Wald beheimateten Finken, Kernbeißern, Rotkehlchen und den vielen anderen Vogelarten herumgesprochen, dass hier ein reichlich gedeckter Tisch auf sie wartet. Entsprechend groß ist der Andrang, wenn sie sich zu einem gemütlichen Frühstück, Mittag- oder Abendessen zusammenfinden.

Ich überdenke meine Lebenssituation und stelle fest, dass ich näher an 80 Jahren bin als an 70, die ich längst überschritten habe. Zur Zeit fühle ich mich sehr wohl. Obwohl nach meiner letzten Operation am 11. Januar 2007, bei der mein künstlicher Darmausgang verlegt wurde, meine Darmflora noch nicht intakt ist, habe ich keine besonderen Schwierigkeiten. Dazu aber später mehr.

Nach vielen Gesprächen mit meiner Frau und zuvor hundertfach auch meinen Freunden in Luxemburg, in der Schweiz, in Österreich und in der Bundesrepublik Deutschland gegebenen Versprechen habe ich mich endlich dazu entschlossen, den längst fälligen zweiten Teil meiner Autobiographie zu schreiben.

Noch vor 6 Monaten, als mir die schreckliche Eröffnung gemacht wurde, dass ich an Krebs erkrankt bin, glaubte ich, das Ende sei gekommen. Ich stellte mich darauf ein, nun schnellstens alles Irdische regeln zu müssen, um mich dann auf die letzte Reise vorzubereiten.

Dass ich heute, am 1. März 2007, hier gemütlich sitzen kann und einen Teil dessen zu Papier bringe, was mir in den vergangenen Jahren begegnet ist, grenzt nahezu an ein Wunder. Gern lasse ich Sie teilhaben an meinen Erinnerungen, die sozusagen die Fortsetzung meines im Jahre 1995 erschienenen Erstlingswerks „Sunny Goj“ sind ...

Kapitel 1: Besuch in der Türkei – Verleihung des Friedens- und Toleranzpreises

Es war einer der bedeutendsten Tage meines Lebens als mein Buch „Sunny Goj" im Oktober 1995 vorgestellt wurde. Ort der Veranstaltung war das altehrwürdige Atlantic-Hotel, gelegen mitten im Herzen meiner geliebten Vaterstadt Hamburg, mit wunderschönem Blick über die Außen- und Binnenalster.

Mein damaliger Verleger und ich hatten diese Buchvorstellung sehr sorgfältig vorbereitet. Es gab eine wirklich exzellente Gästeliste aus Politik, Wirtschaft und Kultur, darunter viele persönliche Freunde. Auch die anwesende Presse wartete gespannt, welche interessanten Neuigkeiten durch mein 336 Seiten starkes Buch nun an die Öffentlichkeit gelangen würden.

Sehr stolz war ich darauf, dass sich der ehemalige Ministerpräsident Nordrhein-Westfalens und spätere Bundespräsident, Dr. Johannes Rau, spontan entschloss, eine persönliche Widmung auf das Cover eines meiner Bücher zu schreiben. Herrn Dr. Johannes Rau hatte ich anlässlich der Vorbereitungen zu meiner später als Sonderbeauftragter für Jugendaufklärung auszuübenden Tätigkeit kennen gelernt.

Sehr gefreut habe ich mich, dass unser damaliger Erster Bürgermeister und Senatspräsident der Freien und Hansestadt Hamburg, Dr. Henning Voscherau, meiner Einladung gefolgt war. Zu ihm unterhielten meine Frau und ich ein ganz besonders herzliches Verhältnis.

Dr. Voscherau hat unsere zahlreichen Veranstaltungen zum Erhalt der ehemaligen Hamburger Bürgerkirche St. Nikolai nach Kräften unterstützt. Wann immer es ihm möglich war, war er präsent. Ohne seine Hilfe hätte das heutige Mahnmal St. Nikolai, das europaweit größtes Ansehen genießt, sicherlich nicht realisiert werden können.

Gerade vor dem Hintergrund, dass dieses Mahnmal Millionen von Touristen in unser geliebtes Hamburg, das als eine der schönsten Städte der Welt gilt, führt, gebührt ihm allergrößter Dank. Auch Dr. Henning Voscherau hatte es sich nicht nehmen lassen, sich ebenfalls auf dem Cover mit ein paar Zeilen zu verewigen.

Ivar Buterfas, umrahmt von zwei Gönnern: Schirmherrin Loki Schmidt und Bürgermeister Henning Voscherau

Ihm gleich tat es unsere liebe, großartige Freundin Heidi Kabel, die ebenfalls auf diese Weise Stellung zu der Arbeit meiner Frau und mir genommen hatte.

Natürlich komme ich nicht umhin, jenen Mann zu benennen, mit dem ich über Jahrzehnte eine große Freundschaft unterhielt und der weit über seinen Tod hinaus noch eine der beeindruckendsten Persönlichkeiten Deutschlands ist: Max Schmeling.

Max Schmeling machte mir eine besonders große Freude, indem er sich bereit erklärte, das Vorwort zu meiner Autobiographie „Sunny Goj“ zu verfassen. Immer wieder las ich diese Zeilen, wenn ich Kraft für die Bewältigung meiner schweren Krankheit brauchte.

Zuspruch fand ich auch in den Zeilen des damaligen Ministerpräsidenten von Schleswig-Holstein, Björn Engholm. Er hatte sich mit einem schönen Portraitfoto in meinem Goldenen Buch von St. Nikolai verewigt und dazu Theodor Fontane zitiert: Am Mute hängt der Erfolg!

v. links: Max Schmeling, Ivar Buterfas, Mike Tyson

Neben den vorab Genannten erwies mir ein weiterer guter Freund die Ehre, an meiner Buchpräsentation teilzunehmen. Es war der Boxweltmeister im Halbschwergewicht, Dariusz Michalczweski.

Auch er ist in meinem Buch verewigt, nicht zuletzt weil er es geschafft hat, seinen Titel im Halbschwergewicht 49 Mal zu verteidigen. Ein 50. Mal gelang es ihm leider nicht; danach hat er die Handschuhe, wie man so schön sagt, an den Nagel gehängt.

Nach seiner 10. Verteidigung des Weltmeistertitels war es mir möglich, für ihn eine Audienz bei Papst Johannes Paul II. zu arrangieren. Seinerzeit besaß ich direkte Verbindung zum Persönlichen Referenten des Heiligen Vaters im Vatikan.

Der Heilige Vater hat sich über einen längeren Zeitraum mit Dariusz Michalczweski auf polnisch unterhalten. Zum Abschied überreichte Dariusz ihm ein Paar signierte Box-

Zum Weltfriedenspreis 1995 erhielt Ivar Buterfas auch die Gratulationen von Papst Johannes Paul II.. Foto: ML

handschuhe, die der Papst interessiert von allen Seiten betrachtete. Diese nahm ihm sein damaliger Persönlicher Referent und Kardinal Ratzinger – unser jetziger Papst – aus der Hand und legte sie beiseite. Das, so hatte ich den Eindruck, empfand der Heilige Vater jedoch als störend. Auf der Heimreise gestand Dariusz, den ich nach Rom begleitet hatte, dass dieser Besuch sein schwerster Kampf gewesen sei.

Nachdem das Buch vorgestellt war und die Presse ihre Fotos gemacht hatte, musste ich mich einer sehr anstrengenden Tätigkeit widmen, die meinen Arm sehr in Mitleidenschaft zog: Das Signieren vieler, vieler Bücher.

Ganz besonders viele Exemplare ließ sich mein Freund Jean-Marcel Narz, die damalige rechte Hand des Veranstalters Sauerland in Köln, unterschreiben. Jean-Marcel Narz war und ist ein bedeutender Manager und vor allem auch Match-Maker im Berufsboxsport. Ihm verdanken so erfolgreiche Leute wie Henry Maske, Axel Schulz und die beiden Gebrüder May, dass sie es in dieser Sportart zu Ruhm und Ehre brachten und dass der Berufsboxsport in Deutschland zu einer nie gekannten Blüte aufsteigen konnte.

In den Jahren 1975 bis 1980 war auch ich noch stark im Berufsboxsport engagiert, und zwar aus dem einzigen Grund, diesen Sport am Leben zu erhalten. Er war stark gefährdet und drohte ins absolute Nichts abzugleiten und hätte sich wahrscheinlich nie wieder erholt. In diesen Zeiten habe ich Jean-Marcel Narz kennen gelernt.

Seinerzeit hatte ich die ehrenvolle Aufgabe, ihm alle für den Erhalt seiner Lizenzen erforderlichen Prüfungen abzunehmen. Für alle diese Prüfungen konnte ich ihm nur eine Note erteilen, nämlich eine 1.

Jean-Marcel war ein hervorragender und begabter Schüler. Sein gesamtes Wissen und sein gesamtes Können hat er in seine Aufgabe – ins Management des Bunds Deutscher Berufsboxer – eingebracht. Von dem ehemaligen Boxcamp Sauerland trennte er sich später und wechselte ins Hamburger Camp Universum, unter der Leitung von Klaus-Peter Kohl, bei dem auch Vitali „Dr. Eisenfaust" und Wladimir Klitschko unter Vertrag standen.

Anfang der 90er Jahre habe ich Jean-Marcel Narz einen Herzenswunsch erfüllen können. Kurz nach dem Fall der Mauer und der Öffnung der Grenzen nach Osteuropa sagte er mir, dass er liebend gern, gemeinsam mit seinen Schützlingen Henry Maske, Axel Schulz und den Gebrüdern May ein Gespräch mit Max Schmeling führen würde. Einen entsprechenden Termin in Hollenstedt habe ich vermitteln können, und dafür ist er mir bis heute dankbar.

Zu Jean-Marcel Narz unterhalte ich noch heute eine ganz enge Verbindung. Als gebürtiger Hamburger, jedoch mit Leib und Seele Kölner, ist er in seine Geburtsstadt zurückgekehrt und als Manager bei Universum tätig. Seine große Liebe ist aber nach wie vor Köln, vor allem wenn die Karnevalszeit kommt. Auch seine Ehefrau ist Kölnerin.

Die große Überraschung des Tages aber stand mir noch bevor: Zu mir trat ein gut gekleideter Herr im Alter von etwa Mitte 50. Obwohl er sehr gut deutsch sprach, ordnete ich ihn entweder aus Italien oder aus der Türkei stammend ein. Er stellte sich mir dann als der akkreditierte Generalkonsul Basoy aus der Türkei vor und fragte, ob ich ihm gestatten würde, ein paar Worte an die Anwesenden zu richten. Natürlich hatte ich keinen Einwand und war sehr gespannt, was er zu sagen hatte. Herr Basoy begrüßte zunächst die anwesenden Gäste und berichtete dann, dass ihn die Türkische Regierung beauftragt habe, mich im Namen der Organisation „Call for Peace in the World Association" in die Türkei einzuladen.

Am 6. Dezember 1995, dem Heiligen St. Nikolaustag, solle erstmals der Friedens- und Toleranzpreis vergeben werden. Der erste Preisträger für diese Auszeichnung solle ich sein, weil ich mich um den Erhalt des Mahnmals St. Nikolai verdient gemacht habe. Anschließend solle dieser Preis jährlich an eine bedeutende Persönlichkeit oder Institution in der Welt verliehen werden.

Der Heilige St. Nikolaus, der in Demre, dem früheren Myra, zu Hause war, ist der Schutzpatron der seefahrenden Nation und der Kinder und sollte darüber hinaus auch zum Schutzpatron der Umwelt werden. Große Pläne, die man in der Türkei mit dem Heiligen St. Nikolaus vorhatte.

Mahnmal St. Nikolai

Anlässlich der Preisverleihung sollte ich für die 6 Tage dauernde Veranstaltung in die Türkei kommen. Der Preis sollte am letzten Tage im Rahmen einer besonderen Feier überreicht werden.

Ich saß wie versteinert an meinem Platz, hielt die Hand meiner Frau und wusste überhaupt nicht, was ich dazu sagen sollte. Auch meine Gäste waren, wie ich erkennen konnte, sehr betroffen. Langsam dämmerte mir jedoch, dass meine Bemühungen um den Erhalt der St. Nikolaikirche offensichtlich auch weit über die Landesgrenzen hinaus Aufmerksamkeit und Anerkennung gefunden hatten.

St. Nikolai, eine der wunderbarsten Kathedralen Norddeutschlands, die vor der Zerstörung in den Julitagen und -nächten des Jahres 1943 zu einem der schönsten Gotteshäuser zählte, war inzwischen zu einer Stätte geworden, die uns an die Schrecken des Nationalsozialismus erinnert und uns mahnt, diese Verbrechen niemals zu vergessen.

Schon Max Brauer, unser erster Bürgermeister, hatte sich die Schaffung einer solchen Stätte gewünscht. Er war im Jahre 1946 aus der amerikanischen Immigration zurückgekehrt, um die Geschicke unserer völlig zerstörten Stadt in die Hand zu nehmen.

Dass mir dies gelungen war, wurde durch die beeindruckenden Worte des Herrn Generalkonsul Basoy mehr als deutlich. Seine Ausführungen haben mir für einige Minuten schlichtweg die Sprache verschlagen. Wer mich kennt, der weiß, dass das sehr beachtlich ist.

Nachdem ich mich dann gesammelt und gefangen hatte, bedankte ich mich bei dem Generalkonsul für seine netten Worte. Er überreichte mir ein paar persönliche Schreiben und bat mich, ihm in den nächsten 8 Tagen meine Antwort mitzuteilen.

Eine wunderbare, erfolgreiche Veranstaltung im Kreise vieler Freunde ging zu Ende. Tief beeindruckt von den Geschehnissen des Tages zog ich mich mit meiner Frau zurück.

Tags darauf ließ ich mich mit Herrn Dr. Henning Voscherau verbinden. Ich habe noch einmal die Auszeichnung in der Türkei angesprochen und einige Bedenken angemeldet. Nur wenige Tage zuvor nämlich hatte ich in einer großen Hamburger Tageszeitung gelesen, dass in der Türkei wieder Folterungen stattfanden. Diesem Bericht zufolge seien schulpflichtige Kinder mit Elektroschocks und ähnlichem gequält worden.

Solche Methoden, so erklärte ich ihm, stünden in absolutem Widerspruch zu dem von mir vertretenen Friedensgedanken und meiner Arbeit am Friedensmahl St. Nikolai. Ich erklärte Herrn Dr. Voscherau, dass ich auf Grund dessen die mir zugedachte Auszeichnung nicht annehmen würde.

Dr. Voscherau gab aber zu bedenken, dass diese Auszeichnung nicht nur eine Auszeichnung für mich persönlich sei, sondern auch eine Auszeichnung für die Freie und Hansestadt Hamburg, was eine große Ehre bedeutete.

Natürlich hatte ich mittlerweile schon einige Auszeichnungen erhalten. Zu meinem 60. Geburtstag überreichte mir Dr. Henning Voscherau einen wunderschönen Portugaleser, über den ich mich sehr gefreut habe. Ein Stück, das nur ich besitze, und das mich ganz besonders stolz macht.

Außerdem wurde mir, obwohl ich es einmal abgelehnt hatte, das Bundesverdienstkreuz verliehen. Folglich war es nun nicht so, dass ich auf eine weitere Auszeichnung erpicht war. Stolz aber machte mich dieses Angebot schon.

Nachdem Herr Dr. Voscherau schriftlich mit dem Präsidium der Call for Peace in the World Association korrespondiert hatte, erklärte ich mich bereit, die Auszeichnung anzunehmen und die Reise anzutreten. Generalkonsul Basoy informierte mich über den Reiseablauf, der Besuche bei verschiedenen Ministern, Organisationen und der Jüdischen Gemeinde, die dort sehr groß vertreten ist, vorsah. Allein in Istanbul soll es 7 Synagogen geben. Zudem freute ich mich natürlich auch auf den Besuch der Hagia Sophia, einer wunderschönen ehemaligen Kathedrale, und auf die vielen anderen Sehenswürdigkeiten, die die Türkei für mich bereit hielt.

Der 2. Tag unserer Reise sollte uns dann nach Demre, der Geburtsstätte des Heiligen St. Nikolaus, führen. Hier war ein Besuch seiner, leider seinerzeit von italienischen Seefahrern geplünderten Grabstätte vorgesehen, die nur noch einen Sarkopharg enthält.

Auch ein Zusammentreffen mit den höchsten Würdenträgern aller Religionsgemeinschaften, wie z. B. der jüdischen, der katholischen und der griechisch-orthodoxen Kirche sollte stattfinden. Man hatte mir zugestanden, einen Geistlichen aus Hamburg mitbringen zu dürfen, weil es mein Wunsch war, in dieser Grabstätte eingesegnet zu werden.

Ich entschloss mich, meinen persönlichen Freund Pastor Wolfgang Weißbach zu bitten, die Einsegnung vorzunehmen und ihn mit meiner Delegation nach Istanbul mitzunehmen. Pastor Weißbach war sehr beglückt, dass ich ihn ausgewählt hatte und sagte seine Teilnahme zu. Dass mein Wunsch noch große Wellen schlagen und eine Reihe unangenehmer Auseinandersetzungen nach sich ziehen würde, ahnte ich zu dem Zeitpunkt noch nicht. Heute aber ist mir klar, dass Neid die Wurzel vielen Übels ist und das sollte ich noch zur Genüge merken. Später dazu mehr.

Grabstätte heiliger St. Nikolaus

Wenig später rief mich Pastor Weißbach an und teilte mir mit, von Höherer Warte die Nachricht erhalten zu haben, dass er für die Einsegnung nicht der richtige Mann sei und ihm eine solche Handlung nicht zukäme. Mir aber würde eine adäquate Person benannt werden, die mich statt seiner begleiten würde.

Diese Nachricht löste bei mir einen gewaltigen Zorn aus. Schließlich bestimme immer noch ich, wer mein Gast ist und mit wem ich mich umgebe. Über dieses Vorgehen setzte ich unverzüglich Herrn Ivo von Trotha, einen sehr vernünftigen und umgänglichen Mann aus dem Kollegium der Oberalten von St. Nikolai, in Kenntnis. Ich machte ihm deutlich, dass ich mir eine solche Unverschämtheit nicht bieten ließe.

Als man merkte, dass möglicherweise auch die Presse von dieser Angelegenheit Wind bekommen würde und darüber berichten könnte, auf welche Weise sich einige Leute aus der evangelischen Szene zu Wort gemeldet hatten, hat man die Angelegenheit mit Stillschweigen auf sich beruhen lassen. Pastor Wolfgang Weißbach nahm sich ein paar Tage Urlaub und begleitete mich wie geplant.

Treffen mit Würdenträgern

Einsegnung

Er hatte schon einmal mein absolutes Vertrauen genossen, als ich eines der größten Glockenspiele der Welt organisiert habe. Dieses war für den Turm von St. Nikolai, dem weltweit anerkannten Mahnmal, bestimmt.

In einem feudalen Umzug wurde dieses Glockenspiel aus der niederländischen Stadt Asten nach Hamburg verbracht. Vor der Abfahrt in Holland segneten Pastor Wolfgang Weißbach, ein türkischer und ein katholischer Geistlicher die Glocken zum Wohle Hammonias, die wir dann unserem lieben Freund und Ersten Bürgermeister Dr. Henning Voscherau übergaben. Auch das hatte man meinem Freund und Lieblingspastor seinerzeit übel genommen, der, wie ich später berichten werde, noch vieles für meine Familie und mich getan hat.

Die Reise in die Türkei sollte am 5. Dezember 1995, morgens gegen 8.30 Uhr starten. In meiner Begleitung befand sich selbstverständlich meine Ehefrau, die grundsätzlich bei allem, was ich bisher getan habe, an meiner Seite war.

Dagmar und Ivar Buterfas mit dem „Golden Buch" von St. Nikolai

Ferner begleiteten mich zwei weitere gute Freunde. Zum einen Klaus Krosanke, der damalige Zweite Vorsitzende des Förderkreises „Rettet die Nikolaikirche" e.V., zum anderen Erdem Dilsen. Letzterer ist ein wahres Kuriosum, das sich selbst als dienstältesten Türken in Hamburg bezeichnet. Als einer der ersten Türken kam er 1957 in unser Land und ist seitdem mit Leib und Seele Hamburger. Erdem Dilsen war ein persönlicher Freund des Generalkonsuls Basoy und fungierte auf dieser Reise als Dolmetscher.

Neben weiteren Freunden begleiteten uns zudem Vertreter Hamburger Fernseh- und Rundfunksender. Mit einem eigens von Öger-Tours bereitgestellten Flugzeug starteten wir dann gen Istanbul.

Nach der Landung auf dem lebendigen Flughafen Atatürk wartete eine große Überraschung auf mich. Schon beim Verlassen des Flugzeugs hatte ich auf dem Rollfeld mehrere große, schwarze Mercedes-Limousinen bemerkt.

Begleitet von zwei ihm im diskreten Abstand folgenden Bodyguards, kam ein sehr gepflegter Herr auf mich zu und erklärte, eigens für meine Fahrt zum Domizil diese Fahrzeuge organisiert zu haben. Dabei sprach er mich immer mit „Exzellenz Ivar Buterfas" an.

Meine Frau, meine Delegation und unser Gepäck hingegen sollten mit einem Bus ins Hotel gefahren werden. Ich bedankte mich für sein höfliches Angebot, machte ihm aber deutlich, dass ich keinesfalls ohne meine Begleitung fahren und deshalb ebenfalls in den Bus einsteigen werde. So genossen wir die schöne Landschaft und freuten uns diebisch, von den uns folgenden Luxus-Limousinen bis zu unserer Unterkunft eskortiert zu werden.

Wir wohnten in einem sehr schönen Hotel. Hinsichtlich der Unterbringung wurden dieses Mal keine Unterschiede zwischen meinen Freunden und mir gemacht. Das hätte ich auch nicht zugelassen und mich anderenfalls selbstverständlich in die nächstniedrige Kategorie der Hotellerie einquartiert.

In den kommenden Tagen wartete ein außergewöhnlich anstrengendes Programm auf uns. Zunächst wurde ich zu einem Besuch bei der Hürriyet, dem großen Zeitungsverlag, eingeladen. Dort gab es eine Pressekonferenz, die mein Freund Erdem Dilsen übersetzte.

Ich konnte mir gar nicht vorstellen, dass ich in den Augen der Türken eine große Persönlichkeit bin. Als ich sah, welch ein Kult um meine Person betrieben wurde, fiel mir das Zitat „Der Prophet gilt im eigenen Lande nichts" ein, und ich befand, dass da doch sehr viel dran sein musste.

Nach etwa 2 ½ Stunden verließen wir den Verlag, um an einem gemeinsamen Mittagessen in einem schönen Restaurant, in der Nähe des Basars und unweit einer großen Moschee gelegen, teilzunehmen. Natürlich saß meine Delegation am gleichen Tisch, an dem ich mit Politikern und anderen Größen der Stadt Platz genommen hatte.

Ein höherer Beamter der Türkischen Regierung fragte mich, ob ich die Freundlichkeit besäße, gemeinsam mit meiner Frau zu einem etwa einstündigen Besuch zum Gouverneur der Stadt zu kommen. Der Gouverneur hätte schon viel über mich gehört, würde mich gern kennen lernen und sich bei dieser Gelegenheit auch in das Goldene Buch von St. Nikolai eintragen wollen.

Obwohl wir von der Reise und den vorangegangenen Anstrengungen sehr müde waren, habe ich diese Bitte natürlich nicht abgeschlagen, und so ließen wir uns zum Palast des Gouverneurs fahren.

Im Rahmen einer beeindruckenden Zeremonie wurden wir dem Gouverneur vorgestellt. An meiner Seite, und natürlich unentbehrlich, Erdem Dilsen, der auch dieses Mal die Sprachbarrieren meisterte. Nach einem gemeinsamen Abendessen verließen wir den Palast und begaben uns in unser Hotel, wo wir noch den Programmablauf für den nächsten Tag studierten.

Um 10.00 Uhr stand ein Besuch beim Landesrabbiner der Jüdischen Gemeinde in Istanbul an. Es war sehr beeindruckend, von ihm empfangen zu werden. An seiner Seite saßen etwa 15 Personen, die in den Synagogen entsprechende Ämter bekleideten. Den anwesenden Pressevertretern wurde gestattet, einige Fotos von unserem Zusammentreffen zu machen.

Ich erfuhr, dass es in Istanbul ein sehr großes Jüdisches Zentrum gibt und sich allein in Istanbul 7 Synagogen befinden. Im 14. Jahrhundert, so der Landesrabbiner, haben an die 5.000 Juden aus Spanien in die Türkei immigrieren und entsprechend ihrer Religion friedlich mit den Muslimen leben dürfen. Noch heute haben die Juden in der Türkei großen Anteil an der Medizin, Generalität und Wirtschaft. Dies war mir erst nach dem ausführlichen Gespräch im Jüdischen Zentrum klar.

Ein Jahr später habe ich dann die Geschichte der 5.000 Juden aus Spanien im Rahmen einer großen Ausstellung im Dokumentations-Zentrum von St. Nikolai zeigen dürfen. Es war eine beeindruckende Ausstellung und ich würde mich sehr freuen, wenn sie irgendwann in den nächsten Monaten in Hamburg wiederholt werden könnte.

Der Landesrabbiner unterhielt sich auch ausführlich mit meinem Dolmetscher, dem ich plötzlich seine deutliche Verlegenheit ansah. Ich wollte nicht unterbrechen und fragte erst, nachdem der Dialog beendet war. Erdem Dilsen sagte mir, der Rabbiner habe sich nach meinen Empfindungen erkundigt. Schließlich hätte ich einen jüdischen Vater und eine christliche Mutter. Wie die Nationalsozialisten es bezeichneten, entstamme ich einer versippten Ehe und bin ein Mischling ersten Grades.

Seine Frage war, wie ich empfand. Empfinde ich jüdisch? Empfinde ich christlich? Wie drückt sich das eigentlich aus, welche Gefühle besitze ich? Etwas irritiert, brauchte ich eine gewisse Zeit, mich zu sammeln. Mit meiner Antwort habe ich Missfallen ausgelöst. Dies konnte ich deutlich an seiner Reaktion erkennen.

Ich erzählte dem Landesrabbiner, dass ich vor nicht langer Zeit mit meiner Frau zu Filmaufnahmen in Israel war. Dank der Hilfe meines Freundes Ralph Giordano, den ich sehr verehre, habe ich entsprechende Kontakte knüpfen können. Ich wollte dorthin, wo sich eigentlich alles abspielt: Nach Ramallah, ins Epizentrum der Intifada.

Dort, wo eine Frau als Rechte Hand vom damaligen Präsidenten Arafat überall auf der Welt an entsprechenden Verhandlungen für ihn teilgenommen hat, wollte ich recherchieren, Gespräche führen und Filmaufnahmen machen, was mir auch gelang.

In Ramallah, so berichtete ich, musste ich leider miterleben, dass israelische Soldaten nicht gerade sanft mit den Palästinensern umgingen. So wurde ich beispielsweise Zeuge, wie diese Soldaten Möbel aus den Fenstern warfen und den Inhaber der Wohnung verprügelten. In dem Moment habe ich sicherlich alles andere als jüdisch empfunden.

Ich habe aber auch in Erfahrung bringen müssen, dass sich Selbstmörder, Gotteskrieger, wie sie sich schimpfen, mit Mienengürteln um den Leib geschnürt und auf ein besseres Leben hoffend, in einem Schulbus in die Luft jagen und das Blut unschuldiger Kinder, die ihr ganzes Leben noch vor sich haben, vergießen. In solchen Momenten fühle ich alles andere als christlich.

Der Rabbiner verzog runzelnd die Stirn, schüttelte den Kopf und gab dazu keinen Kommentar mehr ab. Nachdem alle Fragen zu meiner Arbeit beantwortet waren, würdigte der Rabbiner meinen Kampf für den Erhalt des Mahnmals St. Nikolai. Großen Respekt zollte er mir für meine vielen hundert Gespräche mit Jugendlichen, um sie abzuhalten von den Einflüssen des Gedankenguts der Braunen Pest, der ewig Gestrigen, die nach wie vor eine Spur fahren, die unverantwortlich ist. Abschließend erlaubte ich mir, den Rabbiner zu bitten, sich in das Goldene Buch einzutragen. Er sah mich an und sagte mir, dass er das auf gar keinen Fall tun würde. Er würde sich nicht dort eintragen, wo sich so viele Christen mit ihrem Namen verewigt hätten.

Über diese Aussage war ich natürlich tief erschüttert. Fast 20.000 Persönlichkeiten aus aller Welt haben sich mit Foto und Widmung in dieses Buch eingetragen, das mich auf alle Reisen um die halbe Welt begleitet hat. Es war das erste Mal, dass mir diese Bitte nach einem persönlichen Gespräch abgeschlagen wurde.

Es war schon reichlich verwirrend, dass der Rabbiner eine derartige Frage nach meinen Gefühlen gestellt hatte. Wie während meines ganzen Lebens, habe ich auf diese ehrliche Frage auch eine ehrliche Antwort gegeben.

Ein solch kalte Abfuhr hätte ich deshalb nicht erwartet. Das Gespräch mit dem Rabbiner hat mich dennoch tief beeindruckt. Trotzdem, ich bin ehrlich, war ich froh, danach wieder an der frischen Luft zu sein.

Während meine Freunde sich bis 16.00 Uhr ausruhen konnten, war für meine Frau, Erdem Dilsen und mich wieder etwas Eile geboten. Ich hatte einen Termin beim Türkischen Präsidenten und musste nochmals in die Istanbuler Innenstadt fahren. Der türkische Staatsmann trug sich in das Goldene Buch ein und ich stellte erstaunt fest, dass seine Widmung mit den Worten „Seine Exzellenz, Ivar Buterfas“ begann. Kaum vorstellbar, jemals so in Deutschland begrüßt zu werden. Das, glaube ich, wäre auch der Ehre zu viel.

Wieder zurück im Hotel, traten meine Delegation und ich um 16.00 Uhr die nächste Etappe an. Um 17.00 Uhr war in einer großen Istanbuler Veranstaltungsstätte eine Aufführung geplant, die uns allesamt in Erstaunen versetzen sollte.

Nachdem wir in Begleitung vieler Regierungsvertreter, Vereins- und Verbandsvorstände Platz genommen hatten, kamen etwa an die 15 Derwische auf die Tanzfläche. Sie waren in lange Gewänder gekleidet und trugen spitze, wie gezwirbelte Turbane aussehende Hüte. Zu leiser Musik begannen sich die Derwische zu drehen und dabei fortzubewegen.

Im Laufe der Zeit wurden die Musik und damit auch ihre Drehungen immer schneller und schneller. Man hatte den Eindruck, dass die Männer gar nicht mehr in ihrer, sondern entrückt in eine andere Welt waren. Ihre Bewegungen wurden noch schneller. Den Blick stier geradeaus gerichtet, bewegten sie sich wie in Trance. Nach etwa einer Dreiviertelstunde wurden die Musik und Bewegungen der Männer langsamer, bis sie schließlich zum Stillstand kamen. In etwas gebückter Haltung strebten diese dann dem Ausgang zu und verließen die Bühne.

Das war ein großartiges Schauspiel, das uns alle sehr beeindruckte. Herr Dilsem erklärte uns, dass die Männer stundenlang so fortfahren konnten, ohne körperlichen oder geistigen Schaden zu nehmen.

Am Morgen des nächsten Tages stand ein mit allem erdenklichen Komfort ausgestatteter Reisebus bereit, der uns nach Antalya bringen sollte. So begann unsere Reise zum nächsten Veranstaltungsort.

Unser Hotel befand sich direkt am Meer gelegen, verfügte über riesige Palmengärten und mehrere ineinander übergehende Swimmingpools. Das Haus bot einen riesigen Ballsaal und eine exquisite Küche, in deren Genuss wir gleich nach unserer Ankunft kommen sollten.

Ein Büffet mit sämtlichen Leckereien, die die Türkische Küche zu bieten hat, wartete auf uns. Verschiedenste Fleischarten, eine Vielzahl von Teigwaren und eine schier unendliche Anzahl von Suppen und Saucen standen uns zur Auswahl.

Angekommen im Hotel, mussten wir nun nach einem kurzen Kaffeetrinken wieder in unseren Bus einsteigen. Ziel unserer Fahrt war Demre, wo der Besuch der Grabesstätte des Heiligen St. Nikolaus auf dem Programm stand. Nach Demre waren es etwa 45 km und die Fahrt ging an der Küstenstraße entlang. Eine außerordentlich kurvenreiche und abschüssige Straße lag vor uns. Erfreulicherweise gab es nur wenig Gegenverkehr und nur vereinzelte Fahrzeuge unternahmen den Versuch, unseren Bus zu überholen.

So konnten wir entspannt unsere Fahrt ins ehemalige Myra genießen. Die Serpentinen schwangen nach rechts und nach links, wir hatten einen herrlichen Ausblick auf die See. Wir machten einsame Buchten aus und entdeckten in der Ferne kleine Inseln. Soweit das Auge reichte, erstreckten sich vor uns weitläufige Strände, die wie gemalt erschienen und im sommerlichen Nachmittagslicht glänzten. Es war eine wunderschöne Fahrt, die allen Beteiligten unvergesslich blieb. Davon inspiriert, schmiedeten viele schon ihre Urlaubspläne für den kommenden Sommer.

In Demre angekommen, wurden wir vom Bürgermeister erwartet, der schon eher mit unserem Eintreffen gerechnet hatte. Eine riesige Menschenmenge drängte sich vor den Hallen zum Grabgewölbe. Es mögen gut und gern 2.500 bis 3.000 Menschen gewesen sein. Die anwesenden Bodyguards mussten uns den Weg bahnen.

In einem hallenähnlichen, sonnenlichtdurchfluteten Vorraum warteten bereits etwa 20 hohe Würdenträger verschiedener Religionsgemeinschaften. Ich wurde herzlich von den griechisch-orthodoxen, katholischen und jüdischen Kirchenvertretern begrüßt und diese waren dann abwechselnd etwa 45 Minuten mit ihren Gebeten beschäftigt.

Mittlerweile drängten sich auch andere Besucher in die Nähe der Geistlichen und hielten zu meiner Person keinen Abstand mehr. Einige ältere Damen fielen betend auf die Knie, andere sangen dazu. Wir fühlten uns richtig eingeengt in dieser Menschentraube.

Dann aber kam der Moment, der vielen Anwesenden ein ehrfürchtiges Staunen abrang. Pastor Wolfgang Weißbach nahm mich in die Mitte, während die Würdenträger einen Kreis bildeten, überreichte mir eine Kerze mit dem Symbol des Heiligen St. Nikolaus und segnete mich nach christlichem Ritual. Für seine Zeremonie brauchte er etwa 15 Minuten.

Anschließend bat mich der griechisch-orthodoxe Würdenträger, ihn und sein Gefolge langsamen Schrittes zu begleiten. Er war ein nicht besonders großer Mann, sein fast 40 cm langer Bart jedoch verlieh ihm eine besondere Würde. Wieder wurde gedrängelt und geschoben, nur langsam kamen wir dem Grabgewölbe des Heiligen St. Nikolaus näher.

Da passierte Folgendes, das ich mein Leben lang nicht vergessen werde: In meiner unmittelbaren Umgebung roch es plötzlich sehr angebrannt. Völlig schockiert vernahm ich die leise in mein Ohr flüsternde Stimme des griechisch-orthodoxen Würdenträgers, der mich bat, meine brennende Kerze etwas weiter in der Mitte zu halten, weil ich ihm schon einige Teile seines Bartes abgebrannt hatte. Das war mir natürlich äußerst peinlich, und ich entschuldigte mich in aller Form bei ihm; ein leichtes Lächeln konnte ich mir aber dennoch nicht verkneifen.

An der Grabstätte angekommen, wurden die Gebete fortgesetzt. Nach etwa einer weiteren Stunde konnten wir die Stätte ganz langsam verlassen. Noch einmal wurden wir vom Bürgermeister und den Stadträten der kleinen Kreisstadt Demre empfangen und zu einem gemeinsamen Essen gebeten.

An dieser Stelle möchte ich mir einen kleinen Ausflug in die Zukunft erlauben. Als ich im September 2005, zehn Jahre später, mit meiner Frau eine Reise durch drei Kontinente antrat, eine Reise, die mir ein Hamburger Reeder anlässlich meiner Verdienste um St. Nikolai zur Goldenen Hochzeit geschenkt hat, machten wir auch an der türkischen Riviera einen Zwischenstopp. Mit dem Taxi fuhren wir vom Liegeplatz unseres Kreuzfahrtschiffes in Antalya nach Demre.

Dort angekommen, kam ich aus dem Staunen nicht mehr heraus, denn innerhalb von 10 Jahren hat sich unendlich viel verändert. Die gesamte Anlage der Grabstätte des Heiligen St. Nikolaus war neu hergerichtet und mit Gittern versehen worden, Eingänge mit modernen Sicherheitssystemen waren installiert worden. Nichts hatte mehr mit dem zu tun, wie ich es anlässlich meiner Preisverleihung 1995 kennen gelernt hatte. Auch der Noel Papa, der Heilige Mann, stand nun auf einem großen Podest vor der Grabesstätte, auf einem riesigen Grabsockel aufgebaut.

Auf einem der vielen kleinen Basare, die sich in unmittelbarer Nähe der Grabesstätte befanden, fragte ich einen jungen deutsch sprechenden Mann, ob er mir sagen könne, wo der für die Anlage verantwortliche Manager erreichbar sei.

In dem Moment sprach mich ein Mann, der etwa 10 Jahre jünger sein mochte als ich, in einem guten Deutsch an und fragte nach meinem Begehren. Ich erklärte ihm, dass ich im Jahre 1995 schon einmal zu einer Weltfriedenspreisverleihung hier war. Ich hatte meinen Satz kaum zu Ende gesprochen, als er mir erfreut ins Wort fiel. „Ich kenne Sie, Sie sind Herr Buterfas!". Er bat mich, unbedingt mit mir gemeinsam ein paar Fotos zu machen und ihm nach der Entwicklung einige Abzüge zuzusenden.

Wie sich herausstellte, handelte es sich bei diesem Mann um ein Mitglied des Stadtrates, und er bat mich zu einem kurzen Besuch beim Bürgermeister. Dieser habe bereits durch Zufall erfahren, dass ich in Demre bin und würde sich freuen, mich in seinem Büro empfangen zu dürfen. Dieses Angebot konnte ich natürlich auf keinen Fall ausschlagen und war auch neugierig, wer mich heutzutage als Bürgermeister empfangen würde. Sicherlich würde es ein anderer sein als 1995.

Als ich im Bürgermeisterbüro ankam, herrschte dort bereits große Aufregung. Das Büro hatte sich schon mit 10 Leuten gefüllt, und auch die lokale Presse war unterrichtet worden. Man reichte mir Tee und Gebäck und berichtete mir über den Verlauf der vergangenen 10 Jahre. Ich hörte interessiert zu und erfuhr auf meine Nachfragen, dass mittlerweile 10 weitere Weltfriedenspreise vergeben worden waren:

Besuch im Rathaus beim Bürgermeister von Demre

- 1995 an Ivar Buterfas
- 1996 an Eure Heiligkeit den Dalai Lama
- 1997 an Dr. Otto von Habsburg
- 1998 an den TRT (türk. TV- und Rundfunksender)
- 1999 an den Internationalen Ausschuss der Olympischen Spiele
- 2000 im Namen der Kinder an das Land Japan
- 2001 im Namen der Soldaten der Welt an die NATO
- 2002 an die Hilfsorganisation The World Union Lions Club
- 2003 an den Dresdner Bundesverband Volkssolidarität e.V.
- 2004 an SKAL International
- 2005 an Schwester Jeannine Gramick

Es wurde unter anderem darüber geplaudert, welch seltsame Zufälle es doch manchmal gibt. Zufälle, die, wenn man sie nicht selbst erlebt hat, einfach unglaublich klingen. Wäre ich mit dem Taxi auch nur 5 Minuten später angekommen, wäre der Herr vom Stadtrat, der seinerzeit alles organisiert hatte, nicht mehr anwesend gewesen.

Der Bürgermeister gab mir das Versprechen, mich einmal in Hamburg zu besuchen und sich auch das von mir ins Leben gerufene Projekt „Gläserner Panoramalift" am Turm von St. Nikolai anzuschauen. Ich wiederum versprach ihm leichtfertig, sicherlich noch einmal nach Demre zurückzukehren. Nachdem noch sehr viele Höflichkeiten ausgetauscht wurden, verließ ich das Büro unter einigen doch mühsam unterdrückten Tränen.

Meine Frau und ich bestiegen dann ein Taxi und fuhren wie benebelt die uns inzwischen bekannte herrliche Küstenstraße nach Antalya zurück, wo unser Schiff auf uns wartete. Es war wie ein Rausch, in dem wir uns nach diesem unglaublichen Erlebnis befanden. Lange betrachtete ich das Geschenk des Bürgermeisters: Eine Glaskugel aus Demre mit dem Heiligen St. Nikolaus.

Hier endet der Ausflug in die Zukunft während meiner großen, unvergesslichen Kreuzfahrt, die ich mit meiner Frau im Jahre 2005 unternahm.

Für den Abend des 6. Dezembers 1995 war nun der eigentliche Höhepunkt unserer Reise angekündigt: Die Verleihung des Weltfriedenspreises. Hohe Persönlichkeiten aus der Politik waren ebenso vertreten wie Vertreter aller Konfessionen.

Abgesandte der griechisch-orthodoxen und katholischen Kirche eröffneten die Veranstaltung in heftig geführten Reden, die Frieden und Toleranz sowie das Zusammenleben der einzelnen Religionsgemeinschaften zum Inhalt hatten. Nachdem auch der Türkische Minister eine Rede gehalten hatte, war der Moment der Preisübergabe gekommen. Auf diese Zeremonie war ich natürlich sehr gespannt. Ein Vertreter der türkischen Regierung bat mich nach vorn in die Nähe des Podiums. Dort überreichte er mir ein Mikrofon mit der Bitte, ebenfalls ein paar Worte zu sagen.

Einleitend berichtete ich, dass mittlerweile etwa 100.000 Türken in meiner Vaterstadt Hamburg leben und einige von ihnen dort bereits vor mehr als 2 ½ Jahrzehnten ihr neues Zuhause gefunden haben.

Ich erklärte, dass etwa 20.000 Türken in Hamburg selbständig sind, Gewerbe, Gastronomie und Handel betreiben, in der Regel 2 Mitarbeiter beschäftigen und somit auch am Steueraufkommen einen ganz erheblichen Anteil haben.

Insbesondere aber wies ich auf das harmonische Zusammenleben der türkischen Bürger mit der Hamburger Bevölkerung hin. In aller Deutlichkeit hob ich hervor, dass es in Hamburg noch nie fremdenfeindliche Übergriffe auf unsere türkischen Mitbürger gegeben hat und dass wir in Hamburg auf diese friedliche Co-Existenz ganz besonders stolz sind.

Dann kam der Moment der Preisverleihung. Das Licht wurde gedämmt, und plötzlich regneten von der Decke rote Rosenblätter herab. In Gestalt eines Engels schwebte eine junge Dame in den Saal. In ihren Händen hielt sie die Auszeichnung, die der Türkische Minister entgegennahm, um sie dann mir zu überreichen: Eine wunderschöne goldglänzende Kugel mit türkischer Inschrift, ruhend auf einem schwarzen Sockel und 4 kg schwer. Diese Auszeichnung hat in meinem Hause selbstverständlich einen Ehrenplatz erhalten.

Erfreulicherweise wurde dieses beeindruckende Erlebnis auch in Bild und Ton festgehalten. Das zu unserer Delegation gehörende Fernsehteam des Lokalsenders „Hamburg 1“ hat mir ein paar Tage nach Ausstrahlung des Berichts freundlicherweise zur Erinnerung ein Tape zukommen lassen.

Im Laufe des Abends traten noch türkische Musikgruppen auf, die den Abend für alle Beteiligten zu einem absoluten Höhepunkt werden ließen. Es wurden noch viele interessante Gespräche geführt und mit Wehmut stellte ich mich darauf ein, morgen, am Tag unserer Abreise, wieder Abschied von diesem gastlichen Land nehmen zu müssen.

Einige Tage bevor ich meine Reise in die Türkei antrat, erhielt ich einen Anruf in meinem Hamburger Büro. Eine Dame aus Bremen sagte, sie habe den Medien entnommen, dass ich in Kürze anlässlich der Preisverleihung in die Türkei reisen würde.

Sie berichtete mir, dass ihr 24 jähriger Sohn, ein Student, mit seiner Freundin in die Türkei fuhr, um dort Urlaub zu machen. Plötzlich sei er spurlos verschwunden, und seit einem ¾ Jahr gäbe es kein Lebenszeichen mehr von ihm.

Alle Möglichkeiten, die zu seiner Auffindung beitragen könnten, seien erschöpft. Es bestünde nur noch die Hoffnung, dass die Türkische Regierung eine sofortige Suchaktion startete, um den jungen Mann wieder in den Schoß seiner Familie zurückzuführen.

Vor laufender Fernsehkamera habe ich dann das Versprechen, das ich der Anruferin gab, eingelöst. Ich erzählte dem Türkischen Minister von diesem Telefonat. Dass diese verzweifelte Mutter in tiefer Sorge sei um ihr einziges Kind, ihren Sohn, der nur Urlaub machen wollte und der niemandem etwas getan hat. Dass dieser junge Mann möglicherweise verschleppt wurde oder vielleicht in einem Gefängnis säße.

Der Minister beteuerte, persönlich alles Erforderliche zu veranlassen. Was aus der Angelegenheit geworden ist, entzieht sich leider meiner Kenntnis. Mein Aufenthalt in der Türkei war ja nun beendet, und leider ist weder der Name noch die Telefonnummer der Dame aus Bremen in meinem Büro auffindbar. Ich hoffe aber, dass der Türkische Minister Wort gehalten hat und der junge Student wohlbehalten zu Hause in Bremen angekommen ist

Kapitel 2: Fenster für St. Nikolai

Mein Buch „Sonny Goj" war geschrieben, die 1. Auflage war gedruckt. Mit Vorträgen an Hamburger Schulen begann ich, was für mich zu einer Lebensaufgabe werde sollte – mit meiner Jugendaufklärungsarbeit!

Es war mir ungeheuer wichtig, den jungen Menschen zu vermitteln, welch eine Gefahr von der Rechten Szene drohte. Wie gefährlich es ist, unter dem Einfluss jener zu stehen, die zu den ewig Gestrigen gehören, die zum Teil unbelehrbar sind und nichts als Leid und Elend über die Menschheit gebracht haben und, wenn wir nicht wachsam sind, wieder bringen werden.

Wann mein Leben endet, ist absehbar. Das Leben der Jugendlichen aber liegt noch gänzlich vor ihnen, und auch das ihrer Kinder und Kindeskinder. Nie wieder, und dazu müssen wir alles Erforderliche tun, dürfen Braune Ideologen, Menschen, die nur darauf aus sind, anders Aussehende zu verfolgen, zu unterdrücken und zu schädigen, auf deutschen parlamentarischen Bänken Platz nehmen. Das ist meine Botschaft! Das ist meine wichtigste Aufgabe!

Um den Jugendlichen und jungen Erwachsenen zu vermitteln, was in den schrecklichen Jahren von 1933 bis 1945 geschah, halte ich, der als unter dem Gelben Stern geborene Junge, meine Vorträge und stelle mich den Fragen meiner Zuhörer. Meine Vortragsreihe wurde mit Begeisterung von den schulischen Einrichtungen aufgenommen.

Die Weichen für meine europaweite Arbeit jedoch wurden im Jahre 1997 durch ein Schlüsselerlebnis mit Herrn Werner Betzien gestellt. Ich bin dankbar und stolz, ihn kennen gelernt zu haben und habe bis zum heutigen Tage Kontakt zu ihm. Doch lesen Sie selbst ...

Es war im Jahre 1988, gerade als der Förderkreis „Rettet die Nikolaikirche" e.V. von mir gegründet worden war. Wie die Hamburger Presse in ihren Schlagzeilen berichtete, waren durch einen reinen Zufall plötzlich 320 Fenster der St. Nikolaikirche im Gewölbe des Hamburger Michels aufgefunden worden.

Bei Reparaturarbeiten an einem Abflussrohr hatte sich ein Handwerker verletzt und bückte sich nach dem, auf das er getreten war. Es war ein völlig verdrecktes, in Blei gefasstes Glasstück, das er im Gemeindebüro abgab. Man rieb es ein bisschen sauber, und herrliche Farben kamen zum Vorschein. Da man aber nicht wusste, um was es sich bei dem Fund handelte, und schon gar nicht ahnte, welche Vielzahl verrotteter Kisten mit wertvollem Inhalt in irgendeiner Ecke des Gewölbes lagern, wurden erst einmal Untersuchungen in Auftrag gegeben. Dabei kam Folgendes heraus:

Bereits 1940/41 war man sich bewusst, dass die Gewalt, die im Zweiten Weltkrieg anderen Ländern angetan wurde, auf Deutschland zurückprallen würde. Die Bombardements auf Städte wie Warschau, Rotterdam, London und vor allem auf Coventry würden nicht ungesühnt bleiben.

Daher kam damals die Anordnung, alle Fenster der St. Nikolaikirche zu demontieren, diese in Kisten zu verpacken und dann zur Sicherstellung über den Krieg hinaus in das Gewölbe der Michaeliskirche zu bringen. Nach dem Endsieg sollten diese Fenster dann wieder eingebaut werden.

Mit dem Endsieg wurde es, Gott sei Dank, nichts. Am 4. Mai 1945 kamen die Britischen Panzer über die nicht gesprengten Elbbrücken nach Hamburg hinein, machten Station auf dem Rathausplatz und etablierten sich. Der Spuk der Nazi-Herrschaft, 12 Jahre Dauerverbrechen in ganz Europa, war zu Ende.

Damit war natürlich auch das Projekt „Fenster von St. Nikolai" vergessen. Max Brauer hatte sicherlich in der Stadt Hamburg andere Sorgen. Hunderttausende von Menschen, darunter viele Flüchtlinge aus dem Osten, die der russischen Soldateska entkommen waren, mussten erst einmal notdürftig untergebracht werden. Probleme wie die Fenster, waren da natürlich zweitrangig.

Außerdem stand ziemlich früh fest, dass St. Nikolai im Gegensatz zu St. Katharinen nicht mehr aufgebaut werden sollte. Die St. Nikolaikirche sollte als ewiges Mahnmal an die Verbrechen der Nationalsozialisten und deren Helfer erinnern.

Der Förderkreis „Rettet die Nikolaikirche" e.V. hatte nun seine erste große Aufgabe. Die Fenster mussten unbedingt saniert und in den ursprünglichen Zustand versetzt werden. Mit viel Liebe und Inbrunst nahm sich die Hamburger Glaserinnung dieser Arbeit an. Jene hat das Unternehmen aber auch fast an den Rand des Konkurses gebracht. Viele finanzielle Zusagen nämlich sind, wie mir bekannt ist, nicht eingehalten worden. Der Förderkreis versuchte selbstverständlich zu helfen und die finanziellen Mittel einzuwerben.

Große Unterstützung erhielten wir diesbezüglich von dem damaligen Vorstandsvorsitzenden der Deutschen Shell, Herrn Pohl. Herr Pohl war stark daran interessiert, dass die Fenster zwecks Restaurierung Hamburg auf gar keinen Fall verließen. St. Nikolai war schließlich auch Hamburgs Bürgerkirche. Im Laufe ihrer 800-jährigen Geschichte war sie bereits mehrfach zerstört und durch die Kraft der Bürger immer wieder aufgebaut worden, immer größer und immer schöner.

Finanzielle Unterstützung wurde uns auch durch Herrn Werner Betzien vom Unternehmen McDonald's angeboten. Eines Tages rief er mich an, um einen Termin für ein persönliches Treffen in seinem Büro im Hans-Henny-Jahnn-Weg zu vereinbaren.

Es stellte sich heraus, dass er der zuständige Marktdirektor für McDonald's Norddeutschland war. Dennoch konnte ich mir eigentlich nicht erklären, wie diese Zusammenarbeit wohl werden sollte. Zur damaligen Zeit war McDonald's in Deutschland nämlich noch nicht so bekannt wie heutzutage und schon gar nicht so groß.

Herr Betzien erklärte mir, dass er ein riesiges Schnell-Restaurant-Netz betreute und über ein gewisses Budget, einen Werbeetat, verfügte. Er würde sich freuen, sich im Rahmen seiner Möglichkeiten an der Restaurierung der Fenster beteiligen zu dürfen. Das nahm ich natürlich begeistert zur Kenntnis. Die Zusammenarbeit mit Herrn Betzien und dem Unternehmen McDonald's waren für den Förderkreis in jeder Beziehung mehr als vorteilhaft. Es wurden noch viele, viele Projekte realisiert.

Heute ist Herr Betzien nicht mehr als Marktdirektor bei McDonald's beschäftigt. Als hervorragender Mitarbeiter in Zeiten, in denen McDonald's in Deutschland die ersten Gehversuche machte, hatte er später das Privileg, sich in Stade mit 3 eigenen Betrieben als sog. Franchisenehmer selbständig zu machen. Meine persönliche Zusammenarbeit mit Herrn Betzien und dem Hause McDonald's besteht bis zum heutigen Tage.

Herr Betzien hatte meine Autobiographie „Sunny Goj" sehr aufmerksam gelesen und fand sie höchst interessant. Unter dem Aspekt, meine Aufklärungsarbeit auch über Hamburg hinaus leisten und auf den Großraum Norddeutschland ausdehnen zu können, unterbreitete er mir folgenden Vorschlag:

In den gesamten von ihm als Marktdirektor verwalteten Gebieten, nämlich in Kiel, Flensburg, Bremen, Schwerin, bis hinauf nach Potsdam könnten Vorlesungen und Vorträge abgehalten werden.

Herr Betzien erklärte sich bereit, in Absprache mit den jeweiligen Franchisenehmern, jeweils einige Hundert Buchexemplare für die jeweiligen schulischen Einrichtungen, Universitäten und Bibliotheken zur Verfügung zu stellen.

Ein Vertreter der jeweiligen Franchiseunternehmen, oder aber, wenn es sich um ein markteigenes Lokal handelte, ein Vertreter der Company, würde zu Beginn der Veranstaltung erläutern, aus welcher Motivation heraus sie durch Sponsoring der Bücher meine Aufklärungsarbeit unterstützen.

Diesbezüglich brauchte ich aber noch mehr Informationen über das Unternehmen McDonald's. Im Jahre 1997 durfte ich der Eröffnung eines neu gegründeten Franchise-Unternehmens beiwohnen. Hier hatte ich mein eingangs erwähntes Schlüsselerlebnis und sollte erfahren, was ich mein Lebtag nicht vergessen werde:

Die Philosophie des Firmengründers, Ray Kroc, war ebenso simpel wie unmissverständlich und wird auch heute noch von jedem Franchisenehmer und von der Company praktiziert: „Geben wir einen Teil dahin zurück, woher er stammt – nämlich in die Gemeinschaft."

Der flüchtige Betrachter mag dies nur für einen schönen Spruch halten. Wie ernst aber diese Philosophie umgesetzt wird, verschlug mir fast den Atem, als ich Folgendes erfuhr: Wie in der Eppendorfer Universitätsklinik in Hamburg, so gibt es auch in anderen Großstädten Spezialabteilungen für schwer erkrankte Kinder. Überall spielen sich die gleichen Schreckensszenarien ab, wenn die Kleinen zum Beispiel eine Chemotherapie erhalten müssen oder mit furchteinflößender Apparatemedizin therapiert werden. Die Eltern, die weit weg von diesen Kliniken leben, möchten natürlich gern in unmittelbarer Nähe ihres Kindes bleiben. Deshalb liegen sie häufig auf Luftmatratzen vor den Kinderbettchen, nur um ihm die Hand halten zu können.

Das Unternehmen McDonald's, so erfuhr ich, hat dann in Hamburg etwas Einzigartiges getan, das von jedem großen Unternehmen als nachahmenswert betrachtet werden sollte. In unmittelbarer Nähe des Universitätskrankenhauses Eppendorf erhielt es ein Grundstück von der Freien und Hansestadt Hamburg und baute dort für die Eltern schwer – hauptsächlich an Krebs – erkrankter Kinder das erste „Ronald-McDonald-Haus" in Deutschland. Dort dürfen die Eltern so lange bleiben, bis ihr Kind wieder gesund ist. So sind sie in unmittelbarer Kliniknähe, können sich mit anderen Betroffenen austauschen und werden bei Bedarf auch psychologisch betreut.

An diesem Konzept beteiligen sich neben der Company, dem Hauptunternehmen, natürlich auch die Franchisenehmer und die Zuliefererfirmen. Ein solches Projekt muss schließlich auch finanziert werden.

Sicher wird es nun auch einige Miesepeter geben, die der Auffassung sind, McDonald's verdiene genug Geld, und der Bau eines solchen Hauses sei ja schließlich auch eine gute Werbung. Diesen Leuten sei gesagt: Die Betroffenen sprechen darüber – das Unternehmen McDonald's tut es mit keiner Silbe! Und diesen Leuten sei auch gesagt: Einige Großunternehmen, die sich ähnliche Projekte leisten könnten, gehen lieber ins Ausland und entziehen dem Staat Steuergelder, andere ziehen es vor, mit rekordverdächtigen Manager-Gehältern Schlagzeilen zu machen.

Mittlerweile gibt es in Deutschland, so war mein letzter Kenntnisstand, 17 solcher Häuser. Weltweit sind es mehr als 270 in 28 Ländern. Diese Häuser haben in der Regel 18 Apartments in der Größe von 20 bis 42 Quadratmetern, so dass auch ganze Familien dort untergebracht werden können.

Über diese segensreichen Einrichtungen kann ich gar nicht oft genug sprechen. Zu Beginn meiner Veranstaltungen habe ich deshalb immer wieder darauf hingewiesen, woher die Bücher stammen, welche die schulischen Einrichtungen kostenlos erhalten.

Meine Zusammenarbeit mit McDonald's in Hamburg, dem Marktbüro Nord, hatte sich mittlerweile herumgesprochen. So kamen dann auch erste Anfragen aus dem Düsseldorfer Marktbüro West, dann aus Süd-West, Süd und natürlich auch aus dem Marktbüro Ost.

Zwangsläufig habe ich inzwischen mehr als 440 Veranstaltungen im gesamten Bundesgebiet und im deutschsprachigen Europa durchgeführt, darunter in Österreich, Luxemburg und der Schweiz. Viele dieser Veranstaltungen habe ich für die großen unternehmenseigenen Marktbüros der Company durchgeführt und natürlich auch für die einzelnen Franchisenehmer. Bis zum heutigen Tage unterhalte ich mit einigen Franchisenehmern eine echte und ehrliche Freundschaft.

Kapitel 3: Schätze heben im Mühlenberger Loch

Zum 10 jährigen Bestehen der Zusammenarbeit zwischen dem Förderkreis und dem Marktbüro Nord in Hamburg wurde eine große Ehrentafel angefertigt und im Dokumentationszentrum von St. Nikolai angebracht. Mit einer großen finanziellen Zuwendung hatte das Unternehmen McDonald's zuvor entscheidend zur Realisierung des Dokumentationszentrums, das im Kellergewölbe der Nikolaikirche untergebracht ist, beigetragen.

Von der gesamten Hamburger Medienlandschaft mit großem Interesse verfolgt, erfuhren wir etwas Seltsames: Im Jahre 1951 hatte eine damalige Unterabteilung der Hamburger Baubehörde, die Abraumbehörde, begonnen, große Teile des Kirchenschiffes abzuwracken. Sie entfernten auch die gesamten inneren Teile. Alles, was so halbwegs nicht mehr zu gebrauchen war, darunter Altare und Taufbecken, wurde zerschlagen. Alles wurde auf Lastkähne, die direkt am Nikolaifleet lagen, verladen.

Über die Wasserstraßen wurde die Fracht in die Haseldorfer Marsch und zum Mühlenberger Loch verbracht. Dort wurde das Abbruchgut, darunter auch Skulpturen und Figuren, einfach zur Befestigung der Deiche verwendet.

Irgendwann im Jahre 2000 erhielt ich einen Anruf eines Journalisten von der Hamburger Morgenpost. Er war Wassersportler und jedes Mal bei Ebbe konnte er über den Heiligen Johannes hinweg sehen. Deswegen fragte mich dieser Journalist, ob diese wunderschönen Teile nicht wieder aus der Elbe herausgeholt und, um sie der Nachwelt zu erhalten, wieder der St. Nikolaikirche zugeführt werden könnten. Das war eine faszinierende Idee.

Da ich in Kürze einen persönlichen Termin bei unserem damaligen Bundesinnenminister Otto Schily in Berlin hatte, habe ich diesen Gedanken natürlich aufgegriffen. Als Verantwortlicher für alle bundesweiten Einrichtungen des Technischen Hilfswerks sollte er mir eigentlich behilflich sein können. Und genau so kam es dann auch. Ich rang ihm das Versprechen ab, mit dem THW in Hamburg und in Schleswig-Holstein Gespräche zu führen, die uns bei der Bergung der kostbarsten Stücke von St. Nikolai behilflich sein sollten.

Der Direktor des McDonald's Marktbüros Nord erklärte sich nach einem ausführlichen Gespräch bereit, in der Hauptzentrale München bezüglich einer Unterstützung der Bergungsaktion nachzufragen. Schon einige Tage später saß ich erneut beim Marktdirektor im Hans-Henny-Jahnn-Weg. Nachdem Kaffee und Kekse aufgetischt waren und wir uns locker eingeplaudert hatten, erklärte er mir stolz, dass McDonald's das Projekt mit der stolzen Summe von etwa 80.000 DM unterstützen würde. Ich war natürlich sprachlos und unendlich dankbar.

Nachdem die Presse ausführlich darüber berichtet hatte, dass Dank der finanziellen Zuwendung von McDonald's in Kürze mit den Vorbereitungen für die Bergung begonnen werden konnte, kam auch die Nachricht von Herrn Minister Schily. Otto Schily teilte mir mit, dass das Technische Hilfswerk Hamburg und das Technische Hilfswerk Schleswig-Holstein bereit seien, unser Anliegen zu unterstützen. Nach entsprechenden informativen Gesprächen würden uns diese Einrichtungen Personal und die erforderlichen Bergungsgeräte zur Verfügung stellen. Die Aktion konnte nun konkret geplant werden.

Auch die Bevölkerung nahm großen Anteil an der Bergungsaktion. Uns erreichten viele Anrufe von Leuten, die uns unterstützen wollten. Unter ihnen auch Ingo Dieckmann und Hein Lübcke, zwei Ostseetaucher. Sie boten an, in die Elbe hinab zu tauchen und uns bei der schwierigen Suche nach den kostbaren Stücken und den kniffeligen Bergungsarbeiten zu helfen. Mit enthusiastischem Einsatz hatten sich beide dieser Aktion verschrieben. Einem solchen Angebot konnten wir uns natürlich nicht verschließen.

St. Nikolai: Trümmer in Haseldorfer Marsch

Von der Terrakotta-Scherbe blickt das Gesicht eines Engels. Der Fuß aus Porzellan könnte von einem Kruzifix stammen. Unterhalb des Schilfs liegen Sandsteinquader am Ufer des Twarslochs in der Haseldorfer Marsch – die Fundstücke aus dem Schlick sind Trümmer der Nikolai-Kirche. Der Förderkreis „Rettet die Nikolai-Kirche" will die Trümmer jetzt bergen – sobald das Geld dafür zusammenkommt.

Um die Funde einzusammeln, muss ein Schwimmkran anrücken. 150 000 bis 200 000 Mark wird die Bergung kosten, schätzt der Vorsitzende des Förderkreises, Ivar Buterfas. Die Trümmer sollen im Dokumentationszentrum der Kirche ausgestellt werden. „Wir hoffen, dass wir Teile des Altars oder des Taufbeckens finden", so Buterfas. Schon 1994 stellte das Denkmalschutzamt fest, dass Steine in der Haseldorfer Marsch aus dem Kirchenschiff von St. Nikolai stammen. Mit den Trümmern aus der Stadt ließen Mitarbeiter des Abraumamtes um 1950 das Elbufer befestigen.

Auf einer Tour fuhren vergangenen Sonnabend 14 Mitarbeiter des Technischen Hilfswerks mit drei Ponton-Booten in die Haseldorfer Marsch. Knapp drei Tonnen Trümmer bargen sie an einem Tag. Der Förderkreis ruft alle Hamburger auf, für die Bergung ihr Münzgeld zu spenden: Die Fahrer von Hansa-Taxi (Tel. 211 211) holen das Geld ab. hsm

Ivar Buterfas zeigt Trümmer von St. Nikolai. Foto: RÖHRBEIN

Der Diener von St. Nikolai

Vor 13 Jahren hat sich Ivar Buterfas die zerbombte Kirche zur Lebensaufgabe gemacht. Gestern barg er Teile des verschollenen Altars in der Haseldorfer Marsch.

Ein süßer Engel mit Locken – dieses Kunstwerk aus Sandstein bargen die Taucher. Es stammt vermutlich vom Altar.

Die ehrenamtlichen Taucher Hein Lübke (41, rechts) und Ingo Dieckmann (37) mit ihren Fundstücken. Fotos: Maike Wirsel

Ein Fuß einer Heiligenfigur – möglicherweise stammt er vom Kruzifix, das über dem St.-Nikolai-Altar hing.

Ein Fragment einer Fensterverzierung – auch dieses Stück wurde einfach in die Elbe geworfen.

Unsere Bergungsarbeiten nahmen wir in der Haseldorfer Marsch auf. Nur mit viel Mühe konnten wir die Uferböschungen der Elbe durch ziemlich unzugängliches Gelände erreichen. Die Strapazen aber waren von Erfolg gekrönt, denn insgesamt konnten etwa 300 Tonnen Fresken, Figuren, Treppenstufen und andere Kostbarkeiten aus dem nassen Grab geborgen werden.

Die Hamburger Bildzeitung, die jene Bergungsaktion begleitet hatte, berichtete am 31. August 2000 auf einer ganzen Seite, dass die beiden Taucher Ingo Dieckmann und Hein Lübcke einen wunderschönen Engel, einen ursprünglichen Teil des Altars, bergen konnten. Ohne die Unterstützung des Technischen Hilfswerks und ohne die finanzielle Hilfe von McDonald's wäre dieses Vorhaben nicht zu realisieren gewesen. Wir haben ihnen unseren allerherzlichsten Dank ausgesprochen.

Ein Stück, auf das wir ganz besonders erpicht waren, haben wir in der Haseldorfer Marsch leider nicht finden können: Das Taufbecken. Da uns aber bekannt war, dass sehr viele Teile auch im Mühlenberger Loch versenkt worden waren, wollten wir auch dort suchen.

Zu dieser Zeit fanden bereits sehr viele Arbeiten von Airbus in Finkenwerder statt. Hauptsächlich konzentrierten sich diese auf das Zuschütten des Mühlenberger Lochs. Damit sollte innerhalb der nächsten 14 Tage begonnen werden.

Mir aber war es enorm wichtig, auch das Mühlenberger Loch abzusuchen und möglicherweise Teile des Taufbeckens aus den Fluten zu bergen. So vereinbarte ich einen Gesprächstermin bei einem der Geschäftsführer von Airbus und trug mein Anliegen vor.

Man zeigte großes Verständnis, erklärte mir aber auch, dass die geplanten Aufschüttungsarbeiten in den nächsten Tagen unaufschiebbar beginnen würden. Es gelang mir dann doch, die Verantwortlichen des Unternehmens von der Wichtigkeit der Suche zu überzeugen. Sie räumten mir 4 Tage Zeit ein, um nach dem versunkenen Schatz zu suchen.

Wieder stellten die Taucher Ingo Dieckmann und Hein Lübcke ihre Tatkraft in den Dienst der guten Sache. Auch dieses Mal blieb der Erfolg nicht aus. Nach mehr als 3 ½ Stunden akribischer Suche wurden die Taucher fündig und beförderten die wunderschönen Überreste des Taufbeckens ans Tageslicht. Diese wurden vorsichtig ins Boot verfrachtet, gesäubert und in St. Nikolai ausgestellt.

Teilweise waren die Überreste des Taufbeckens noch mit wertvollen Halbedelsteinen besetzt. Nach dem Krieg hatte man sich also noch nicht einmal die Mühe gemacht, hinzusehen. Man hätte prüfen können, welche der schönen Reste erhaltenswert, sanierungswürdig sind, welche vielleicht sogar in der neuen Nikolaikirche Am Klosterstern ausgestellt werden konnten. Statt dessen wurde alles einfach achtlos weggeworfen.

Von den verantwortlichen Behörden hat dazu übrigens niemand Stellung genommen. Auch die Gemeinde St. Nikolai Am Klosterstern äußerte sich nicht, obwohl sie gewusst hatte, wo ihre Kirche, oder zumindest große Teile davon, abgeblieben waren.

Aus der christlichen Lehre kenne ich es so, dass man dem Herrn zum Wohlgefallen ein Haus baut. Dass man aber eine Kirche zum Zwecke der Uferbefestigung in den Fluten des Meeres versenkt, dürfte in der christlichen Geschichte wohl einzigartig sein. Mir jedenfalls ist kein ähnliches Projekt bekannt.

Die Geschäftsführung der Airbus war so konziliat, mir für unsere Arbeit sogar noch einen Betrag in Höhe von 10.000 DM zukommen zu lassen. Dieses Geld konnten wir natürlich gut für weitere dringende Sanierungs- und Umbaumaßnahmen gebrauchen. Mit einem herzlichen Dankeschön verabschiedete ich mich, und alle Beteiligten waren mehr als begeistert, dass das Werk nun seiner Vollendung zugeführt werden konnte.

Einige Spötter aus den Reihen des Förderkreises versuchten mir jedoch zu erklären, dass die Verantwortlichen von Airbus nur deshalb so schnell und unbürokratisch kompromissbereit waren, weil sie möglicherweise damit rechneten, dass wir nötigenfalls das Denkmalschutzamt eingeschaltet hätten. Dies sei dann eine sehr unangenehme und langwierige Maßnahme, die u. U. zu einem Baustopp führen würde.

Ich persönlich hatte bei meinen Gesprächen absolut nicht diesen Eindruck. Im Gegenteil: Ich konnte feststellen, dass immer eine offene und ehrliche Beteiligung an unserer Arbeit von seiten der Airbus stattfand.

Für unsere Arbeit erhielten wir viel Lob von der Hamburger Presse. Es gab jedoch auch einige kritische Anmerkungen, man solle doch die Vergangenheit in der Elbe ruhen lassen. Zu solchen Kommentaren habe ich keine Stellung genommen.

Wenn ich heute im Nachhinein aus der Distanz bedenke, wie viel Hilfe und Helfer vonnöten waren, um diese Maßnahme ins Leben zu rufen und darüber hinaus so erfolgreich zum Abschluss zu bringen, bin ich immer noch sprachlos. Sprachlos und glücklich über die so positive Wende und darüber, dass der Frevel der 50er Jahre nach fast einem halben Jahrhundert sein Ende gefunden hat.

An dieser Stelle sei mir ein Ausflug in die Gegenwart vergönnt ... In schöner Erinnerung an das zuvor Geschilderte blicke ich verträumt durch die Panoramafenster in den Garten. Plötzlich erregt ein Schauspiel, das man nicht alle Tage geboten bekommt, meine ganze Aufmerksamkeit.

Im Vogelhäuschen haben zwei besonders seltene Vögel Platz genommen. Es handelt sich um Kernbeißer. Erkennbar sind sie an ihrem Schnabel, der vierkantig ist wie ein Hammer, und an ihrem bunten Gefieder. Auch in ihrer Größe unterscheiden sie sich deutlich von anderen Vögeln wie Finken und Meisen.

An einem der Meisenknödel hängt ein wunderschöner Buntspecht. In einer atemberaubenden Geschwindigkeit hämmert er sich durch das Netz des Knödels, um an die leckere Speise zu kommen.

Nun entdecke ich ein sattbraunes Eichhörnchen mit riesigem Buschelschwanz. Mit kunstvoller, artistischer Akrobatik erklimmt es das Vogelhäuschen. Dort angekommen, lässt es sich nieder und pickt sich aus der Fülle des Futters eine Nuss nach der anderen. Ganz genüsslich nimmt es dort seine Mahlzeit ein.

Etwa fünf Minuten dauert dieses wunderbare Schauspiel, das mich voll in seinen Bann gezogen hat. Ich bin unfähig, meine Arbeit sofort wieder aufzunehmen. Denke an die schwere Krankheit, die ich gerade überstanden habe. Denke an dieses schöne Bild, das ich eben sehen durfte. Und weiß, ich lebe!

Kapitel 4: Jugendarbeit

Die Bergung der Kirchenteile war in Hamburg noch viele Wochen Tagesgespräch. Die kleineren der geborgenen Fragmente hatten wir in der Krypta der Nikolaikirche ausgestellt. Die größeren, die sich dort nicht unterbringen ließen, haben wir auf dem Freigelände platziert, wo sie sich auch heute noch befinden. Diese Fundstücke zogen große Besucherströme an.

Mittlerweile sind wir im September des Jahres 2000 angekommen. Mein Kalender war prall gefüllt mit Vortrags- und Lesungsterminen in nahezu dem gesamten Bundesgebiet. Franchisenehmer des Unternehmens McDonald's aus Dortmund, Aachen und Köln, aus Trier, Bamberg, Passau, fast von überall her, waren daran interessiert, dass ich auch in ihrer Stadt meine Jugendaufklärungsarbeit durchführte.

Sie wollten den schulischen Einrichtungen kostenlos meine Autobiographie zur Verfügung stellen, um den Jugendlichen auch ein gewisses Rüstzeug gegen die Einflüsse der Braunen Elemente in die Hand zu geben. Sie wollten ihnen aber auch die Gelegenheit bieten, von einem der wenigen Zeitzeugen aus einer Zeit zu hören, die zu den schrecklichsten der Weltgeschichte gehört. Eine solche Veranstaltung war grundsätzlich wie folgt organisiert:

Der Oberbürgermeister der Stadt oder sehr häufig auch seine Vertretung begrüßte die anwesenden Gäste. Im Anschluss daran sprach der jeweilige Schulleiter zu den Anwesenden. Mit ein paar Worten nahm dann der Sponsor der Bücher, entweder der spendende Franchisenehmer oder aber ein Geschäftsführer des Hauses McDonald's, Stellung zu seinem Engagement, bevor dann ich mit meinem Vortrag und meiner Lesung begann.

Ich darf mit Stolz sagen, dass meine Vorträge bei den Jugendlichen stets außergewöhnliche Aufmerksamkeit hervorriefen. Wie es die bei jedem dieser Vorträge anwesende Presse oft ausdrückte, hätte man die sprichwörtlich in den Heuhaufen fallende Stecknadel hören können.

Die schrecklichen Gräueltaten wurden von mir nie besonders ausgeschmückt. Auch war es nicht interessant, das Schicksal der in Ausschwitz ermordeten Juden an der nicht zu begreifenden Zahl von fast 6 Millionen Menschen festzumachen. Unter dieser Riesenzahl, unter der unglaublichen, ja unmenschlichen Zahl von 6 Millionen kann sich manch ein Jugendlicher überhaupt nichts vorstellen. Er kann sich aber identifizieren mit einem Schicksal, wie dem Schicksal der Anne Frank. Alle Schüler haben dieses Buch im Deutsch- oder im Geschichtsunterricht gelesen und darüber diskutiert. Und diese Schüler, meine Zuhörer, können sich nun auch mit mir identifizieren. Denn ich stehe ja vor ihnen und berichte über mein Leben, mein eigenes Schicksal. Jedes Mal gab es große Betroffenheit am Ende meines Vortrages.

Diesen Vorträgen schloss sich immer eine interessante Diskussion an. Die Schüler stellten viele Fragen, die mich manches Mal sehr betroffen machten. Nach Beendigung der Veranstaltung musste ich natürlich immer sehr viele Buchexemplare signieren.

Häufig wurde bedauert, dass die vorgegebene Zeit nicht ausreichte und ebenso häufig wurde mir das Versprechen abgerungen, die Möglichkeit eines weiteren Termins zu überdenken.

Ein ganz besonderes Erlebnis hatte ich in Passau. Herr Gerd Froschmeyer, der dort als Franchisenehmer mehrere McDonald's-Restaurants betreibt, bat mich, dort eine Veranstaltung durchzuführen. Meine Frau und ich waren zu der Zeit im Rahmen anderer Veranstaltungen in München, Bamberg und Coburg. Kurzfristig konnten wir jedoch einen passenden Termin finden, und so fuhren wir als letzte Station meiner Vortragsreise nach Passau.

Dort wurde ich vom Oberbürgermeister der Stadt Passau, Herrn Albert Zankl, sehr herzlich empfangen. Um so vielen Interessierten wie möglich Gelegenheit zur Teilnahme zu geben, fand die Veranstaltung in der Aula des größten Gymnasiums Passaus statt.

Im Anschluss daran lud der Oberbürgermeister zu einem gemeinsamen Essen. Neben Herrn Froschmeyer nahmen auch einige Stadträte und Vertreter verschiedenster Parteien teil. Es entwickelte sich ein unglaublich interessantes Gespräch. Einer der Stadträte hatte einen beachtlichen Stapel von Presseberichten und anderen Unterlagen dabei. Er fragte mich, ob ich interessiert sei, etwas über eine bedauerlicherweise noch erhaltene Einrichtung zu erfahren, die den Bürgern der Stadt in den vergangenen Jahren viele, viele Kopfschmerzen bereitet hatte und die die Jugendlichen in die Gefahr brachte, mit der rechtsradikalen Szene in Kontakt zu kommen.

Bei dieser Einrichtung handelte es sich um ein Relikt aus der nationalsozialistischen Ära, die Nibelungenhalle. Sie hatte bedauerlicherweise nicht nur bei den Bombenangriffen keinen Schaden genommen, sondern man hatte zudem schlichtweg vergessen, sie abzureißen.

Jedes Jahr zum Geburtstag von Rudolf Heß trafen sich hier Rechtsradikale aus dem gesamten Bundesgebiet. Sehr häufig stießen auch noch aus den Nachbarländer Irrgeleitete, völlig Verrückte, anders kann man sie nicht bezeichnen, dazu. Ihre Versammlungen waren offiziell angemeldet, und so marschierten sie gröhlend durch die Stadt. Diese Informationen stimmten mich sehr nachdenklich. Sehr froh aber erfuhr ich, dass sich die Passauer Bürger mit viel Zivilcourage erfolgreich gegen die Braunen Unruhestifter und Brunnenvergifter zur Wehr gesetzt haben.

Verdener Aller-Zeitung vom 10.Nov.1999

RETHEM / WALSRODE

Warnung vor Brunnenvergiftern

Ungewöhnliche Unterrichtseinheit: Ivar Buterfass las vor Schülerinnen und Schülern in Walsrode

WALSRODE (mf) ▪ „Wenn wir die Vergangenheit verdrängen, dann ermorden wir die sechs Millionen Juden noch einmal". Bewegende und zugleich mahnende Worte aus dem Mundes eines Mannes, der die Schrecken des Nazi-Regimes am eigenen Leibe erfahren musste - Ivar Buterfas.

Der 1933 in Hamburg geborene Jude referierte gestern vor zahlreichen Schülern und Schülerinnen in der Walsroder Stadthalle.

Wenn Buterfas, der als neuntes Kind einer Christin und eines Juden das Licht der Welt erblickte, aus seiner Biografie liest, dann kann es durchaus passieren, dass seine Stimme ins Stocken gerät. So sehr beschäftigen ihn die Ereignisse, die er als Kind miterlebte, auch heute noch.

Und das, obwohl er sie schon ´zig Mal an diversen Orten vorgelesen hat.

Er weiß genau wovon er spricht. Buterfas möchte warnen, warnen vor der „braunen Pest", vor „Brunnenvergiftern".

Er berichtete von den Greueltaten der Nationalsozialisten und ließ dabei auch die Nürnberger „Rassegesetze" nicht aus. „Das war das Schlimmste, was menschliche Gehirne sich haben ausdenken können", so Buterfas. Er selbst versteht sich jedoch nicht als Richter, sondern vielmehr als Mahner: „Was man uns mit dem gelben Stern seinerzeit angetan hat, habe ich verziehen, aber nicht vergessen."

Interessiert verfolgten die vielen Jugendlichen seinen Berichten wie er beispielweise der Schule verwiesen wurde, oder wie seine Mutter, als Ehefrau eines Juden, zur Scheidung gedrängt werden sollte.

Heidi Kabel als Ehrengast

Ivar Buterfas ist auch Präsident des Förderkreises „Rettet die Nicolaikirche" und erklärte in Walsrode, warum dieses Bauwerk für ihn und viele andere von so wichti ger Bedeutung ist.

Bei der Bombardierung Hamburgs war das Kreuz der 148 Meter hohen Kirche der einizige Punkt, an dem sich die alliierten Bomberpiloten orientieren konnten.

„Die Alater wurde von den vielen Zwangsarbeitern abgedeckt, und wenn die Piloten das Kreuz sahen, wussten sie, dass sie mitten über der Stadt waren", erklärte Buterfas. Die Nicolaikirche steht daher bis heute als großes Mahnmal im Herzen der Hansestadt.

Auch die Volkschauspielerin Heidi Kabel (Mitte), eine Freundin des Ehepaares Buterfas, gehörte in der Walsroder Stadthalle zu den Zuhörern. *Foto: Fischer*

Erzählte Buterfas von seiner Heimatstadt, ging sein Blick immer wieder herüber zu Heidi Kabel. Die Volksschauspielerin war als Ehrengast bei der Veranstaltung zugegen.

Nach einigen Fragen der Schülerinnen und Schüler blieb eine Botschaft des Seniors in den Köpfen:

„Meine lieben Freunde: setzt euch ein für anderen Kulturen, für anders Aussehende oder für Minderheiten. Helft, wenn ihr könnt."

Anfänglich nahmen nur wenige Hundert an Gegendemonstrationen zu diesen hässlichen Aufmärschen teil. Von Jahr zu Jahr aber wurde die Anzahl größer. Und dann gab es eine bahnbrechende Idee:

Die Neonazis kamen ja nicht nur für ein paar Stunden nach Passau. Vielmehr musste diese gebeutelte Stadt deren Anwesenheit über mehrere Tage ertragen. Innerhalb der Nibelungenhalle hatte es eine kleine gastronomische Einrichtung gegeben, wo sich die ungebetenen Besucher mit Lebensmitteln und vor allem auch Getränken versorgen konnten. Bei ihrem letzten Besuch aber erlebten sie eine herbe Enttäuschung:

Es hatten sich etwa 10.000 Gegendemonstranten versammelt, die den Neonazis unmissverständlich klar machten, dass sie keine Chance hatten, hier neue Stimmen zu gewinnen und keine Chance, hier weiter ihr Unwesen zu treiben.

Darüber hinaus hatte man nicht nur die Gastronomie in der Halle geschlossen, sondern es hielten auch alle Geschäftsleute ihre Läden dicht. Somit gab es für diese Leute keine Möglichkeit, sich mit Lebensmitteln oder anderen Dingen zu versorgen. Das hat sie derart verstört, dass sie nach wenigen Stunden ihre Zelte abbrachen, und seit der Zeit hat Passau Ruhe.

Im Jahre 2004 wurde die Nibelungenhalle abgerissen. Wie ich ein Jahr später bei meinem Besuch feststellen konnte, ist auf dem Gelände ein großes Einkaufszentrum entstanden. Keine Ehrentafel oder ähnliches, rein gar nichts erinnert mehr an die Nibelungenhalle und seine unsägliche Zeit.

Ich schäme mich nicht, deutlich auszusprechen, dass ich noch heute, im Alter von 74 Jahren, so manche Nacht von Alpträumen geplagt aufwache. Jene lassen mich die Ereignisse der schrecklichen Zeit noch einmal durchleben und gehören zu den schlimmsten, die sich ein Mensch überhaupt vorstellen kann.

Als durch das Unrechtsregime Verfolgter, der mit seinen Eltern und Geschwistern so viel Schlimmes erleiden und erdulden musste, gibt mir solch eine erfolgreich geführte Gegenwehr die Hoffnung, dass diese Republik doch besser ist als ihr Ruf.

Natürlich haben wir uns mit einer Herde von Rechtsradikalen auseinander zu setzen. Wir sollten aber den Weg des Dialogs suchen. Wir sollten versuchen, einen Großteil dieser irregeleiteten Schäfchen wieder in die Gemeinschaft der Gesellschaft zurück zu holen.

Wenn dies nicht möglich ist und sie die Demokratie gefährden, dann muss der Staat von der ihm durch uns gegebenen Macht Gebrauch machen und diesen Leuten Einhalt gebieten. Er muss dafür sorgen, dass die friedlichen Bürger weiterhin für die Demokratie die Verantwortung übernehmen können und in ihr leben dürfen.

Bevor ich in die thüringische Stadt Suhl kam, wo man mich mit großer Spannung erwartete, war ich der Einladung des Ministerpräsidenten des Landes Thüringen gefolgt, Herrn Bernhard Vogel. Mit ganz besonderer Herzlichkeit und, wie es auch meine Frau empfand, Respekt wurden wir von ihm im Parlament in Erfurt empfangen.

Nachdem wir uns fast eine ¾ Stunde unterhalten hatten, holte er ein postkartengroßes Foto aus seinem Schreibtisch, um sich anschließend in das Goldene Buch von St. Nikolai einzutragen.

Für September des Jahres 2001 hatte ich meinen Abschied vom Förderkreis geplant. Für diesen Zeitraum wollte ich als 1. Vorsitzender eine letzte große Veranstaltung initiieren, eine Weltfriedenswoche, an der sich viele Einrichtungen aus dem gesamten Bundesgebiet beteiligen und ihren Widerstand gegen die Neonazis demonstrieren sollten. Bezüglich dieser 4-tägigen Feierlichkeiten hatte ich einen ganz besonderen Wunsch an den Herrn Ministerpräsidenten. Ich sagte ihm, dass ich ein sehr großes Anliegen hatte und sehr erfreut wäre, wenn er mir in dieser Hinsicht behilflich sein könnte. Nachdem ich ihn etwas neugierig gemacht hatte, sollte ich nun meinen Wunsch endlich äußern.

Ich erklärte, dass ich davon ausgehe, er habe zu seinem Bruder, dem ehemaligen Oberbürgermeister der Stadt München und dem langjährigen Mitglied des Bundestages, Hans-Jochen Vogel, ein gutes Verhältnis. Ich fragte dann gerade heraus, ob er, Bernhard Vogel, nicht seinen Bruder, Hans-Jochen Vogel, bitten könne, die Eröffnungsrede für die angedachte Weltfriedenswoche zu halten.

Der Ministerpräsident sah mich äußerst erstaunt, ja fast erschrocken an, als er völlig konsterniert seine Gegenfrage stellte: „Wissen Sie eigentlich gar nicht, dass mein Bruder parteipolitisch eine ganz andere Richtung eingeschlagen hat als ich? Mein Bruder ist Sozialdemokrat, und ich gehöre der Christlich Demokratischen Union an." „Das ist mir wohl bekannt", erwiderte ich. „Aber Sie könnten doch sicherlich mit Ihrem Herrn Bruder darüber sprechen, dass ich beabsichtige, eine Weltfriedenswoche im September 2001 in Hamburg durchzuführen. Ich würde mich sehr freuen, wenn er dort die Eröffnungsrede halten würde, weil ich weiß, dass er sich sehr stark für Frieden und Toleranz und für ein friedliches Miteinander mit allen Konfessionen und Nationalitäten einsetzt."

Bernhard Vogel sah mich eine zeitlang durchdringend, aber auch wohlwollend an und sagte dann Folgendes: „Mir ist bekannt, dass Sie ein großartiges Mahnmal zum Wohle der Stadt und zum Wohle aller friedliebenden Menschen auf der ganzen Welt errichtet haben. Das nötigt mir eine Menge Respekt ab. Deswegen werde ich auch Ihrer Bitte nachkommen, und wenn Sie am kommenden Freitag Abend zu Hause sind, können Sie damit rechnen, dass mein Bruder, sofern ich ihn in München erreiche, Sie nach 20.00 Uhr anrufen wird. Dann können Sie ihm persönlich noch einmal ihren Wunsch vortragen."

Ich war begeistert und habe mich dann überschwänglich bei ihm bedankt. Herr Vogel, dem bekannt war, dass ich am nächsten Tag nach Suhl fahren würde, wies mich darauf hin, dass es in der Stadt genauso viele Zwangsarbeiter gegeben hatte, wie Einwohner. Über 12.000 nämlich, von denen die meisten in der Waffenschmiede Adolf Hitlers bei der Firma Walther beschäftigt waren. Ich war natürlich sehr gespannt, was mich dort am nächsten Tage erwarten würde.

Einige Tage zuvor hatte ich natürlich schon andere Besuche abgestattet. U. a. war ich im Parlament in Dresden und habe das Kaiserliche Zimmer betreten dürfen, in dem „König Kurt", wie er liebevoll genannt wird, residiert. Herr Prof. Kurt Biedenkopf war ein ausgesprochen höflicher Mann und nahm sich fast eine halbe Stunde Zeit für die Eintragung in das Goldene Buch von St. Nikolai. Das hat mich doch tief beeindruckt.

Zwischendurch unterhielt er sich mit meiner Ehefrau Dagmar und erfuhr so, dass sie in Dresden geboren wurde. Als 10 Jährige hatte auch sie die schrecklichen Bombenangriffe in den Februarnächten des Jahres 1945 miterlebt.

Nur einem reinen Zufall war es zu verdanken, dass sie nicht mit dem Menschenstrom Flüchtender zu den Elbwiesen auswich, sondern mit ihrer Mutter in die entgegengesetzte Richtung lief. Das rettete ihr das Leben und verschaffte mir ein weit über 50 Jahre langes glückliches Zusammenleben mit ihr.

Wir haben ein langes, interessantes Gespräch geführt, in dessen Verlauf er mich fragte, woher ich eigentlich die Kraft nähme, eine solche Arbeit durchzuführen, zumal ich so viel Leid ertragen musste. Darüber habe ich natürlich auch selbst oft nachgedacht. Aus reinem Herzen konnte ich ihm deshalb antworten, dass jede meiner Lesungen und jedes Zusammentreffen mit den jungen und wissbegierigen Menschen, die einmal die Verantwortung für unsere Demokratie tragen werden, gleichzeitig auch ein Befreiungsschlag für mich ist. Nur so habe auch ich die Möglichkeit zu leben, und nur so hatte ich die Möglichkeit zu überleben.

Ein weiterer Besuch führte mich ins Potsdamer Parlament in das Büro von Herrn Ministerpräsident Manfred Stolpe. Bei unserer Ankunft befand sich Minister Stolpe noch in einem anderen Gebäude, in dem er mit einigen ausländischen Unternehmern konferierte, die in Brandenburg investieren wollten. So konnte ich mich einmal in aller Ruhe umsehen.

Auf seinem Schreibtisch stand eine braune Aktenmappe, die gut 50 oder 60 Jahre alt sein mochte. Bestimmt ein Relikt aus vergangenen Zeiten, vielleicht ein Erbstück, das er von seinem Vater übernommen hatte. Daneben standen eine Frischhaltebox aus Metall, in die man sein Frühstücksbrot einpackt, und eine kleine Thermoskanne. Der Schreibtisch war nicht besonders groß und überdeckt mit einer Fülle von Akten.

Im Gegensatz zum Büro von Herrn Prof. Biedenkopf war das Arbeitszimmer von Ministerpräsident Stolpe sehr schlicht. Es war schon erstaunlich zu sehen, wie unterschiedlich diese beiden Herren residierten.

Herr Stolpe war sehr beeindruckt von meiner Arbeit. Er hatte viel darüber gehört, weil er häufig in Hamburg war. Er schrieb mir etwas ins Goldene Buch, das ich jetzt nur ungern hier zitieren möchte. Den Anfang aber – es ist fast eine halbe Seite Text – verrate ich dennoch:

„Für die viele Mühe und Arbeit, die er sich mit der Jugendaufklärung macht, muss Deutschland Herrn Buterfas ewig dankbar sein. Andere Leute seinen Alters weilen bereits in Spanien ..." Dies und anderes mehr schrieb mir Manfred Stolpe. Über solche

Zitate bin ich natürlich mehr als glücklich, denn sie bringen mir die Bedeutung meiner Arbeit noch mal näher.

In Suhl angekommen, wurden wir auf Kosten der Stadt in einem kleinen, aber netten Hotel untergebracht. Wir wurden zu einem gemeinsamen Essen eingeladen, und auch die lokale Presse war anwesend. Nach etwa 2 ½ Stunden zogen wir uns dann übermüdet zurück, und bereiteten uns noch auf den folgenden Tag mit Vortrag, Lesung und Diskussion vor.

Es waren etwa 600 Schülerinnen und Schüler der verschiedensten Gymnasien aus dem Bereich Suhl und der Nachbarschaft zugegen, sowie die verantwortlichen Studienräte und Lehrer. In Suhl das gleiche Bild wie in Frankfurt oder Köln: atemlose Stille, niemand verließ den Raum, um zwischendurch vielleicht einmal die Toilette aufzusuchen. Es war unglaublich, wie aufmerksam die jungen Menschen alles das in sich aufnahmen, was ich vortrug, denn zu Hause haben sie über diese Dinge nie gesprochen. Es ist auch eines der größten Übel überhaupt, dass über die Vergangenheit geschwiegen wird. Man muss sie natürlich nicht täglich zum Thema machen, aber junge Menschen dürfen einfach nicht so ahnungslos mit diesen nationalsozialistischen Ideologen konfrontiert werden.

Nach Beendigung des Vortrags, nach Beendigung der Lesung und nach Übergabe der Bücher gab es dann noch eine hochinteressante Diskussion. Einer der Schüler nämlich machte mich auf eine bemerkenswerte Aktion aufmerksam, die seit mehreren Jahren dort durchgeführt wurde.

Liebe Leserin, lieber Leser, wie Sie sicherlich wissen, gibt es noch ein bis zum heutigen Tage unbewältigtes, dunkles Kapitel. Das Thema Zwangsarbeiter in Deutschland, die Versklavung von Menschen aus anderen Ländern, die seinerzeit im 2. Weltkrieg überfallen und okkupiert wurden.

In Suhl, wie bereits angemerkt, gab es 12.000 Zwangsarbeiter, also etwas mehr als die Stadt an Einwohnern hatte. Diese vom nationalsozialistischen Unrechtsregime ins Leben gerufene Maßnahme stand unter dem Motto „Vernichtung durch Arbeit".

An fast alle Unternehmen der damaligen Zeit wurden diese bemitleidenswerten Menschen vermietet. Bei extrem wenig Nahrung, bei geringster Kalorienzufuhr und wenig

Schlaf mussten diese armen Menschen täglich 12 Stunden schuften. Es gab nicht einen einzigen Ruhetag für sie. Wenn sie die geforderte Leistung nicht mehr erbringen konnten und den Ansprüchen nicht mehr genügten, wurden sie ausgetauscht und in Vernichtungslagern umgebracht.

So manche Großindustriellen haben enorm daran verdient, so dass sie ein Millionenvermögen beiseite schaffen konnten. Es gibt Bildergalerien, die ein Vermögen wert sind, aus deren Rahmen aber eigentlich das Blut der Zwangsarbeiter fließt.

Es gibt nur wenige der Zwangsarbeiter, die dieses Martyrium lebend überstanden haben. Die meisten sahen ihr Zuhause nie wieder, weil sie fern der Heimat zu Tode kamen.

Die vielen Firmen weigerten sich, den wenigen Überlebenden eine Entschädigung zu zahlen. Auch die Bundesrepublik Deutschland tat sich diesbezüglich sehr schwer.

Deshalb machten sich die Schüler Gedanken darüber, wie den verbliebenen ehemaligen Suhler Zwangsarbeitern geholfen werden konnte. Bei meinem damaligen Besuch waren diese ausgebeuteten Menschen bereits zwischen 75 und 85 Jahre alt und überwiegend schwerstkrank.

Die Schüler riefen eine beispielhafte Initiative ins Leben, bei der sie nicht nur von ihren Lehrern, sondern auch von der Presse, von großen Firmen, Banken und Sparkassen unterstützt wurden. Sie richteten einen Sonderfond ein, in den jeder Suhler Bürger so lange 1,00 DM einzahlen sollte, bis eine gewisse Summe zusammengekommen war.

Mit diesen Mitteln wollte man zumindest einen kleinen Teil der Not, in der diese armen Menschen auch heute noch leben, lindern oder ihnen zumindest ein würdevolles Sterben und ein menschenwürdiges Begräbnis ermöglichen.

Diese Form der Wiedergutmachung hat mich tief bewegt. Die für den September 2001 geplante Weltfriedenswoche nahm ich deshalb zum Anlass, eine größere Gruppe aus Suhl für die Dauer der 4-tägigen Veranstaltung nach Hamburg einzuladen.

Auf dem großen Gelände der St. Nikolaikirche sollten sie ihre Maßnahme vorstellen und konnten auch für den Thüringer Wald und die schönen dortigen Einrichtungen, die dieses Urlaubsdomizil zu bieten hat, Werbung betreiben. Seitenlang hat die Presse darüber berichtet und die Weichen für ein Wiedersehen in Hamburg gestellt.

Von Suhl ging die gemeinsame Reise mit meiner Frau weiter zu einem festen Termin nach Berlin. Dort hatten wir mit Herrn Bürgermeister Wowereit bereits etwa 8 Monate zuvor einen Termin für einen Vortrag und eine Lesung im Roten Rathaus vereinbart.

Organisiert wurde alles von dem Berliner Schulsenator, Herrn Böger, der mir am Ende der Veranstaltung ein sehr schönes Geschenk machte, eine silberne Feder, die heute einen Ehrenplatz in meiner kleinen Schatztruhe hat, in der ich alle meine Auszeichnungen, die ich weltweit erhalten habe, aufbewahre.

An dieser Veranstaltung nahm der für das gesamte Ostgebiet von McDonald's verantwortliche Direktor, Herr Dominik Neiss, teil. Mit Herrn Neiss verbindet mich heute noch eine Freundschaft, denn wir haben über viele Jahre zusammengearbeitet und der gesamte Markt Ost-Bereich wurde in die Veranstaltungen und Vortragsreihen einbezogen.

Nach der durchgeführten Veranstaltung in Berlin begleitete mich Herr Neiss zu einem persönlichen Besuch beim damaligen Oberbürgermeister, dem jetzigen Bundesverkehrsminister Wolfgang Tiefensee. Mit diesem Besuch in Leipzig ist eine besondere Geschichte verbunden.

Zu dem Zeitpunkt, als ich meinen Termin bei Herrn Tiefensee hatte, stellte der damalige Bundeskanzler Gerhard Schröder gerade sein neues Kabinett zusammen und hatte Herrn Tiefensee für ein Superministeramt vorgesehen. Als ich mich im Sekretariat von Herrn Tiefensee meldete, sagte mir die Empfangsdame, dass er sich noch in Berlin aufhielte und dass unser Termin wohl ausfallen würde.

Wir hatten gerade in der Cafeteria Platz genommen, um einen Kaffee zu trinken, als Herr Tiefensee plötzlich vor mir stand. Völlig erschreckt erläuterte ich, was mir eben erzählt wurde, worauf er dann ganz einfach erwiderte: „Aber wir sind doch verabredet, und ich pflege meine Verabredungen einzuhalten." Wir haben dann ein sehr interessantes Gespräch geführt. Er trug sich ein in das Goldene Buch von St. Nikolai und überreichte mir eine Felix-Mendelssohn-Bartholdy-Medaille, über die ich mich ganz besonders gefreut habe.

In der Leipziger Goldschmiedstraße befindet sich das Sterbehaus von Felix Mendelssohn-Bartholdy, und in Hamburg wurde dieser bedeutende Musiker und Komponist geboren. Ich bin stolz darauf – und auch das gehört zu meinem Lebenswerk – in Hamburg die Felix-Mendelssohn-Bartholdy-Gesellschaft auf Wunsch meines Freundes Justus Frantz erfolgreich gegründet zu haben.

Leider gibt es nicht mehr sehr viele Zeitzeugen des Dritten Reichs, die meisten sind bereits verstorben. Darunter befinden sich so bedeutende Persönlichkeiten wie der Präsident des Zentralrats der Juden in Deutschland, Ignatz Bubis, und sein späterer Nachfolger Paul Spiegel. Nur noch wenige machen sich in ihrem hohen Alter die Mühe, mit den jungen Menschen zu sprechen und sie davor zu warnen, jemals den Braunen Einflüssen zu unterliegen.

Aufgrund dieser Tatsache ist es fast schon selbstverständlich, dass mich manche Reise mehrfach in die gleichen Städte brachte. Immer wieder wurde an mich der Wunsch herangetragen, noch einmal zu kommen. Viele der Schülerinnen und Schüler, die bei meinem ersten Besuch nicht anwesend sein konnten, hatten inzwischen aber meine Autobiographie „Sunny Goj" gelesen. Nun war es ihr Wunsch, mich persönlich kennenzulernen und meine Erfahrungen und Erlebnisse hautnah geschildert zu bekommen. Folglich bin ich u. a. 4 x in München gewesen, 5 x in Berlin und je 3 x in Passau und in Düsseldorf. Das aber sollten nicht die einzigen Reiserouten für meine Arbeit bleiben.

Mir kam nämlich die ehrenvolle Aufgabe zu, als Sonderbeauftragter für Jugendaufklärung in der Bundesrepublik Deutschland auch im deutschsprachigen Europa aktiv zu werden. Ich sollte so viele Vorträge und Lesungen abhalten, wie mir zeitlich und gesundheitlich möglich sind, immer jedoch unter der Voraussetzung, dass meine Frau damit einverstanden ist, auf deren guten Rat ich nie verzichtet habe.

Für St. Nikolai lag noch immer eine besonders große und zum Teil auch schwierige Aufgabe vor mir. Dennoch gelang es mir, beides miteinander zu verbinden. Zum damaligen Zeitpunkt hatten meine Frau und ich uns in Irland niedergelassen und pendelten zwischen Irland und Deutschland hin und her. Aber Dank Telefon und Faxgerät ließ sich dennoch alles wunderbar arrangieren. Die unzähligen Reisen und auch meine Arbeit für St. Nikolai konnte ich in Irland planen, um sie dann in Deutschland problemlos abzuwickeln.

Mittlerweile hatte sich meine Arbeit auch in der Schweiz, in Luxemburg und vor allem in Österreich herumgesprochen. Der österreichische Präsident der McDonald's-Franchisenehmer war Herr Friedrich Fehr. Nachdem er Kontakt zu mir aufgenommen hatte, trafen wir uns in Wien. Begeistert von meiner Mission, planten wir die Durchführung von Veranstaltungen in den größeren österreichischen Städten wie Wien, Wiener Neustadt, Graz, Linz, Klagenfurt und St. Veit. Beizeiten sollten dann auch kleinere Städte folgen.

Zunächst jedoch musste ich den Kontakt zur verantwortlichen Politik in Österreich herstellen. Deshalb wandte ich mich an den Österreichischen Generalkonsul, Doyen und Hofrat Adolf Klement, der in Hamburg schon 3 Jahre akkreditiert war und zu dem ich einen sehr engen Kontakt pflegte.

Von diesem Vorhaben war er so begeistert, dass er spontan einen Brief an seinen persönlichen Freund, dem Landeshauptmann und Bürgermeister der Stadt Wien, Herrn Dr. Michael Häupl, schrieb. Gleichzeitig unterrichtete Herr Klement auch das Landesschulamt in Wien darüber, dass ich mich bereit erklärt hatte, im Rahmen meiner Aufklärungsarbeit das deutschsprachige Europa aufzusuchen und bat um rasche Mitteilung.

Bereits nach 8 Tagen erhielt ich die Antwort, dass mich Herr Dr. Häupl, der Bürgermeister der Stadt Wien, im Rathaus der Stadt empfangen möchte. Das Wiener Bundespräsidialamt teilte etwa zeitgleich mit, dass sich der Herr Bundespräsident Dr. Thomas Klestil gerne in das Goldene Buch eintragen würde.

Binnen nicht einmal einer Woche wurde dann mit dem Landesschulrat die erste Veranstaltung organisiert. In einer sehr großen Aula im 16. Bezirk, die 1.200 Personen Platz bot, waren Schülerinnen und Schüler der Gymnasien verschiedener Bezirke zusammengekommen.

Erstaunlicherweise waren alle mit großen Schreibblöcken „bewaffnet" und machten sich Notizen, die sie dann wahrscheinlich anschließend in ihren Klassen besprechen würden. Auch hier die gleichen Erfahrungen, die ich in der Bundesrepublik Deutschland gemacht hatte: Es war absolute Stille im Saal. Kaum, dass jemand hustete, niemand verließ zwischendurch die Halle.

Vortrag und Lesung in Wien

Am Schluss meiner Lesung, die immer am Ende der Veranstaltung erfolgt, erhob ich mich von meinem Platz und bedankte mich bei meinen Zuhörern für ihre Aufmerksamkeit und wünschte ihnen für die Zukunft alles Gute. Was dann passierte, übertraf alle meine Erwartungen: Erst standen 10 auf, dann 20, dann 30, dann stand die gesamte Zuhörerschar auf und brachte mir mindestens 5 Minuten Standing Ovations. Ein schier nicht enden wollender, donnernder Applaus, der mich glücklich, aber auch verlegen machte.

Gemeinsam mit dem Landesschulrat und dem österreichischen Präsidenten von McDonald's wurde ich anschließend von Herrn Dr. Michael Häupl in seiner Bürgermeisterstube empfangen. Während er sich in das Goldene Buch eintrug, erzählte er recht viel aus meinem Leben. Sie haben richtig gelesen: Fast wusste er mehr, als ich selbst über mich berichten kann. Von seinem Freund, dem Österreichischen Generalkonsul, Doyen und Hofrat Adolf Klement hatte er sich reichlich über mich informieren lassen und zudem nahezu sämtliche deutsche und hamburgische Presseberichte der vergangenen 2 Jahre studiert.

Dann gab es für mich eine ganz besondere Ehrung, über die ich mich sehr gefreut habe, und die ich wirklich nicht erwartet hätte. Dr. Häupl überreichte mir im Beisein der Presse eine hohe Auszeichnung, nämlich den Goldenen Rathausmann der Stadt Wien.

Ende des Jahres 2006 habe ich in der Hamburger Bildzeitung gelesen, dass Uwe Seeler und der unvergessene Weltfußballer Edson Arantes do Nascimento, besser bekannt als Pelé, ebenfalls von Dr. Häupl mit dieser Auszeichnung bedacht wurden. Ich fühle mich also auch hier in allerbester Gesellschaft.

Es war mir klar, dass diese erste Veranstaltung in Wien nicht die letzte gewesen sein würde. So ging es mir auch später in der Wiener Neustadt, wo mich die Oberbürgermeisterin bat, im Oktober 2004 die Festrede zum Nationalfeiertag zu halten. Das wäre für sie, für den Rat und für die anwesenden Persönlichkeiten der Stadt Wiener Neustadt eine ganz besondere Ehre.

Zu einer Zusage konnte ich mich nicht gleich entschließen, weil ich mich erst einmal informieren musste, um was es sich dabei überhaupt handelt. Es war 1951 im Juni, es war der Tag, an dem nach der Besetzung Österreichs durch die sowjetische Armee der letzte Sowjet-Soldat Österreich verließ und somit endgültig auch symbolisch die Okkupation ein Ende genommen hatte.

Viele Freundschaften haben sich durch meine Reisen durch Österreich ergeben. Zwei Jahre lang bin ich mehrfach bis zu 5 Mal in den einzelnen Städten gewesen. Immer wieder wurde ich aufgefordert, noch einmal wiederzukommen, was ich natürlich gern tat.

Eine ganz besondere Freundschaft hatte sich entwickelt zwischen Walter Jarz, seiner Gattin, meiner Frau und mir. Walter Jarz war ein sehr netter Mann, der in Klagenfurt und in St. Veit mehrere McDonald's-Restaurants betrieb. Persönlich wohnte er in der Nähe der Grenze zu Slowenien. Da ich mehrere Tage bei ihm zu Gast war, konnte ich auch diesen schönen Flecken Erde erkunden. Insbesondere habe ich Gefallen an den wunderschönen Wäldern gefunden, in denen der Waldboden hauptsächlich Pfifferlinge hergab, die dort als Eierschwämme bezeichnet werden. Für meine Frau und mich bedeutete dieser Aufenthalt eine längst ersehnte Erholung.

Nachdem ich fast 2 Jahre lang alle großen und mittelgroßen Städte Österreichs besucht hatte, machte ich den Abschluss in St. Pölten. Vorrangig hatte ich mich nun nämlich den intensiven Vorbereitungen für die geplante Weltfriedenswoche im September 2001 zu widmen.

Bevor ich Österreich verließ, kam aber auch noch das geplante Zusammentreffen mit dem inzwischen verstorbenen damaligen Bundespräsidenten Dr. Klestil zustande. Wie geplant, trug er sich in das Goldene Buch von St. Nikolai ein und schenkte mir persönlich ein Exemplar seiner Autobiographie.

Als ich mit meiner Frau aus Österreich zurück kam, sichtete ich erst einmal die Berge von Post, in denen sich auch ein Schreiben der Oberbürgermeisterin der Stadt Halle befand, Frau Ingrid Häußler. Sie bat mich, in Halle an der Saale am Tag der Deutschen Einheit die Festrede zu halten.

Das war für mich ein ganz großes Thema, das mich immer fasziniert hat. Niemals nämlich hätte ich gedacht, dass sich die Bundesrepublik Deutschland und die Deutsche Demokratische Republik miteinander dergestalt verbinden würden. Dass die Grenzen fallen, die Berliner Mauer demontiert und die Schießtürme verschwinden und letztendlich die Menschen aus Ost und West ein wiedervereintes Volk sein würden, hätte ich nie geglaubt. Heute empfinden wir die Wiedervereinigung als selbstverständlich. Damals hätte ich eher gedacht, dass der Mond die Sonne schwängert.

Ich habe mich dann mit dem Büro der Oberbürgermeisterin in Verbindung gesetzt und natürlich meine Zusage gegeben. Ich sagte zu, dass ich einen Tag vorher nach Halle kommen würde. Sie bat mich jedoch, 2 Tage früher zu kommen und rang mir das Versprechen ab, auch in Halle eine Veranstaltung an einem größeren Gymnasium durchzuführen. Auch hier gab ich sofort meine Zustimmung.

Zunächst aber stand eine weitere Reise auf dem Programm. Ich hatte eine wichtige Information erhalten, der ich auf jeden Fall nachgehen wollte. Herr Konstantin Kiermeier, ein McDonald's-Lizenznehmer aus Luxemburg, hatte mich gebeten, ein paar Veranstaltungen in Luxemburg durchzuführen.

Ich hatte viel von der Standhaftigkeit der Luxemburger gehört, die im Dritten Reich den Nationalsozialisten doch ziemliche Schwierigkeiten bereitet hatten. Während des

Zweiten Weltkrieges hatten die Nazis die Niederlande und auch Belgien überfallen. Nachdem Belgien besetzt war, nutzten die Nationalsozialisten dieses kleine Land als Durchgangsstraße nach Frankreich.

Schon früh hatte ich mir Informationsmaterial über die Verhaltensweise der Luxemburger im Zweiten Weltkrieg beschafft. So erfuhr ich, dass es u. a. einen Gauleiter gab, der von Köln und Trier aus operierte, und der Luxemburg auf dem schnellsten Wege germanisieren wollte.

Es kam auch zu einer diesbezüglichen Abstimmung, die jedoch ergab, dass sich insgesamt nur knapp 2 % für eine Eingliederung ins Deutsche Reich aussprachen. Über 98 % waren dagegen. Das hat den damaligen Gauleiter zur Verzweiflung gebracht und fast in den Wahnsinn getrieben. Er hatte schon Wochen vor der Abstimmung seinem Führer Adolf Hitler mitgeteilt, dass in Kürze das gesamte luxemburgische Volk eingedeutscht sein würde. Hier hatte er sich gründlich geirrt.

Die Luxemburger Untergrundbewegung schrieb dazu auch einen sehr beziehungsreichen Text, den sie im Geheimen verbreitete und auch an Häuserwänden festhielt. Dieser Text ist mir als unvergesslich im Gedächtnis haften geblieben: „Ohne Stich und ohne Streich schlugen wir das Deutsche Reich."

Viele Luxemburger, die im Widerstand lebten und die Besetzung nicht ertragen wollten, wurden durch die Gestapo verhaftet und in die nahegelegenen Konzentrationslager nach Weiler oder Dachau gebracht. Viele landeten aber auch in Auschwitz und selbst in Neuengamme in Hamburg.

Besonders schwer hatte es die luxemburgische Freiwilligenkompanie, eine besondere Ehrengarde, die vor allen Dingen für die großherzögliche Familie verantwortlich war. Nachdem diese noch vor der Besetzung zuerst nach England und später nach Amerika emigrierte, wurde der Ehrengarde befohlen, sich der Waffen-SS anzuschließen. Der überwiegende Teil lehnte dies ab und kam in die härtesten Arbeitsabteilungen in das KZ Neuengamme. Hier wurden sie mit besonderen Schikanen immer wieder drangsaliert und aufgefordert, der SS beizutreten. Diese Menschen aber blieben standhaft, und so sind die meisten von ihnen im Konzentrationslager verstorben. Eine solche Haltung hat mich fasziniert.

So buchte ich nach einem Telefonat mit Herrn Kiermeier einen Flug, um mich zu einem persönlichen Gespräch mit ihm zu treffen. Zunächst entschieden wir uns, eine Veranstaltung in Ettelbrück, einer Kleinstadt mit etwa 8.000 Einwohnern, durchzuführen. Das neu errichtete, wunderschöne Theater, das als Veranstaltungsort diente, verfügte über 900 Sitzplätze. Auch diese Veranstaltung war bis auf den letzten Platz ausgebucht.

Die Schülerinnen und Schüler hatten alle große Mappen mit und machten ausführliche Aufzeichnungen über das, was sie von mir als Zeitzeugen über das Dritte Reich erfuhren. Ich war begeistert über die Aufmerksamkeit und über das große Interesse, das sie mir und meiner Veranstaltung, aber auch meinem Schicksal entgegenbrachten. Es gab einen donnernden Applaus, Standing Ovations und auch die Einladung, an der anstehenden Abiturfeier teilzunehmen. Ich war tief beeindruckt von diesen jungen Menschen, die vor allen Dingen wesentlich mehr über das Dritte Reich und seine Folgen wussten, als unsere Jugend hier in Deutschland.

Es folgten in Luxemburg-Stadt, organisiert von der verantwortlichen Kulturreferentin Frau Ann-Marie Werner, deren Vater Mitbegründer des heutigen Euros war, noch viele Veranstaltungen. Selten ist mir ein Abschied von einem Land so schwer gefallen, wie von Luxemburg. Gern würde ich dort noch einmal meine gewonnenen Freunde besuchen.

Kapitel 5: Arbeit für den Frieden

Nun befasste ich mich mit den vorzubereitenden Maßnahmen für die geplante Weltfriedenswoche. Dieses Projekt sollte auch den Abschluss meiner Arbeit für den Förderkreis „Rettet die Nikolaikirche" e.V. darstellen, weil ich mich danach als 1. Vorsitzender verabschieden würde. Dem Verein würde ich aber, sofern gewünscht, weiterhin beratend zur Seite stehen.

An dieser Weltfriedenswoche sollten verschiedene europäische Nationen teilnehmen, darunter Polen, Großbritannien und Österreich, um nur einige wenige zu nennen. Das Motto dieser Veranstaltung lautete **„In Frieden leben mit den Völkern der Welt"**.

Zunächst wurde innerhalb des Kirchenschiffes in der Nähe des Turms eine große Bühne aufgebaut, die den Rednern, den größeren Orchestern und musizierenden Jugendgruppen eine Plattform bieten sollte. Vor der Nikolaikirche sollte zudem ein großes Festzelt errichtet werden, in dem die Honorartoren der Stadt, Politiker und andere besondere Gäste versorgt werden konnten.

Auch der gesamte Hopfenmarkt sollte als Veranstaltungsfläche genutzt werden. Dort fand Dienstags und Donnerstags immer ein Markt statt, aber die Händler hatten sich freundlicherweise bereit erklärt, diesen zu Gunsten der guten Sache einmal ausfallen zu lassen.

Diese Fläche wurde nun von den verschiedensten Jugendverbänden und zahlreichen Städten, in denen ich meine Vorträge gehalten hatte, mit deren Ausstellungsständen belegt. Auch der HSV und der FC St. Pauli waren mit ihren Infoständen vertreten.

Ein buntes Rahmenprogramm wurde ebenfalls zusammengestellt. Viele Künstler hatten sich angemeldet, um sich an der Weltfriedenswoche zu beteiligen. Es wurden Fußballturniere organisiert und musikalische Darbietungen aller Schattierungen arrangiert. Nebenher warb ich Sachspenden für eine große Tombola ein, die zusätzlich etwas Geld in die Kasse des Förderkreises bringen sollten.

Insgesamt hatten etwa 3.500 Besucher aus 15 verschiedenen Ländern ihre aktive Teilnahme an der Veranstaltung angekündigt. In einer unglaublich anstrengenden Aktion mussten für diese Gäste Unterkünfte gefunden werden. Etwa 600 Betten konnten wir im privaten Bereich vermitteln. Ungefähr weitere 2.000 Betten stellten Sportheime und Kasernen zur Verfügung, die uns sofort ihre Hilfe angeboten hatten.

Abschließend wurde mit den zuständigen Behörden vereinbart, dass ein Teil der Ost-West-Straße für die 4-tägige Veranstaltung zur verkehrsberuhigten Zone erklärt wird. Hier wurde eine Fahrbahnverengung vorgenommen, in der nur Schrittgeschwindigkeit gefahren werden durfte. Der Rest des Verkehrs wurde über die Hafenrandstraße umgeleitet.

Endlich waren alle Vorbereitungen für dieses Großereignis getroffen. Nur durch meine jahrelang gewachsenen Verbindungen war es mir gelungen, diese mit unglaublich viel Mühe und Arbeit verbundenen Vorbereitungen in den Griff zu bekommen.

Die Medien hatten tagelang über das bevorstehende Ereignis und über die Teilnehmer aus aller Welt berichtet. Diese Veranstaltung musste einfach ein großer Erfolg werden und den Namen St. Nikolai als Friedensmahnmal noch mehr in das Bewusstsein der Öffentlichkeit bringen.

Weltfriedenswoche 2001

Das Mahnmal St. Nikolai, mitten im Herzen unserer wunderschönen Stadt Hamburg, hatte mittlerweile auch schon den Ruf, weltweit eine Stätte des Friedens und der Völkerverständigung zu sein. Eine Stätte, die zugänglich ist für alle Menschen, unabhängig von ihrer Hautfarbe, Religion und Nationalität.

Es war der 10. September 2001. Mehrere tausend Menschen wohnten begeistert der Eröffnung dieser Veranstaltung bei. Unser Erster Bürgermeister, Dr. Henning Voscherau, die Bischöfin Maria Jepsen und viele Prominente aus Politik, Wirtschaft und Kultur hatten uns ein gutes Gelingen gewünscht, als bald darauf ein schreckliches Ereignis die Welt erschütterte.

Einen Tag später, am 11. September, war eine Gruppe von Schwerstkriminellen, sogenannte Gotteskrieger, deren Keimzelle ausgerechnet auch noch in Hamburg-Harburg gelegen haben sollte, mit entführten Passagierflugzeugen in die Zwillingstürme von New York geflogen und hatte sie zum Einsturz gebracht. Auch in anderen Städten Amerikas hatten sie Attentate verübt. Es waren mehrere tausend Tote zu beklagen.

Unsere Veranstaltung konnte damit als beendet betrachtet werden. Uns war klar, dass wir nicht feiern können, während die Welt trauert und sich in Tränen auflöst. So wurden alle geplanten Aktivitäten abgesagt. In aller Stille haben wir der Toten und ihrer Hinterbliebenen gedacht und in einer Nachtveranstaltung im Kerzenschein Mahnwachen gehalten.

Dies war für mich eine sehr schmerzliche Erfahrung. Es ist nicht zu schildern, was in einem vorgeht, wenn diese mühevollen und kräftezehrenden Arbeiten mit einem Schlag zunichte gemacht werden. Es war für uns aber eine selbstverständliche Konsequenz, den fröhlichen Teil der Veranstaltung abzusagen.

„Ivar Buterfas gibt sein Amt auf", titelte das Hamburger Abendblatt. Ich habe mich sehr gefreut, mich nun zurückziehen zu können, obwohl ich mir einen etwas anderen Abgang gewünscht hätte.

Als mein Nachfolger wurde einstimmig Manfred Gieselmann gewählt. Herr Gieselmann war Vorstandsvorsitzender des Unternehmens Hansa-Funktaxi e.G., den Hamburgern bekannt durch die prägnante Rufnummer 211 211. Im Rückfenster eines jeden der etwa 700 Hansa-Funk-Taxis ist ein St. Nikolai-Emblem angebracht, das beim

MENSCH DES MONATS

Ivar Buterfas am Ziel

„Wenn die Welt trauert, ist es unmöglich, dass wir in Hamburg feiern", sagt Ivar Buterfas. Der 68-jährige Weltbürger aus Bendestorf hat als Präsident des Förderkreises „Rettet die Nikolaikirche" in den vergangenen 15 Jahren mehr als 28 Millionen Mark Spenden gesammelt, um die Ruine der Hamburger Nikolaikirche zu sanieren und so als Mahnmal gegen Krieg, Gewalt und Vertreibung für die Nachwelt zu erhalten.

Buterfas hat sein Ziel erreicht: Eigentlich soll aus Anlass der offiziellen Übergabe des Mahnmals an die Öffentlichkeit ein dreitägiges fröhliches Friedensfest rund um die Kirchen-Ruine an der Ost-West-Straße gefeiert werden. Doch nach den furchtbaren Terror-Anschlägen in den USA ist niemandem zum ausgelassenen Feiern zumute. Das Friedensfest an der Nikolai-Ruine, an dem zahlreiche prominente Schauspieler, Musiker und Politiker teilnehmen, wird zur zentralen Gedenkfeier für die Opfer der beispiellosen Terrorserie in den USA.

Der Bendestorfer Ivar Buterfas sammelt 28 Milllionen Mark für die Hamburger Nikolai-Kirche.

Bremsen aufleuchtet. Jedermann in Hamburg ist bekannt, dass St. Nikolai von jeder Taxifahrt einen halben Cent als Spende erhält. Das ist auch noch heute so.

Die Wahl Manfred Gieselmanns war eine kluge Entscheidung. Ich habe mich darüber gefreut, dass er sich entschieden hatte, dieses doch sehr aufwändige Amt, das einer Fulltime-Beschäftigung gleich kommt, zu übernehmen. Ich hatte Herrn Gieselmann zugesagt, ihm stets mit Rat und erforderlichenfalls auch mit Tat zur Seite zu stehen.

Auch die Position des Schatzmeisters war neu zu besetzen. Mein langjähriger Wegbegleiter, meine wirkliche Stütze, der frühere Schatzmeister, Herr Rechtsanwalt Herbert Berger, konnte dem Verein nicht länger zur Verfügung stehen. Herbert Berger, der immer einen kühlen Kopf bewahrt und auch mich so manches Mal auf den Boden der Tatsachen zurückgebracht hatte, verlor, durch eine schwere Krankheit gezeichnet, langsam seine Kräfte.

Trotz allem hat er, was ich ihm hoch anrechne, seine Arbeitskraft im Rahmen seiner Möglichkeiten weiterhin dem Förderkreis zur Verfügung gestellt. Leider ist er dann im Juni 2003 nach schwerem Leiden verstorben.

Sein Verlust hat mich tief getroffen. Mit diesem großartigen Menschen verband mich nicht nur die gemeinsame Arbeit für den Förderkreis, sondern auch eine tiefe und innige Freundschaft. Auch noch heute haben wir zu seiner Witwe Kontakt. Wenn es eine Feierlichkeit gibt, freuen wir uns immer, wenn wir sie einladen dürfen.

Neuer Schatzmeister wurde Herr Heinrich Schmidt, ein Mann, der in Pinneberg ein Reisebüro betreibt. Er war ein sehr kluger Mann, ein guter Kaufmann und ebenfalls ein echter Gewinn für den Förderkreis „Rettet die Nikolaikirche" e.V.

In großes Erstaunen versetzte mich aber der Umstand, dass Herr Gieselmann auf einer der wichtigsten Mitgliederversammlungen ohne Angabe von Gründen sein Amt niederlegte. Später wurde mir jedoch klar, warum er den Vorsitz abgegeben hat. Ich möchte jedoch keinen Kommentar dazu abgeben und behalte meine persönlichen Gedanken zu diesem Schritt für mich.

Nun gab es das große Problem, einen neuen Nachfolger zu finden. Ich gab mir größte Mühe, Herrn Schmidt, den neuen Schatzmeister, zumindest vorübergehend für dieses Amt zu gewinnen. Er weigerte sich standhaft, aber dann gelang es mir doch, ihn zu überzeugen. Darüber war ich nicht unglücklich, und nun war auch der Förderkreis nicht mehr führungslos.

Herr Schmidt übernahm nun die Leitung des Förderkreises. Schon bald aber gab es ein kleines Problem: die räumliche Entfernung. Das Büro des Förderkreises befand sich

Ivar Buterfas gibt sein Amt auf

Präsident des Förderkreises St. Nikolai will mehr Zeit für seine Frau haben

Hamburger Abendblatt vom 05.09.2001

mitten in der Hamburger Innenstadt, und zwar in der Krypta von St. Nikolai. Herr Schmidt wiederum war mit seinem Reisebüro in Pinneberg ansässig, wo er geschäftlich voll beansprucht war.

In den fast 15 Jahren meiner Leitung wurde der Förderkreis unter ganz besonderen Spielregeln geführt. Um zumindest die vordringlichste Aufgaben, die dieser Verein mit sich bringt zu erledigen, hätte man weiterhin täglich das Büro aufsuchen müssen. Das aber konnte nicht realisiert werden.

Alle ehrenamtlich tätigen Mitglieder des damaligen und auch des jetzigen Vorstands sind Unternehmer und tragen die Verantwortung für viele Mitarbeiter. Dass ihre Firmen Priorität haben, ist natürlich eine Selbstverständlichkeit.

Diesen Umstand bekam ich ein paar Jahre später deutlich zu spüren. Mutterseelenallein stand ich der schwierigen Aufgabe gegenüber, das komplexe Projekt „Gläserner Fahrstuhl" für das Mahnmal St. Nikolai zu realisieren.

Kapitel 6: Abschied von Irland und Finanzierung des Panoramalifts

Nach der geplatzten Weltfriedenswoche in Hamburg hatte ich mich zur großen Freude meiner Frau fast gänzlich aus der Arbeit des Förderkreises zurückgezogen. Allerdings widmete ich mich sehr intensiv meiner Aufklärungsarbeit. Mittlerweile hatte ich schon fast 1.000 Lesungen und Vorträge in der Bundesrepublik und im deutschsprachigen Europa gehalten.

Buchautor Ivar Buterfas mit seiner Frau, die bei allen seiner Lesungen an seiner Seite saß und mit der der 67 Jährige mittlerweile 45 Jahre verheiratet ist. (Foto: Weiher)

Unsere wenige Freizeit nutzten meine Frau und ich für erholsame Aufenthalte in Irland. Im Jahre 2004 mussten wir unseren Urlaub aber aufgrund einer schweren Erkrankung meiner Frau abbrechen und nach Deutschland zurückfliegen.

Bei dieser Gelegenheit habe ich mich gefragt, was wohl würde, wenn mir einmal etwas passierte. Wenn ich einmal schwer krank würde oder vielleicht sogar vor meiner Frau verstürbe. Meine Frau hätte dann möglicherweise große Probleme, unsere beiden Häuser in Irland zu verkaufen. Gerade vor dem Hintergrund, dass wir unser schönes Anwesen in Bendestorf besitzen, wäre es höchst unwahrscheinlich, dass sie alleine in Irland leben würde. So reifte in mir der Gedanke, dass wir uns von unserem wunderschönen, idyllischen Fleckchen am Lough Sheelin im County Cavan trennen sollten.

Dieser Gedanke war alles andere als leicht. Eines unserer Häuser hatten wir komplett unseren Vorstellungen entsprechend umbauen und das zweite sogar nach unseren Entwürfen errichten lassen. Im zweiten, dem sog. „Bootshaus", haben viele meiner Freunde ein paar Tage ihres Urlaubs verbracht, unter ihnen der Schriftsteller Ralph Giordano. Etwa ein Vierteljahr fuhr er kreuz und quer durch Irland, um entsprechende Recherchen für seinen Roman „Mein irisches Tagebuch" anzustellen, den er dann in unserem „Bootshaus" geschrieben hat.

Nachdem wir uns zum Verkauf der Häuser entschlossen hatten, inserierte ich, und zu meinem großen Erstaunen gab es über 70 Anfragen. Zwar waren beide Häuser innerhalb weniger Tage verkauft, jedoch erwartete uns noch ein mit einer Fülle von Schwierigkeiten gepflasterter Weg, um die Verkäufe zum Abschluss zu bringen.

Die irischen Regularien schreiben vor, dass sowohl Käufer als auch Verkäufer jeweils einen Architekten und einen Rechtsanwalt und Notar beauftragen müssen. Das irische Finanzamt, das Tax-Office, forderte mich zudem auf, von meinem Steuerberater in Deutschland diverse Unterlagen beizubringen. Nachdem ich diese gewünschten Dokumente eingereicht hatte, wurde mir aufgegeben, mir einen irischen Steuerberater zu suchen, der die von meinen deutschen Steuerberater gefertigten Akten überprüfte und dann mit einem Erledigungsvermerk erneut beim Finanzamt einreichte.

Nachdem diese Hürden genommen waren, mussten wir uns noch einige Wochen gedulden, bis wir im Besitz unseres Geldes waren. Die Käufer zahlten die Kaufbeträge an unseren Notar, der davon auch gleich die Steuern an das Finanzamt abführen musste. Erst nachdem dem Notar wiederum eine Mitteilung darüber vorlag, dass wir keine Verbindlichkeiten gegenüber dem Finanzamt hatten, wurde das Geld nach Deutschland transferiert. Die Häuser haben wir im Jahre 2004 verkauft, aber es dauerte bis 2005, um diesen dornenreichen Vorgang abzuschließen. Der Verkauf der Häuser war, wie sich später herausstellen sollte, eine kluge Entscheidung. Wie schnell man schwer krank werden kann, das, glaube ich, kann niemand besser beurteilen als ich.

Wir nahmen also Abschied von Irland. Es war ein sehr tränenreicher Abschied, denn wir hatten dieses Land im Allgemeinen und unseren Wohnort im Besonderen außergewöhnlich lieb gewonnen. Hier haben wir unser wunderschönes „Bootshaus" bauen dürfen, das zur Hälfte im See, im Lough Sheelin, stand.

Vom Flur aus führte eine kleine Treppe hinab zum Bootsliegeplatz. Drückte ich den Funksender, den ich immer in der Hosentasche trug, öffnete sich automatisch ein großes zweiflügeliges Tor, und so konnte ich direkt hinaus auf den See fahren.

Als passionierter Angler bin ich sehr viel herumgekommen und kann zu Recht behaupten, dass der Lough Sheelin einer der fischreichsten Seen ist, den ich kenne. Mit meinen unglaublich vielen Fängen habe ich auch einige meiner Freunde in Deutschland regelmäßig versorgt.

Ich erinnere mich noch daran, wie mich mein Freund Wilfried Cichon, ehemaliger Marktdirektor und jetziger Restaurant-Betreiber einiger McDonald's-Filialen, einmal bat, ihm ein oder zwei Hechte mitzubringen. Bei nächster Gelegenheit besuchte ich ihn in einer Filiale am Gänsemarkt und händigte ihm zu seiner Überraschung einen ganzen Koffer voller Hechte aus – etwa 70 Pfund! Wie Herr Cichon mir sagte, hat er spontan eine große Fete veranstaltet, an der das gesamte Büro teilnahm.

Das alles habe ich nun aufgegeben. Und natürlich auch viele Freunde zurückgelassen. Einer meiner ganz besonderen Freunde ist Horst Westrich. Er hat einen Großteil unserer Abreise mitorganisiert. Die Häuser haben wir zwar möbliert und mit allen Haushaltsgeräten etc. verkauft, jedoch gab es auch eine Vielzahl an persönlichen Dingen und natürlich auch unsere Fahrzeuge, die nach Deutschland transportiert werden mussten. Horst Westrich betreibt in Milton, etwa 10 km von Cavan entfernt, eine Anglerpension. In unmittelbarer Nähe gibt es herrliche, fischreiche Seen. Aber nicht nur deshalb ist seine Pension gut frequentiert. Horst und seine Frau Mary sind nämlich exzellente Köche und verstehen es, ihre Gäste derart zu verwöhnen, dass ihnen der Abschied zum Ende des Urlaubs besonders schwer fällt.

Jedes Mal, wenn Horst und Mary nach Deutschland kommen, wünsche ich mir natürlich, dass sie einen kurzen Abstecher zu uns machen, damit wir uns richtig austauschen können. Natürlich werden meine Frau und ich noch einmal nach Irland fahren und uns ansehen, was wir alles aufgegeben haben – mit einem lachenden und einem weinenden Auge.

Einige Zeit später erhielt ich einen Anruf, der noch einmal mein Leben ganz besonders beeinflussen sollte. Ein Mitglied des Vorstandes vom Förderkreis „Rettet die Nikolaikirche" e.V. machte mir folgende Eröffnung: Das Bezirksamt Hamburg-Mitte hatte zugestimmt, dass, sofern der Förderkreis die nötigen Mittel beschaffte, im Turm von St. Nikolai ein gläserner Panoramalift eingebaut werden darf. Eine entsprechende Idee hatten wir vor langer Zeit einmal gehabt. Damals gingen wir aber davon aus, keine Genehmigung zu erhalten, weswegen sie in Vergessenheit geraten war.

Diese Idee wurde vor allem von Herrn Lutz Sen. der Firma Hans Lutz Maschinenfabrik GmbH in Reinbek bei Hamburg an den Förderkreis herangetragen. Nun erfuhr ich, dass sich der Vorstand des Förderkreises geweigert hatte, diesen Lift einzubauen. Die Gründe hierfür lagen auf der Hand: Ein solches Projekt kostet Hunderttausende von Euros. Vom Vorstand hatte aber niemand die Möglichkeit, auch nur einen Cent zu beschaffen. Er hatte sich nie mit dem Einwerben von Spenden befasst. Darüber hinaus waren alle Vorstandsmitglieder Firmeninhaber und würden die viele Arbeit und Zeit, die dieser Komplex erforderte, nicht mit ihrer Tätigkeit vereinbaren können. Also lehnten sie dieses Projekt ab.

Nächtelang konnte ich nicht schlafen. Ich sagte meiner Frau, dass ich mich einmal mit dem Vorstand und auch mit meinen Freunden zusammensetzen würde, um zu überlegen, ob sich diese großartige Idee nicht doch realisieren ließe.

Meine Freunde, die aktiv nichts mit dem Förderkreis zu tun hatten, ihm aber immer positiv und unterstützend gegenüberstanden, sagten mir zu, das Projekt im Rahmen ihrer Möglichkeiten zu unterstützen. „Wenn Du es nicht schaffst, dann schafft es auch kein anderer!" Das war gleichzeitig Aufforderung und Ansporn genug, die Sache in Angriff zu nehmen.

Meine Frau warnte mich vor diesem neuerlichen Projekt, weil sie ahnte, was da auf mich zukommen würde. Ganz unverblümt sagte sie mir, dass mich aus dem Vorstand niemand unterstützen und ich mutterseelenallein vor dem Projekt stehen würde. Sie gab auch zu bedenken, dass ich keine 50 mehr war, sondern schon über 70 und meine Gesundheit auf dem Spiel stand.

Ich aber hatte Visionen. Ich konnte mir sehr gut vorstellen, wie es sein würde, in den gläsernen Panoramalift zu steigen und nach 8 Sekunden in 75 Metern Höhe die Aussichtsplattform erreicht zu haben. Ich stellte mir vor, hoch über einer der schönsten Städte der Welt bei gutem Wetter den unverbauten Ausblick bis nach Lüneburg, nach Lauenburg, hinauf in den Norden zu genießen ...

Es war aber nicht nur der schöne Ausblick, den ich mir vorstellte. Ich konnte mir auch ausmalen, dass der Fahrstuhl eine unglaubliche Attraktion wäre, mit der sich der Publikumsstrom in erheblichem Umfange vergrößern ließe. Es gibt kaum eine zweite Stadt in Deutschland, die einen so hohen Anteil an Touristen hat wie die Freie und Hansestadt Hamburg. Wie viele Hotels in den vergangenen vier Jahren in Hamburg gebaut wurden, weiß ich nicht. Die Tatsache aber, dass jedes Jahr Hunderte, wenn nicht gar Tausende zusätzliche Betten benötigt werden, ist ein sicheres Indiz dafür, dass Hamburg eine aufsteigende Touristenstadt ist. Angaben der Hamburger Tourismuszentrale zufolge sollen sich pro Tag 1,5 - 2 Millionen Fremde in unserer Stadt aufhalten. Zahlen, die unvorstellbar sind.

Bei nächster Gelegenheit bat ich den Vorstand um ein Gespräch und regte an, diesbezüglich eine Vorstandsversammlung einzuberufen. Ich wollte erreichen, dass sich der Vorstand darüber bewusst wird, was er da ausschlägt. Es wäre die einmalige Chance, St. Nikolai in den kommenden Jahren möglicherweise finanziell unabhängig zu machen. Mit solch einem Lift fährt man schließlich nicht nur einmal, sondern Dutzende Male. Die vielen Möglichkeiten, den Fahrstuhl zu bewerben und weitere Besucher zu mobilisieren, sind übrigens bis heute unberücksichtigt geblieben.

Besonders interessiert an diesem Projekt war die Firma Hans Lutz Maschinenfabrik GmbH. Herr Lutz sen. war mir noch aus den Tagen nach dem Kriege bekannt. Er war etwas älter als ich und verließ die gemeinsam besuchte Schule, weil er in eine höhere Stufe einstieg, was mir leider nicht vergönnt war. Herr Lutz sen. wollte unbedingt, dass das Projekt gebaut wird. Herr Groß, ein Schulfreund von Herrn Lutz jun., machte mir folgende Eröffnung: Die Firma Lutz, ein bedeutendes Unternehmen im Bereich Fahrstuhl- und Maschinenbau, hatte nie etwas für die Werbung getan. Dem Unternehmen war aber klar, dass bei der Präsenz, die St. Nikolai besitzt, der Einbau des Fahrstuhls eine Werbemöglichkeit schaffte, die unbezahlbar ist.

Aus Statistiken, die ich angefertigt hatte, war mir bekannt, dass innerhalb eines Jahres 110 unterschiedliche Nationalitäten St. Nikolai besucht hatten. Wenn man davon ausgeht, dass eine intensive Bewerbung des Panoramalifts auch durch die Hamburger Tourismuszentrale mit stattfinden kann, dann wäre das natürlich eine kleine Sensation. Und natürlich auch finanziell eine großartige Sache, wenn der Lift erst einmal bezahlt ist. Nur wie man ihn bezahlte, das war natürlich noch ein Problem. Mittel von der Stadt waren nicht zu erwarten.

Zum Zeitpunkt dieser Überlegungen war überhaupt noch nicht klar, ob dieses Projekt jemals realisiert werden könnte. Der Vorstand des Förderkreises berief eine außerordentliche Vorstandssitzung ein, zu der auch die Herren Lutz sen. und Lutz jun. eingeladen wurden.

Der 1. Vorsitzende lehnte das Projekt unmissverständlich ab. Zustimmung erhielt er von den Beisitzern und vor allem vom Hauptpastor, der ebenfalls zum Vorstand gehörte. Auch die anwesenden Mitglieder der Gemeinde St. Nikolai sprachen sich strikt gegen die Durchführung dieses Projekts aus.

Damals konnte ich mir diese kategorische Ablehnung überhaupt nicht erklären. Heute, wenn ich die ganze Aktion von Beginn bis zur Vollendung des Bauvorhabens aus der Distanz betrachte, ist mir dieses Verhalten glasklar. Die Vorstandsmitglieder müssen bereits ohne meine Anwesenheit Gespräche geführt und festgestellt haben, dass keiner der Herren auch nur annähernd in der Lage gewesen wäre, ein solches Projekt zu realisieren. Neid und Missgunst hatten sich zu diesem Zeitpunkt bereits bei einigen Herren manifestiert und trugen ihr Übriges bei.

Die Herren Lutz waren natürlich aus den schon vorab erwähnten Gründen für die Realisierung des Projekts. Sie vertrauten auf die hohe Werbeeffizienz für ihr Unternehmen. Zudem bin ich fest davon überzeugt, dass es ihnen auch nicht darum ging, dem Förderkreis damit einen großen Gefallen zu tun, sondern in erster Linie darum, ihre kommerziellen Interessen zu vertreten, für die ich irgendwo auch Verständnis hatte.

Es gab eine stürmische Auseinandersetzung. Ich bot den anwesenden Mitgliedern des Vorstandes an, noch einmal für die Dauer eines Jahres und ausschließlich für die Aktion „Fahrstuhl“ den Vorsitz des Förderkreises zu übernehmen.

Mein Entschluss stand fest. Wenn es auch nur die geringste Chance gäbe, müsste diese Idee in die Tat umgesetzt werden, damit auch die Zukunft von St. Nikolai abgesichert wäre. Denn nach mir, und das darf ich ohne Übertreibung hier niederschreiben, wird es niemanden geben, der in der Lage ist, dem Förderkreis für seine Aufgaben und Vorhaben die finanziellen Möglichkeiten und Rahmenbedingungen zu schaffen.

Niemand der anwesenden Herren war in Lage, auch nur einen 100-Euro-Schein zur finanziellen Unterstützung des Mahnmals beizutragen. Das hatte sich in den rückliegenden Jahren immer wieder deutlich gezeigt.

Der leider viel zu früh verstorbene damalige Schatzmeister, Herr Rechtsanwalt Herbert Berger, war mir immer eine besonders große Stütze. In den darauf folgenden Jahren habe ich, mit Ausnahme von Herrn Klaus Krosanke, von niemandem aus dem Vorstand behaupten können, sie hätten aktiv und engagiert an allen Aufgaben teilgenommen. Hauptsächlich waren sie dann anwesend, wenn eine Aufgabe erfolgreich abgeschlossen war und die Presse ihr Erscheinen angekündigt hatte.

Nachdem ich zum 1. Vorsitzenden des Förderkreises gewählt worden war, verließen einige Vorstandsmitglieder unter Protest die noch nicht zu Ende gegangene Vorstandssitzung. Ich hatte die volle Verantwortung für das Projekt „Gläserner Fahrstuhl“ übernommen und erhielt tatkräftige Unterstützung von einigen Mitgliedern, die früher mit mir im Vorstand tätig waren. Sie alle vertraten die gleiche Auffassung wie ich. Und sie alle wussten, sollte mir der Bau des Fahrstuhls nicht möglich sein, konnte das Bauvorhaben zu den Akten gelegt werden.

Der Architekt Volker Huzelmann, ebenfalls Mitglied des früheren Vorstands, der schon viele Jahre im Förderkreis war, hatte sich bereits um die Zeichnungen, Baugenehmigungen und sonstigen behördlichen Formalitäten vorbereitend gekümmert.

An dieser Stelle sehe ich mich veranlasst, noch einmal ein großes Lob an die Bauabteilung des Bezirksamts Hamburg-Mitte auszusprechen. Vor allem Herr Benecke, der Leiter der Tiefbauabteilung, ließ uns jede erdenkliche Unterstützung zukommen. Das erleichtert natürlich den Fortschritt der geplanten Arbeiten ungemein. Baugenehmigungen und weitere behördliche Auflagen können nämlich unendlich viel Zeit verschlingen.

Von der Firma Lutz verlangte ich nun natürlich Zahlen. Genaue und konkrekte Summen konnte ich nicht bekommen. Über die Kosten gab es nur vage Spekulationen, die sich zwischen 350.000 und 500.000 Euro bewegten. Ein schriftliches Angebot habe ich nie zu sehen bekommen, und das ist, was ich mir selber vorwerfe, ein großer Fehler gewesen. Ich habe jedoch immer wieder versucht, eine detaillierte, alle Leistungen umfassende Offerte zu erhalten. Jedes Mal aber lief meine Bitte ins Leere.

Nach diesen fruchtlosen Bemühungen setzte ich mich mit zwei anderen Firmen in Verbindung. Ich persönlich hatte nichts dagegen, dass die Arbeiten von der Firma Lutz ausgeführt würden; schließlich handelte es sich um ein angesehenes und seriöses Unternehmen. Auch wenn die Firma Lutz signalisierte, dass der Fahrstuhl nur von einem Unternehmen gebaut werden könne, nämlich von ihr, wollte ich mich natürlich über die Preise der Mitbewerber informieren. Nach Vorlage aller Angebote könnte man dann am runden Tisch konkret ein Gespräch über die Auftragsvergabe führen.

Einige Tage später rief mich Herr Lutz sen. an und bemängelte, dass ich bei den Mitbewerbern Angebote einholen würde. Schließlich hätte sein Unternehmen bereits sehr viel Zeit und Aufwand investiert. Ich hatte, wie man sich denken kann, ein ungutes Gefühl, schob es aber beiseite, denn die Maßnahmen waren in der Tat schon weit vorangeschritten. Wie ging das Ganze aus?

Nun konnte ich das wichtigste Problem in Angriff nehmen: Ich brauchte Geld, und zwar größere Beträge! Ich hatte mir ein Konzept zurechtgelegt, auf welchen verschiedenartigen Wegen ich diese möglicherweise beschaffen könnte.

Nach mehreren Telefonaten gelang es mir, einen Ortstermin mit dem neuen Bausenator, Herrn Dr. Michael Freytag, zu vereinbaren und ihm das Mahnmal zu zeigen. Er lobte mich und sagte, dass alle an St. Nikolai vorhandenen Einrichtungen meine Handschrift tragen. Meine Aktivitäten seien ihm alle bekannt, denn er habe sie all die Jahre aufmerksam verfolgt. Er sei auf jede Hamburger Persönlichkeit stolz, die sich so intensiv für eine Sache einsetzt wie ich.

Nachdem ich mich von diesem unerwarteten Lob erholt hatte, fragte ich ihn, ob es nicht möglich wäre, dieses einzigartige Projekt von Seiten der Stadt mit einem Betrag X zu unterstützen. Ich erklärte Herrn Dr. Freytag, dass ich bereit wäre, über verschiedene Kanäle langfristig etwa 200.000 bis 250.000 Euro zu beschaffen. Wenn wir zudem von der Stadt etwa 120.000 Euro bekämen, wären wir ein ordentliches Stück weiter. Vor allem könnten wir dann zusätzlich Rampen bauen, um auch den Rollstuhlfahrern die Möglichkeit zu geben, auf den Turm von St. Nikolai zu fahren.

Für einen Moment war Dr. Freytag natürlich überrascht, sagte dann aber, dass er mit einer solchen Frage eigentlich gerechnet habe, weil sie einfach zu meiner Person passte. Er versprach mir, kurzfristig eine Sitzung in der Baubehörde einzuberufen und uns ebenfalls zu dieser Expertenrunde einzuladen.

Natürlich hatte ich die Befürchtung, dass diese höfliche Zusage in Vergessenheit geraten würde. Dr. Freytag aber hielt Wort. Schon nach 2 Tagen bekamen wir die angekündigte Einladung und sollten 2 Tage später unser Konzept erläutern.

Man war außerordentlich kooperativ, wie ich lobend erwähnen muss. Unserem Wunsch, in die Turmruine einen Lift einzubauen, um Menschen aus aller Welt einen einmaligen Ausblick zu gewähren und gleichzeitig u. U. finanzielle Unabhängigkeit für St. Nikolai zu schaffen, stand man sehr positiv gegenüber. Schon etwa 10 Tage später ging uns die schriftliche Entscheidung zu: Die Stadt erklärte sich bereit, uns mit 60.000 Euro zu unterstützen. Das war schon ein erheblicher Betrag.

Nun konnten alle Planungen Stück für Stück in Angriff genommen werden. Neben der Beschaffung der Gelder galt es, sämtliche Kosten des Förderkreises so gering wie möglich zu halten. Vor allen Dingen die Erstellung des Fundaments am Turmfuß war eine sehr lohnintensive Angelegenheit. Als Eingetragener Verein hatten wir die Möglichkeit, ABM-Kräfte zu beschäftigen und konnten diesbezüglich mit der Hamburger Organisation „Arbeiten und Lernen" kooperieren.

Die Verantwortlichen dieser Institution vermittelten arbeitssuchende Maurer, Tischler, Zimmerleute, Schlosser, Schachtmeister und Elektriker. Somit war es uns möglich, Fachkräfte für ein geringes Entgelt für diese Baumaßnahme zu beschäftigen. Unsere Einsparungen für alle Arbeiten, die im Zusammenhang mit dem Liftbau standen, beliefen sich auf gut und gerne 40.000 bis 50.000 Euro.

Angekündigt durch die Presse hatte sich der geplante Bau des Fahrstuhls natürlich herumgesprochen. So gelang es mir, Einzelspenden von bis zu 5.000 Euro einzuwerben. Das aber waren noch nicht die Beträge, die der Förderkreis benötigte.

So überlegte ich mir 2 Aktionen, die durchaus zwischen 150.000 und 250.000 Euro einspielen sollten, und das natürlich am liebsten innerhalb kürzester Zeit. Hierfür war ein zusätzlicher Personalaufwand erforderlich, denn Unterstützung vom Vorstand erhielt ich nicht.

Es war mir klar, dass ich diese Aktionen ganz allein bewältigen musste und ich wusste, dass Stresssituationen und hohe physische Belastungen mich an den Rand meiner Kräfte bringen würden. Leichtsinnigerweise aber war mir das völlig gleich. Ich wollte diesen Panoramalift! Ganz schonungslos und offen gebe ich zu, dass es mein Ziel war, mit diesem Projekt mein Lebenswerk zu krönen.

Die erste geldbringende Maßnahme sollte eine Tombola sein. Um diese jedoch reizvoll zu gestalten, brauchte ich die Hilfe der Hamburger Wirtschaft. Ich brauchte nicht ihr Geld, sondern ihre Produkte. Viele große Schmuckgeschäfte beteiligten sich, indem sie wertvolle Uhren spendeten. Die Beiersdorf AG versorgte uns mit Kosmetika und auch das Unternehmen McDonald's beteiligte sich in seiner Vorreiterrolle wieder mit vielen wertvollen Preisen.

Mit der Firma Ford gelang mir ein großer Deal. Uns wurden 2 Ford-Ka gesponsert, einen dritten dieser Kleinwagen mussten wir kaufen.

Meine Gespräche mit Hamburger Reedern führte dazu, dass ich allein 7 Kreuzfahrten für die Tombola einwerben konnte. Der Wert aller Seereisen belief sich auf über 40.000 Euro. Allen Sponsoren sei hiermit noch einmal herzlich gedankt!

Die Losbuden wurden an attraktiven Standorten in der Hamburger Innenstadt platziert. Gleichzeitig kümmerte ich mich um die Einholung einer Sondergenehmigung. Ich hatte nämlich die Idee, eines der zu gewinnenden Autos werbewirksam auf einem Anhänger vor Uhren-Becker aufzustellen. Der Anhänger wurde mit einer umlaufenden Werbebanderole ausgestattet, auf denen sich 5 Hamburger Firmen präsentierten. Für diese Werbung berechneten wir den Firmen je 1.500 Euro.

Mit den Einnahmen war dann auch das Auto, das wir kaufen mussten, bezahlt. Lediglich Herr B. blieb dem Förderkreis die 1.500 Euro für die Werbung schuldig.

Der Anhänger mit dem Auto wurde täglich kostenlos von Hansa-Funktaxi transportiert. Morgens wurde er vor Uhren-Becker abgestellt und abends, wenn die Losbuden geschlossen hatten, zur Sicherheit auf das Gelände von St. Nikolai gebracht. Auch hier noch einmal ein Dankeschön für diese Unterstützung an Hansa-Funktaxi!

In Norddeutschland gibt es nur eine Firma, die Lose produzieren darf, und das ist die Firma Kurt Hellwig. Dieses Unternehmen kannte ich bereits aus anderen Veranstaltungen, die im Jahre 1990 und 1995 durchgeführt wurden. Mir schwebte vor, 3 Serien á 20.000 Lose drucken zu lassen.

Jedes 3. Los sollte gewinnen. Das war sensationell, denn normalerweise muss das Spielkapital nach den Richtlinien der Hamburger Finanzbehörde so aussehen, dass von 1 Euro 33 % Gewinn ausgeschüttet werden und jedes 20. Los gewinnen muss. Bei uns aber war es so, dass praktisch 80 % ausgeschüttet wurden und sogar jedes 4. Los gewann. Später konnte ich die Gewinnquote sogar noch auf 1:1 bringen, was bedeutete, dass praktisch jedes Los gewann. Trotz der enormen Gewinnchancen und trotz der überaus hohen Sachwerte lief die Tombola entgegen unseren Erwartungen außerordentlich schleppend. Die Umsätze, die wir erzielten, waren kaum der Rede wert. Ich versuchte deshalb, meine Geschäftsfreunde mit Losen zu bedenken. Nachdem ich sie aber 1, 2 mal bedient hatte, war auch hier kein Absatz mehr gewährleistet.

Eines Tages besuchte mich Herr Michael S., ein Sponsor, den ich ganz besonders hervorheben möchte, in der Krypta von St. Nikolai. Herrn S. kenne ich schon seit vielen Jahren, und er machte es 1990 möglich, die 51 Glocken für das neue Glockenspiel mit einem speziellen Lastzug von Holland nach Hamburg zu transportieren. Auch finanziell hatte er den Förderkreis immer wieder bedacht. Herr S. kaufte bei mir Anteilsscheine, auf die ich noch zu sprechen komme und erwarb zudem 1.000 Lose. Ich fragte ihn, was er denn mit so vielen Losen anfinge, ob er sie eventuell den Mitarbeitern seines Unternehmens schenken wolle.

Daraufhin erklärte er mir, dass er sich mit einer Fülle von Geschäftspartnern aus dem In- und Ausland verabredet hätte. An dem Abend des Treffens wolle er die Lose auslegen, und jeder der Teilnehmer, mit denen er bereits jahrelang zusammenarbeitete,

Das Glockenspiel von St. Nikolai

dürfe sich 100 Lose nehmen. Das war für mich eine plausible Erklärung, gegen die – wie meine verschiedenen Gespräche ergaben – auch von Seiten der Finanzbehörde überhaupt kein Einwand bestand.

Die Tombola lief immer schlechter und die Umsätze blieben extrem hinter unseren Erwartungen. Da die von der Hamburger Wirtschaft gespendeten Sachpreise aber dennoch zu Gunsten von St. Nikolai eingesetzt werden mussten, habe ich zwar auch die 3. Losserie drucken lassen, aber nicht mehr 20.000 Stück. Es war völlig ausgeschlossen, eine so hohe Anzahl noch jemals verkaufen zu können. Teilweise hatten wir auf der Mönckebergstraße bis zu 12 Losverkäufer, die in 2 Schichten arbeiteten, beschäftigt. Die Löhne und Sozialabgaben verschlangen so viel Geld, dass praktisch überhaupt keine Erträge aus der Straßenlotterie zu verzeichnen waren.

Deshalb machte ich Herrn Michael S. bei einem weiteren Besuch im Dokumentationszentrum von St. Nikolai einen Vorschlag. Ich sagte ihm, dass ich aus der 2. Gewinnserie noch 4.000 Lose und aus der 3. Gewinnserie noch 2.000 Lose hätte. Diese 6.000 Lose würde ich ihm gern verkaufen, um dann auch unseren Verkauf an den Losbuden einzustellen.

Herr Michael S. machte mir plausibel, dass er eigentlich an kein weiteres Engagement mehr dachte, weil er bereits fast 30.000 Euro zur Finanzierung des Panoramalifts beigesteuert hatte. Nach einem etwa halbstündigen Gespräch erklärte er sich aber dennoch bereit, dem Projekt zuliebe diese 6.000 Lose zu erwerben. Er würde versuchen, diese Lose an seine Geschäftspartner zu verkaufen. Das war eine großartige Maßnahme, bei der ich auch keinerlei Hintergedanken hatte. Da Herr S. ein großes, in ganz Europa vertretenes Unternehmen besaß, war es ihm natürlich nicht möglich, innerhalb von 8 Tagen ein Treffen mit seinen Geschäftspartnern zu arrangieren. Das hatte er mir auch deutlich zu verstehen gegeben. Ich verkaufte ihm die 6.000 Lose und erhielt dafür 12.000 Euro, die ich auf das Konto des Förderkreises einzahlte. Insgesamt betrugen die Einnahmen aus der Tombola immerhin etwa 81.000 Euro – ein Betrag, der sich sehen lassen konnte.

Meine zweite Idee zur Finanzierung des gläsernen Panoramalifts war die sog. „Anteilsschein-Aktion". In der Hoffnung 60.000 Euro zu erwirtschaften, ließ ich damals 500 wunderschöne Urkunden drucken, die Eckdaten zu dem Fahrstuhl enthielten und vom gesamten Vorstand unterschrieben waren. Diese 25 x 40 cm großen Urkunden sollten zum Stückpreis von 120,00 Euro verkauft werden. Jeder Urkundeninhaber erwarb das Recht, dass nach Fertigstellung des Fahrstuhls sein Name in eine kupferne Ehrentafel eingraviert wird. Diese Ehrentafeln sollte im Bereich der Plattform von St. Nikolai in 75 Metern Höhe angebracht werden. Somit sind die Unterstützer dieses einzigartigen Projekts, denn es gibt weltweit keinen zweiten Panoramalift in einer Turmruine, für alle Zeiten mit ihrem Namen als Spender vertreten.

Alle Urkunden waren nummeriert. Hintergrund hierfür war, dass die Namen der Käufer in der Reihenfolge, wie sie die Urkunden gekauft hatten, auf den Ehrentafeln erscheinen sollten. Heutzutage gibt es sehr viele uneheliche Lebensgemeinschaften, und hätte man die Namen, wie üblich, alphabetisch aufgeführt, würde z. B. Herr Ahrens weit oben stehen, während seine Lebensgefährtin Frau Zimmermann ganz unten landete.

Als erstes kaufte ich Urkunden für meine Familie. Damit waren die ersten 10 verkauft. Ehe ich mich versah, hatten sich die ersten 300 Käufer gefunden. In meiner Akquise wandte ich mich an Reedereien, Speditionen, Versicherungsgesellschaften, kurzum an sämtliche großen Wirtschaftsbetriebe, die wir in Hamburg haben. Insgesamt konnte ich 1.200 dieser Anteilsscheine veräußern und überschlug grob die Einnahmen: 144.000 Euro für die Anteilsscheine, 81.000 Euro Einkünfte aus der Tombola, etwa 60.000 Euro Zuwendung von der Stadt plus ca. 15.000 Euro Spenden.

Gleichzeitig hatte ich aber auch die Idee, auf einer weiteren Extratafel, die ebenfalls an den Seitenwänden im Bereich der 75 Meter hohen Plattform angebracht werden soll-

Panoramalift im Turm von St. Nikolai eröffnet

Die Einweihungsfeier, die in luftiger Höhe geplant war, mußte wegen des strömenden Regens in die Krypta verlegt werden: Am Sonnabend wurde der neue Panoramalift im Turm von St. Nikolai eröffnet. Bis in 75,3 Meter Höhe können Besucher jetzt schweben, das Panorama der Stadt genießen und gleichzeitig eine Lektion in Sachen Geschichte bekommen – über die im Krieg zerstörte Stadt, das Leben und Überleben der Bevölkerung und die Befreiung von der nationalsozialistischen Diktatur. Der Lift ist ein mit Sponsorengeldern und dem Engagement der Aufzug-Unternehmer Jürgen und Hans Lutz finanziertes Geschenk an die Hamburger und eine touristische Attraktion, sagte Initiator Ivar Buterfas, Gründer des „Förderkreises Rettet die Nikolaikirche“. Mit der Verwirklichung des Aufzugs machte sich Buterfas gleichzeitig selbst ein Geschenk, denn mit Ehefrau Dagmar, die ihn ein halbes Jahrhundert im Beruf und in seinem

Zeitgleich eröffnete eine Ausstellung über die Zerstörung der Stadt im Krieg

Engagement für Frieden und Verständigung unterstützte, feierte er am Tag der Aufzug-Premiere Goldene Hochzeit. Das Fest begann in St. Nikolai mit einer Einsegnung des Paares durch Pastor Wolfgang Weissbach. Als der Regen sich etwas legte, folgte die Premieren-Fahrt im Panoramalift auf die zugige Plattform im Turm. Bezirksamtsleiter Markus Schreiber würdigte das Projekt als bedeutenden Schritt im Lebenswerk von Ivar Buterfas. Oberbaudirektor Professor Jörn Walter beschrieb das Mahnmal als Ort des Aufbruchs, damals und heute. Beendet sind die Mühen um die Erhaltung der Ruine, deren Verfall der Förderkreis verhinderte, dennoch lange nicht. Die Sanierung des Turms steht an, dessen offenes Mauerwerk durch Wind und Wetter Schaden genommen hat. Da werden weitere Millionen gesammelt werden müssen. *gs*

FOTOS: DPA, MAURIZIO GAMBARINI

Ein gläserner Panoramalift führt nun bis auf 75 Metern Höhe zur Plattform im Mahnmal St. Nikolai

te, einige Firmen, mit denen wir schon sehr lange zusammengearbeitet hatten, zu präsentieren. Die Firmen O_2 Germany, Hansa Funktaxi und McDonald's machten davon Gebrauch und zahlten für diese Werbefläche je 15.000 Euro.

Wenn man einmal diese Beträge addiert und zudem überdenkt, aus wie vielen schwierigen Quellen sie beschafft wurden, kann man wohl meinen Arbeitseinsatz beurteilen. Ich erlaube mir, meinen ehemaligen Kollegen, die im Jahre 2005 zum Vorstand des Förderkreises gehörten, ins Stammbuch zu schreiben, dass sie an keiner dieser Maßnahmen auch nur mit 1 % beteiligt waren. All das, was realisiert wurde, geschah ausschließlich durch meinen persönlichen Einsatz. Ich habe mich weder gescheut, von morgens bis abends zu arbeiten, noch war ich mir zu schade, mich im Rahmen des Alstervergnügens 2005 persönlich vier Tage lang als Losverkäufer zu betätigen und so 10.000 Euro umzusetzen. Rolf Sensse war der einzige meiner Kollegen, der sich, um mit mir die Abrechnung zu machen, hat sehen lassen.

Ich gebe natürlich zu, dass ich zum Abschluss des Projekts am Ende meiner Kräfte angekommen war. Das aber war mit Sicherheit nicht die Ursache für meine schwere Krankheit. Auslöser hierfür war ein widerwärtiges Intrigenspiel, eine Hetzkampagne, die ich nicht ein zweites Mal durchleben möchte. Details dazu finden Sie auf den folgenden Seiten.

Kapitel 7: Goldene Hochzeit und Eröffnung des Panoramalifts

Die Vorbereitungen zu unserer Goldenen Hochzeit liefen auf Hochtouren. Ich muss jedoch eingestehen, dass ich nicht den geringsten Anteil am Zustandekommen dieses für meine Frau und mich wunderschönen Festes hatte. Ich war noch mit den Abschlussarbeiten für das Projekt „Gläserner Fahrstuhl" beschäftigt, völlig überarbeitet und deshalb teilweise auch recht ungenießbar.

Einzig und allein bei der Auswahl des Lokals für unsere Feier habe ich mich engagiert. Wir entschieden uns für das Restaurant Randel in der Nähe von Wellingsbüttel. Es handelte sich hierbei um ein uraltes Restaurant, das in Hamburg auch ein Begriff war.

Schon im Jahre 2002 hatten meine Frau und ich überlegt, ob wir unsere Goldene Hochzeit am 30. Juli 2005 überhaupt groß feiern oder doch lieber in aller Stille eine Reise machen wollten. Schließlich hatten wir ja jeweils unseren 60. und 70. Geburtstag groß gefeiert.

Nach langen Diskussionen kamen wir aber überein, dass unsere Goldene Hochzeit mit Sicherheit die letzte große Feier sein würde und entschlossen uns, sie durchzuführen.

Das Haus Randel verfügte über einen sehr schönen Festsaal. Bei geschickter Anordnung der Tische und Stühle bestand die Möglichkeit, 250 Personen von ihren Plätzen aus einen guten Blick auf die große Bühne zu gewährleisten.

Meine Frau und ich stellten eine umfangreiche Gästeliste zusammen, denn wir durften niemanden unserer engsten Freunde vergessen. Natürlich habe ich auch viele Freunde aus Luxemburg und aus Österreich eingeladen. Freundschaften, die durch unsere Reisetätigkeit entstanden sind. Alles andere war für mich eine große Überraschung. Wir rechneten allerdings auch damit, dass wir viele Absagen erhalten würden. Einige unserer Freunde haben Kinder, Kinder haben Schulferien, und in den Schulferien fahren sie in den Urlaub. Unsere Überlegung war richtig. Etwa 60 Personen sagten mit dieser Begründung ab. Sie bedauerten sehr, nicht kommen zu können, weil sie wussten, dass, wenn meine Frau und ich feiern, es schon etwas Besonderes ist, an das man sich lange und gern erinnert.

Weltfriedenspreisträger Ivar Buterfas

Mit dem Fahrstuhl ins Glück

Fünf Monate hatten die Bauarbeiten gedauert, dann war es so weit. In einer feierlichen Zeremonie wurde im Turm der im Krieg zerstörten Nikolaikirche in Hamburg der neue Panoramalift eingeweiht. Der 600 000 Euro teure Fahrstuhl wurde durch Spenden finanziert, die der prominente Bauunternehmer Ivar Buterfas (72) gesammelt hatte. „Der Glaslift macht dieses Mahnmal für Besucher noch attraktiver", freute sich der Gründer des Förderkreises „Rettet die Nikolaikirche". Doch die Aufzug-Einweihung war nicht der einzige Höhepunkt an diesem Tage. Denn der Weltfriedenspreisträger feierte gleichzeitig goldene Hochzeit mit seiner Frau Dagmar (71). Zur Feier kamen rund 200 Gäste, darunter TV-Star Witta Pohl und Schauspieler Walter Plathe (kl. Foto), der für das Jubelpaar mehrere Lieder zum Besten gab.

Es erschienen dann doch etwa an die 200 teilnehmende Gäste, auch aus Süd- und Westdeutschland, sowie aus Österreich. Aus Österreich waren hauptsächlich meine „McDonald's-Freunde" angereist.

Sehr gefreut habe ich mich über das Kommen meines alten Freundes Kurt Gerst aus Neustadt an der Weinstraße. Ihn habe ich während meiner früheren Tätigkeit als Bundesvorsitzender der Deutschen Arbeitsgemeinschaft für Bauwerkerhaltung und Bauwerkerneuerung kennengelernt. Noch heute treffen wir uns mehrmals im Jahr.

Meine alten Verbands- und Berufskollegen Eckehard Flint und Klaus-Jürgen Jahn, der mich später als Bundesvorsitzenden in Berlin ablöste, waren ebenso erschienen wie Horst Eickhof, der Bundesvorsitzende des Deutschen Holz- und Bautenschutzverbandes, ebenfalls ein enger Freund der Familie. Eine lustige Clique.

An Künstler war ebenfalls reichlich gedacht. Ich hätte nicht geglaubt, dass sich so viele bereit erklären, einen solchen Abend vollkommen uneigennützig mitzugestalten. Als

Hamburger Morgenpost Montag, 1. August 2005

Traumblick: Mit dem Lift auf die Nikolaikirche

Gläserner Aufzug fährt 75 Meter zur Aussichtsplattform

Einen tollen Ausblick auf Hamburg können Besucher von der Aussichtsplattform vom Turm der im Krieg zerstörten Nikolaikirche (Ost-West-Straße 60) genießen. Jetzt wurde der gläserne Panoramalift, der bis auf eine Höhe von 75,3 Meter fährt, feierlich eingeweiht. Gleichzeitig eröffnete Ivar Buterfas, Gründer des Förderkreises „Rettet die Nikolaikirche", eine Ausstellung über die Zerstörung Hamburgs im Zweiten Weltkrieg. Die Schau erinnert auch an die Verbrechen der Nationalsozialisten und an den Aufstand im Warschauer Ghetto.

Foto: Schimkus

Ivar Buterfas (M.) bei der Einweihung des Lifts (im Hintergrund)

Der gläserne Lift wurde durch Spenden finanziert, die der prominente Holocaust-Überlebende und Bauunternehmer Buterfas bundesweit eingeworben hatte. An der Zeremonie nahmen Oberbaudirektor Björn Walter und Markus Schreiber (SPD), Chef des Bezirksamts Mitte, teil.

Buterfas verband die Einweihung des Lifts mit seiner Goldenen Hochzeit. Auf den Tag vor 50 Jahren hatte er die gebürtige Dresdnerin Dagmar Buterfas geheiratet, mit der er sein Bauunternehmen Buterfas & Buterfas gründete. *(ow)*

erstes möchte ich Walter Plathe benennen, der mit wunderbaren Einlagen von Otto Reutter den Abend verschönte und die Stimmung auf den Siedepunkt brachte. Dann natürlich Witta Pohl, die ein sehr schönes Gedicht vortrug und auch Colby Thomas, die jahrelang die Hauptrolle im „Phantom der Oper" in Hamburg gesungen hatte. Sie verschönte den Abend mit wunderbaren Liedern.

Völlig unerwartet kam plötzlich ein stimmgewaltiger Mann in unverkennbarer Kleidung, wie ihn Millionen Menschen im In- und Ausland kennen. Eines der letzten Hamburger Idole stand auf der Bühne: Aale-Dieter! Mit donnernder Bassstimme eröffnete er zur Überraschung aller eine Versteigerung zugunsten von St. Nikolai und brachte einen Aal nach dem anderen an den Mann und an die Frau.

Dazu kam mein Freund Ralph Giordano, der es sich nicht nehmen ließ, eine Laudatio auf meine Frau und mich zu halten. Meine Freunde, die Familie Buhk, Blumengroßhändler aus Hamburg, die ich immer wieder besuche, um mir persönlich die Schönheit des Lebens vor Augen zu halten durch diese wunderbare Vielfalt von Blumen aus aller Welt. Zu dem Sohn Stefan unerhalten wir eine ganz besondere Freundschaft.

Ein ganz besonderer Dank gilt unserer Tochter Jasmin. Mit einem unglaublichen Arbeitsaufwand hat sie unsere Goldene Hochzeit organisiert und zu einem unvergesslichen Ereignis gemacht.

Es sind nur einige wenige, die ich an dieser Stelle nennen kann. Alle hier Ungenannten mögen sich herzlich gegrüßt fühlen. Auch im Namen meiner Frau sage ich ihnen nochmals vielen Dank für ihre Anwesenheit bei diesem für uns doch unvergesslichen Fest.

Zu unserem Erstaunen, und darüber freuen wir uns heute noch, erhielten wir ein ganz besonderes Geschenk von unserer Tochter Jasmin. Unabhängig davon, ob die von uns eingeladenen Gäste teilnehmen konnten oder nicht, bat sie einen jeden, entweder ein paar Grußzeilen oder aber ein besonderes Erlebnis oder eine besondere Erinnerung, die ihn mit uns verband, niederzuschreiben. Die von uns Eingeladenen haben dieser Bitte gern entsprochen. Die zahlreichen Briefe, die überwiegend auch mit Fotos versehen waren, hat meine Tochter zu einem Buch binden lassen. Es trägt den Titel „Goldene Hochzeit – 50 Jahre in Liebe / Ivar und Dagmar – 30. Juli 2005 / Masseltoff". Einige Tage später, nachdem sich der Trubel ein bisschen gelegt hatte, habe ich es in aller Ruhe studiert und etwa 4 Stunden zum Lesen gebraucht.

Unser Festtag begann in der Krypta von St. Nikolai. Meine Frau und ich wurden von Pastor Wolfgang Weißbach in einer besonders zu Herzen gehenden Zeremonie eingesegnet. Die Einsegnung erfolgte halb jiddisch und halb christlich.

Pastor Weißbach hatte uns bereits zu unserer Rubinhochzeit in der St. Nikolaikirche Am Klosterstern eingesegnet. Damals hatte auch unsere liebe Freundin Heidi Kabel

Trauung jiddischer Teil

Trauung christlicher Teil

teilgenommen und Colby Thomas hatte für uns das „Ave Maria" gesungen. Wie Sie bereits lesen konnten, wurde ich von Pastor Weißbach auch im Jahre 1995 in der Türkei eingesegnet.

Nahezu auf die Minute pünktlich wurde der gläserne Fahrstuhl fertig gestellt. Gefolgt von Pastor Weißbach und der Familie Lutz weihten wir den Panoramalift mit der ersten Fahrt zur Aussichtsplattform ein. Das Werk war vollbracht, und unsere Goldene Hochzeit konnte unbeschwert gefeiert werden.

Hamburg war nun um eine Attraktion reicher, die so segensreich sein wird, wie es sich niemand vorstellen kann. In meinen kühnsten Träumen hatte ich mit etwa 40.000-45.000 Fahrgästen jährlich gerechnet. Dass es schon im ersten Jahr weit über 100.000 sein würden, übertraf alle meine Vorstellungen. Ich bin glücklich, dass es mir im 8. Lebensjahrzehnt noch möglich war, so viele Kräfte zu mobilisieren, um dieses Projekt erfolgreich zum Abschluss zu bringen.

Was Neid und Missgunst doch fertig zu bringen imstande sind, sollte ich ausgerechnet gegen Ende unserer Hochzeitreise erfahren. Irgend jemand, der mitbekommen hatte, dass ich Herrn S. die restlichen 6.000 Lose aus der Tombola verkauft hatte, die der Finanzierung des gläsernen Fahrstuhls gedient hatten, hatte mich bei der Hamburger Morgenpost denunziert.

Diesem Jemand, der über Insider-Wissen verfügen muss, ist sicherlich auch bekannt, dass Herr S. nicht nur die Lose, sondern auch zahlreiche Anteilsscheine käuflich erworben hatte und dass Herr S. dem Förderkreis anlässlich einer Veranstaltung am 1. September 2005 kostengünstig eine große Bühne überlassen hatte. Diese Fakten jedoch unterschlug der Denunziant, als er der Morgenpost gegenüber verlauten ließ, ich hätte „meinem speziellen Freund" 20.000 Lose für lächerliche 12.000 Euro überlassen.

Diese verleumderische Aussage entspricht nicht den Tatsachen. Jedes einzelne Los kostete 2,00 Euro. Hätte ich Herrn S. 20.000 Lose verkauft, würde er folglich 40.000 Euro bezahlt haben müssen. Auch gab es keinen Mengenrabatt oder dergleichen, weil dies gegen die Regularien der Finanzbehörde bzw. des Tombola-Gesetzes verstoßen hätte.

Einen Tag vor Beendigung unserer Seereise erreichte mich an einem Freitag abend gegen 21.00 Uhr der Anruf eines Journalisten der Hamburger Morgenpost. Er konfrontierte mich mit den Aussagen seines Informanten und verlangte eine Stellungnahme. Ich sagte ihm, dass ich bereits in maximal 12 Stunden wieder in Hamburg sein würde und bot ihm an, dann Einsicht in die Abrechnungen und sonstigen Unterlagen nehmen zu dürfen und alle seine diesbezüglichen Fragen zu beantworten. Mit ein paar wenig glaubhaften Worten äußerte er sein Bedauern. Sein Bericht sei bereits so gut wie fertig, und bevor jemand anderes einen Bericht schriebe, müsse er seine Story veröffentlichen. Damit wurde eine Lawine losgetreten, von der ich mich bis heute nur schwer erholt habe.

In all den Jahren meines Wirkens für den Förderkreis habe ich nicht nur meine ganze Kraft für den Verein eingesetzt, sondern auch mein Vermögen. Zum überwiegenden Teil habe ich zudem auf mein Familienleben verzichtet.

Nachdem diese widerliche Hetzkampagne durch die gesamte deutsche Medienlandschaft gegangen war, mit dem Ziel, meine Person nach allen Regeln der Kunst zu diffamieren und zu verunglimpfen, wurde natürlich auch eine Vorstandssitzung mit anschließender Pressekonferenz einberufen. Der 2. Vorsitzende des Förderkreises hatte bereits alle Maßnahmen, wie wir in der Zukunft verfahren würden, vorbereitet. Dass sich hinter meinem Rücken bereits ein komplett neuer Vorstand gebildet hatte, der nur noch darauf wartete, sich auf den Früchten, die ich mühevoll erarbeitet hatte, auszuruhen, war mir zu dem Zeitpunkt noch nicht ganz klar. Nachdem sich heute der Nebel ein bisschen gelichtet hat, weiß ich natürlich, welcher üblen Intrige ich zum Opfer gefallen bin.

Dass nun eine Jagd auf den Posten des 1. Vorsitzenden losgehen würde, war mir klar. Um, wie der Vorstand sich ausdrückte, den Förderkreis aus der Schusslinie zu bekommen, baten sie mich, mein Amt so schnell wie möglich niederzulegen. Bei etwas vernünftiger Zurückhaltung und Überlegung dessen, was sich diese Herren ausgebrütet hatten, wäre der normale Weg gewesen, dass ich mein Amt bis zur Klärung der Angelegenheit niederlege bzw. ruhen lasse.

Ich hätte niemals erwartet, einer solchen Intrige, einer solchen haltlosen Denunziation noch einmal zum Opfer zu fallen. Durch die Art und Weise, wie sich einige Herren von mir distanzierten, gerade so, als ob ich sie persönlich bestohlen hätte, machte mir klar, dass hinter allem nur eine Absicht stand: Mich des Amtes zu entheben und die Position neu zu besetzen. Das allerdings hätten sie auch viel einfacher haben können. Ich hatte schließlich bereits im Jahre 2004 deutlich klar gemacht, dass ich, egal ob ich das Projekt gläserner Fahrstuhl realisiere oder nicht, ausschließlich für ein Jahr als 1. Vorsitzender des Förderkreises zur Verfügung stehe, und keinen Tag länger.

Es gab noch hässliche Begleiterscheinungen, die mir dann von Freunden zugetragen wurden. Als ich noch zum Vorstand gehörte, erhielt ich zum 70. Geburtstag, initiiert durch den Schatzmeister Herrn Berger, ein ca. 60 x 80 cm großes Portrait als Geschenk, mit der Bitte, dass es im Dokumentationszentrum des Förderkreises verbleibt. Ich habe mich darüber sehr gefreut, und es erhielt einen Platz neben dem Bild von Altbischof Otto Wölber, mit dem ich im Jahre 1987 die ersten Schritte zum Erhalt des Mahnmals von St. Nikolai unternommen hatte. Die erste Maßnahme des neuen Vorstands war nun, mein Bild und auch andere Dinge, die in irgendeinem Zusammenhang mit meiner Person standen, zu entfernen.

Auf Wunsch des Vorstandes hatte Herr Heiner Schmidt in der Vergangenheit die Künstlerin Frau Breckwoldt beauftragt, eine Büste von mir anzufertigen, die ebenfalls zum Vermögen des Förderkreises gehört. Auch diese Büste, die einen festen Platz im Dokumentationszentrum hatte, fiel dem neuen Vorstand zum Opfer. Sie wurde in den Bereich der Toiletten verfrachtet. Später machte sich zudem jemand den Scherz, wie es die Morgenpost auch ablichtete, der Büste eine Narrenkappe aufzusetzen.

Dies ist eine Art und Weise der Behandlung, von der ich bis dahin geglaubt hatte, dass sie endgültig der Vergangenheit angehörte. Eine Form der Diskriminierung und Verachtung, wie sie nur durch Missgunst und Neid hervorgerufen werden kann. Eine Form der Diskriminierung und Verachtung, inszeniert und über einen Menschen ausgegossen, der nur Gutes für diese Sache getan hat – inszeniert an St. Nikolai, dem Mahnmal für Frieden und Toleranz!

Diese Kampagne und das Verhalten der Vorstandsmitglieder haben mich sehr tief getroffen. Nach einer kurzen Phase der Besinnung hatte ich dennoch die Absicht, meine Nachfolger im Rahmen meiner Möglichkeiten zu unterstützen. Sicher nämlich würde sich eine Vielzahl von Fragen zu den kleineren aber auch komplexeren Vorgängen ergeben.

Schon beim ersten Treffen mit dem neuen 1. Vorsitzenden des Förderkreises „Rettet die Nikolaikirche“ e.V. fiel mir auf, dass dieser Mann außer Arroganz nichts zu bieten hat. Anders der neue Schatzmeister, der doch ein gewisses Format hatte und im Umgang mit Menschen etwas wohlgeübter war. Aufgrund des Verhaltens vom 1. Vorsitzenden habe ich mein Vorhaben, unterstützend zur Seite zu stehen, aufgegeben und mich gänzlich vom Förderkreis zurückgezogen.

Kapitel 8: Diagnose Krebs – Wege aus der Hoffnungslosigkeit

Was ich nicht merkte, war, dass ich immer kränker wurde. Eines Tages, es war im September 2006, hatte ich Blut im Stuhl. Meine Frau vereinbarte umgehend einen Termin bei einem Proktologen. Da ich aber irgendwie das Gefühl hatte, dass es sich sicherlich um etwas Ernsteres handeln würde als nur um ein paar Polypen, ließ ich mich noch am selben Tag ins Israelitische Krankenhaus einweisen. Zu dieser Klinik habe ich bis zum heutigen Tage immer noch das größte Vertrauen.

Nach einer Reihe von Untersuchungen musste ich abschließend fünf Liter einer Flüssigkeit zu mir nehmen, um den Darm vollständig zu entleeren. Die proktologische Untersuchung sollte am nächsten Tag durchgeführt werden. In dem dafür vorgesehenen Raum erhielt ich eine Betäubung und wurde dann von Frau Dr. Fibbe untersucht.

Zwischendurch wurde ich aber wieder wach, empfand allerdings keine Schmerzen. Frau Dr. Fibbe merkte, dass ich ansprechbar war und erklärte, dass sie gerade mit der Entfernung eines harmlosen Polypen befasst war. Besorgt fügte sie aber hinzu, dass sie direkt am Schließmuskel ein Karzinom entdeckt hatte und etwa 10 cm darüber ein weiteres. Wie aus weiter Ferne hörte ich sie sagen, dass wir uns morgen darüber unterhalten müssten. Ich habe nur kopfnickend meine Zustimmung bekundet, das Ganze jedoch so wahrgenommen, als ob es mich gar nicht beträfe.

Am anderen Morgen traten die Herren Prof. Layer und Prof. Zornig an mein Krankenbett und eröffneten mir, dass ich Krebs habe. Eine solche Diagnose ist im ersten Moment natürlich ein Schock. Ich war wie paralysiert, konnte gar nicht reagieren. „Ach so, Du hast Krebs", dachte ich mir. „Gut, dann musst Du was dagegen unternehmen." In meiner Apathie war ich mir der Tragweite dieser Diagnose überhaupt nicht bewusst, nahm aber zur Kenntnis, dass ich schon morgen operiert werden sollte. Wie in Trance rückte ich mein Kopfkissen zurecht, verschränkte die Arme hinter meinem Nacken und schloss die Augen. Nachdem ich meine Gedanken etwas geordnet hatte, rappelte ich mich auf und griff zum Telefon. Ich machte meiner Frau sehr zurückhaltend die Eröffnung, dass ich wohl gefährlichen Darmkrebs habe, dessen Entfernung keinen zeitlichen Aufschub mehr duldet.

Krankenblattauszug

Onkologische Schwerpunktpraxis
Dres. med. H. Horst, W. Weber, A. Mohr,
B. Luhn, K. Becker
INNERE MEDIZIN
22081 Hamburg, Lerchenfeld 14
Tel.:040/227180-0 Fax: 040/227180-67

Krankenblattauszug vom 12.10.06 bis 21.03.07
gedruckt am: 21.03.2007

Patient: **[19791] Buterfas, Ivar, geb. am: 16.01.1933**

Übersicht Verlauf

Datum	Typ	Eintrag
12.10.06	fv	Diagnose : Rektum- und Sigmakarzinom
	fv	August 2006 : Blut im Stuhl im Veränderung der Stuhlgangs-Gewohnheiten
	fv	09/06 : Coloskopie mit - Nachweis eines Dopel-Karcinoms im Rektum (13 - 17 cm ab ano) und Sigma - Abtragung eines tubulären Adenoms mit hochgradiger Dysplasie im Bereich der linken Flexur - Abtragung eines tubulären Adenoms mit mittelgardiger Dysplasie aus dem Coecum
	fv	21.09.06 : Sigma-Resektion mit tiefer anteriorer Rektum-Resektion im Sinne einer totalen mesorectalen Resektion mit Bildung eines funktionellen Descendens-Pouches und Analge eines protektiven Ileostomas,
	fv	Stadium : Rektum-Carcinom : pT3, G II / Sigma-Carcinom pT2, G III , pN1 (3 / 19) , M 0
	fv	Histologie : Kolonteil-Rektumresektat mit zwei kolorectalen Carcinomen : > Rektum-Carcinom : maßig differenzierets Adenocarcinom > Sigma-Carcinom : mäßig differenziertes Adenoacarcinom (Prof.Schröder, H 39863-06)
	fv	Proc. (abgestimmt mit PD Dr.Krüll, Radiotherapie / UKE und Prof.Zornig) : 1.) postoperative Radiotherapie , in der 1. + 5.Woche 5-FU (1.000 mg / qm , Tag 1-5) 2.) Rückverlegung des A.p., 3.) 10 Zyklen Chemotherapie mit FOLFOX (Cave : post-Radiotherapie !) > Therapiebeginn voraussichtlich am 26.10.06,
	fv	Neben-Diagnosen : 1.) KM-Allergie
30.10.06	fv	Proc. : wie mit Dr.Krüll besprochen jetzt erst 4 Zyklen FOLFOX-6 , dann Radiotherapie + 5-FU > danach 4 weitere Zyklen FOLFOX-6 ; langes Gespräch mit Patient und Ehefrau über jetziges Konzept + potentielle NW der FOLFOX-Therapie
22.11.06	fv	Thrombose rechte Armvenen
29.11.06	fv	23.11.06 : Port-Explantation bei Thrombose der rechten V.subclavia
	fv	Proc. : erneutes langes und ausführliches Gespräch über Indikation für eine adjuvante Chemotherapie;Pat. möchte keinen erneuten Port,lehnt erneut Radiotherapie ab ; daher Xeloda (2.500 mg + 2.000 mg Tag 1 - 14 alle drei Wochen);Rp.Fraxiparin;
26.01.07	fv	10.01.07 : Rückverlegung des Anus praeter
	fv	Eindruck + Procedere :Pat. wünscht keine weitere adjuvante Therpaie- sei es ctx,sei es Radiotherapie; kein Anhalt für ein Rezidiv oder eine Metastasierung > Nachsorge-Untersuchung,

Legende:

fv ... Verlauf

02 19 866-31 Fachärzte (Innere)
Dr. med. Hartmut Horst
Dr. med. Walter Weber
Dr. med. Andreas Mohr
Dr. med. Birgit Luhn
Dr. med. Klaus Becker
Lerchenfeld 14 • 22081 Hamburg
Tel. 22 71 80-0 • Fax 22 71 80-67

Am anderen Ende der Leitung gab es keine Reaktion. Meine Frau muss wohl diese Nachricht genauso getroffen haben wie mich. Dann aber plötzlich hörte ich nur ein: „Warum ausgerechnet Du?" Sie flehte mich an, wieder gesund zu werden und fing an zu weinen. Ich tröstete sie und machte ihr Hoffnung. Da wir den Feind nun kennen, können wir eine vernünftige Verteidigungslinie aufbauen. Mehr zu mir als zu ihr fügte ich hinzu: „Die Nazis haben mich nicht erwischt, also wird mich der Krebs nun so schnell auch nicht kriegen."

Am folgenden Morgen begab ich mich bereits um 6.00 Uhr unter die Dusche. Ich machte mich frisch, rasierte mich und bereitete mich auf die Operation vor. Aber es sollte 11.00 Uhr werden, bis ich endlich an der Reihe war. Von da an weiß ich eigentlich nichts mehr. Die Operation soll mehrere Stunden gedauert haben.

Meine Frau hatte schon 1½ Stunden im Aufwachraum gewartet, als ich endlich wieder zu mir kam. Sie ist überhaupt eine Person mit solch einer liebevollen Zuverlässigkeit, wie man sie sich nur wünschen kann. Ich dämmerte dahin, ohne eigentlich irgend etwas richtig wahrzunehmen. Zu sehr hielt mich noch die Eröffnung im Banne, dass der Tod im Darm sitzt. Wie konnte das überhaupt möglich sein? Ich hatte vorher kaum etwas gespürt. Ich hatte weder Schmerzen, noch Probleme beim Stuhlgang. Lediglich die letzten 8 Tage vor der OP hatte ich immer Blut im Stuhl, was mich ja auch veranlasste, eine sofortige Untersuchung durchführen zu lassen.

Zudem ging ich bis dahin regelmäßig 2 x im Jahr zur Prostata-Untersuchung zu meinem Urologen. Wie er es immer bezeichnete zur sog. harmlosen Hafenrundfahrt. Er hatte nie etwas festgestellt. Obwohl das erste Karzinom oberhalb des Schließmuskels saß, hatte er dort wohl nichts ertasten können. Auch hatte ich keine Schmerzen.

Als ich endlich aufwachte, hatte ich seitlich am Bauch ein sehr merkwürdiges Gefühl. Ich fasste hin und entdeckte etwas, das ich vorher noch nie im Leben gesehen hatte. DAS sollte der seitliche Darmausgang sein? Da hing auf einer an der Bauchdecke befestigten Platte ein Beutel. Und das war der seitliche Darmausgang? Wie funktioniert das, was passiert jetzt? Der Dickdarm ist nun „out of order", alles wird über den Dünndarm in diesen Beutel abgeleitet. Wenn der Beutel voll ist, muss man ihn entfernen und durch einen neuen ersetzen. Was aber ist, wenn sich die Platte löst? Muss dann das ganze „System" erneuert werden? Das waren die Fragen, die mich beschäftigten. Als ich zum ersten Mal diese Stoma sah, war ich völlig konsterniert und habe gedacht, damit kann man doch nicht leben. Heute weiß ich es besser und bin über diese Dinge natürlich auch ganz anders informiert.

Die Operation hatte ich eigentlich ganz gut überstanden und begann, wieder langsam am Leben teilzunehmen und Interesse zu zeigen. Ich fragte den Oberarzt, wie es möglich sei, dass ich zu Darmkrebs komme. Er erwiderte, dass es eine ganze Reihe von Faktoren gäbe, zeigte dann aber die seiner Meinung nach wahrscheinlichste auf.

Er sagte mir, dass ich in Hamburg ja kein Unbekannter sei und dass auch er St. Nikolai mehrere Male besucht hätte. Insbesondere aber habe er alle meine Aktivitäten immer in der Presse verfolgt, so natürlich auch das Projekt Gläserner Fahrstuhl,

Wer vollkommen überarbeitet und hochgradig gestresst ist, so erläuterte er, der hat auch kein vollkommen intaktes Immunsystem mehr. Den Rest, so fügte er unumwunden hinzu, habe mir die außerordentliche psychische Belastung gegeben, die ich durch die Zeitungskampagnen über mich ergehen lassen musste. Nach diesem Gespräch, das mir einleuchtete, hing ich meinen Gedanken nach. Ich stellte mir natürlich auch die Frage, ob es das wert war. Es ist sehr, sehr schwierig, diese Frage sofort zu beantworten. Ich glaube, dazu braucht man erst einmal eine räumliche Distanz.

Langsam sprach sich in Hamburg herum, dass ich eine tödliche Krankheit hatte, und einige sprachen schon davon, dass ich wohl auf dem Sterbebett liege. Ganz so leicht wollte ich es dem Tod aber doch nicht machen.

Es war mir klar, dass ich kämpfen würde. Das allein war ich schon meiner Frau schuldig. Natürlich steckt man so eine Krankheit, noch dazu wenn man 73 Jahre alt ist, nicht so ohne Weiteres weg. Natürlich war das Ganze sowohl eine physische als auch eine psychische Belastung, die mich veranlasste, über alle möglichen und unmöglichen Dinge nachzudenken. Insbesondere überlegte ich, ob ich alles Wichtige, das zu Lebzeiten geregelt werden kann, geordnet hatte, damit meine Frau als Hinterbliebene nicht vor einem Berg voll Problemen stände. Nach einem intensiven In-mich-Gehen kam ich jedoch zu dem Ergebnis, dass ich eigentlich das Haus gut bestellt hinterlassen würde.

Mit meiner Gesundheit war ich immer einigermaßen zufrieden. Ich bin zwar Diabetiker, Typ 2, und habe starke Medikamente gegen überhöhten Blutdruck und natürlich

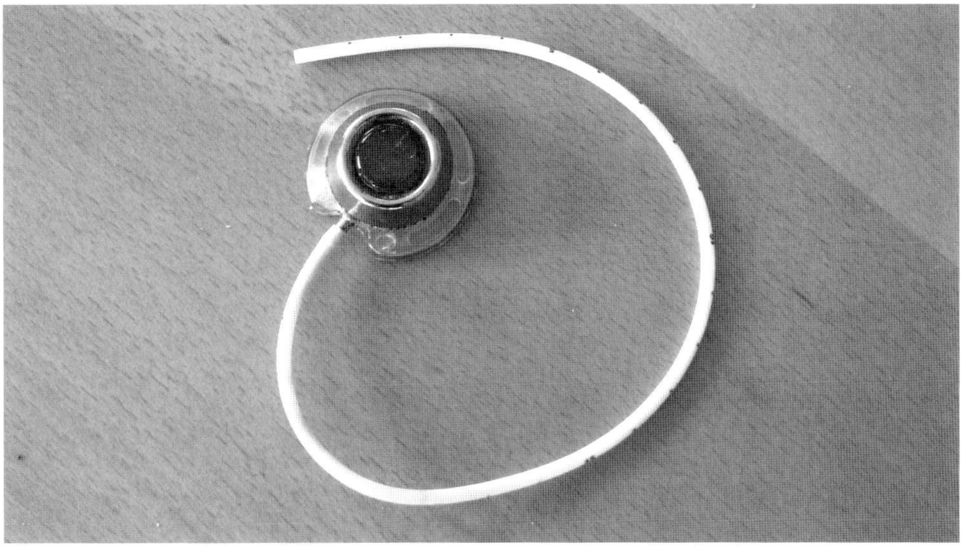

Port

auch gegen Blutzucker nehmen müssen. Als ich anlässlich der Operation ins Israelitische Krankenhaus kam, hatte ich diese Medikamente selbstverständlich dabei. Professor Layer sagte mir allerdings, dass ich sie nicht mehr einnehmen solle. Zu meinem Erstaunen hatte ich auch Tage nach der Operation meinen Blutdruck voll im Griff. Die Blutzuckerwerte konnte ich nur als super bezeichnen.

Im Laufe der Zeit wurden diese Werte sogar noch besser, denn ich hatte inzwischen erheblich an Gewicht verloren. Von fast 90 kg sackte ich systematisch ab auf 79 kg, dann auf 75 kg und näherte mich allmählich der Schallmauer von 70 kg. Diese Abmagerung sah man mir allerdings auch an.

Am 3. Tag nach der Operation hatte mich Herr Professor Zornig über die pathologischen Ergebnisse informiert. Von 19 untersuchten Lymphknoten waren drei metastasiert. Daher sei es dringend erforderlich, dass im Anschluss an den Klinikaufenthalt eine Chemo- und eine Strahlentherapie durchgeführt wird. Als Laie waren mir die Wörter Chemotherapie und Strahlentherapie zwar ein Begriff, was genau sie bedeuten, entzog sich jedoch gänzlich meiner Kenntnis. Ich wusste nur, dass man viel darüber hört, aber selten Gutes. So musste ich mich mit dieser Thematik vertraut machen, wenn ich noch mit einer gewissen Lebenschance rechnen wollte.

Auf Empfehlung eines befreundeten Arztes vereinbarte ich bezüglich der Chemotherapie einen Termin bei Herrn Dr. Becker, der im Ärztehaus am Lerchenfeld in Hamburg am Bahnhof Mundsburg praktiziert. Für das Informationsgespräch nahm sich der Onkologe fast 2 ½ Stunden Zeit.

Zunächst berichtete ich Herrn Dr. Becker, dass ich mich den Umständen entsprechend gut fühlte und dass auch das Blutbild einwandfrei war. Ich berichtete zudem, dass die pathologischen Untersuchen ergeben hatten, dass lediglich 3 von 19 Lymphknoten mit Metastasen befallen waren und ich diesen Umstand als relativ gutes Vorzeichen wertete.

Deshalb versuchte ich von Herrn Dr. Becker zu erfahren, ob es nicht eventuell eine Berechnungsgrundlage oder -formel gäbe, mit welcher der Verseuchungsgrad an Metastasen im Körper ermittelt werden könnte. Herr Dr. Becker sagte mir darauf hin, dass es allenfalls unzuverlässige Schätzungen gäbe, und dass eine Chemotherapie unerlässlich sei und speziell auf mein Krankheitsbild abgestimmt würde. Parallel dazu müsste die Strahlentherapie durchgeführt werden. In der Praxis sähe es so aus, dass 1 Woche Chemotherapie erfolgt und 1 Woche Strahlentherapie, also im wöchentlichen Wechsel. Die Behandlungen könnten durchaus mehrere Monate dauern.

Für die Chemotherapie schlug er mir vor, mir operativ einen sog. Port einbauen zu lassen. Damit werden nicht nur die Venen geschont, sondern der Patient bleibt auch mobil. Zu diesem System:

Ein intravenöser Port stellt einen dauerhaften Venenzugang dar. Er besteht aus einer kleinen Dose, die oben mit einer kuppelförmigen Membran versehen ist, die durch die Haut angespritzt werden kann und so einen direkten, dauerhaften Zugang zum Venensystem ermöglicht. Diese Dose wird operativ nahe dem Schlüsselbein platziert.

Die Chemo-Medikamente wiederum werden in ein ballähnliches Gefäß gefüllt, das mit einer automatischen Pumpe ausgestattet ist. Dieses Gefäß verfügt ebenfalls über eine Art Katheter, der mit einer sog. Portnadelkanüle verbunden wird. Diese Portnadel wiederum wird durch die Haut gestochen und durchstößt dann die Silikonabdichtung der Portdose. Somit gelangt die Chemotherapie in diese Dose und fließt von dort aus direkt in den Blutkreislauf.

Des Weiteren hatte ich noch einen Termin im Eppendorfer Krankenhaus wahrzunehmen. Hier ging es darum, Informationen zu der Strahlentherapie zu erhalten. Obwohl ich einen Termin hatte, musste ich mich eine ganze Zeit lang gedulden, bis ich aufgerufen wurde.

Ich erhielt aber schon im Vorwege einiges an Informationsmaterial, dem ich entnehmen konnte, wie sie vonstatten geht und mit welchen Nebenwirkungen zu rechnen ist. Nachdem ich diese Unterlagen studiert hatte, kamen mir bereits erhebliche Bedenken, so dass ich ziemlich fest entschlossen war, meinem Körper diese Therapie auf gar keinen Fall zuzumuten.

Der Therapeut war von ausgesuchter Höflichkeit und ging mit mir Stück für Stück alle zu erwartenden Nebenwirkungen durch. Ich erklärte ihm, dass ich Vorerkrankungen habe, über die ich in den Informationsbroschüren nichts lesen konnte. Dazu gehört u. a. ein sehr schweres urologisches Leiden, das schon 20 Jahre zurückliegt. Durch eine Verengung der Harnröhre, die immer wieder verletzt wurde und vernarbte, hatte ich zeitweise nur mithilfe eines Katheters Wasser lassen können. Auch hatte ich bereits das höchst zweifelhafte und unfreiwillige Vergnügen, dass einmal sogar ein Katheter direkt durch die Bauchdecke hindurch in meine Blase gedrückt werden musste. Durch den Katheter, der notwendigerweise gesetzt werden musste, hatte ich nur noch einen Durchlass, der kaum größer war als ein Haar.

Von meinem Leiden wurde ich seinerzeit ebenfalls in der Eppendorfer Universitätsklinik erlöst durch Herrn Prof. Huland. Er implantierte mir damals eine Spirale in die Harnröhre, die bis zum heutigen Tage gehalten hat und dank der ich völlig schmerzfrei Wasser lassen kann. Ich erklärte dem Therapeuten, dass ich diesen sog. Stant auf keinen Fall gefährden möchte. Sollte er in Bewegung kommen und ich ihn verlieren, habe ich nämlich keine Lebensqualität mehr.

Der Therapeut war doch etwas bewegt über diese Eröffnung, zumal ich ihm auch erzählte, dass Herr Prof. Huland über 100 Patienten mit ähnlichen Leiden operiert hatte. Von über 100 gesetzten Stants haben aber nur höchstens 5 gehalten, die anderen wurden vom Körper abgestoßen.

Das zweite gesundheitliche Problem bestand darin, dass ich mit mehreren Nebenblasen geboren wurde. Vor etwa 20 Jahren führte Herr Professor Knibber vom Marienkrankenhaus in Hamburg diese kunstvoll zu einer zusammen. Seit der Zeit gab es für mich keine Blasenprobleme mehr.

Aufgrund dieser gesundheitlichen Vorschäden, erklärte ich dem Therapeuten, würde ich mir noch einmal gründlich überlegen, ob ich die Strahlentherapie mache. Mir war ja schließlich auch nicht unbekannt, dass es auch im Hamburger Universitätskrankenhaus Eppendorf sehr viele Patienten gab, die enorme Probleme mit ihr hatten. Sogar Todesfälle hatte es bei jener Therapieform gegeben. Da ich mich nicht in weitere Risiken stürzen und meine Lebensqualität auf Null herunterfahren wollte, brauchte ich Bedenkzeit.

Meine Frau und ich verließen nach 2 ½-stündigem Aufenthalt die Praxis des Strahlentherapeuten in der Hamburger Universitätsklinik Eppendorf. Dieses Gespräch hatte mir nur die Erkenntnis gebracht, dass ich von hier keine Hilfe zu erwarten hätte, sondern lediglich den Verlust meiner noch vorhandenen Lebensqualität.

Es bestand die Gefahr, dass die Strahlen meine Blase schrumpfen lassen. Auch war nicht ausgeschlossen, dass ich eventuell sogar meine Spirale verliere, die seit Jahrzehnten für einen problemlosen Harnverlauf sorgte. Aufgrund meiner äußerst unangenehmen und schmerzhaften Erfahrungen, die ich mit Blase und Harnverhalten hatte durchleiden müssen, hätte ich in dem Falle nicht mehr länger leben wollen. Jetzt war es amtlich: Hier gab es definitiv keine Hilfe für mich. Von nun an war ich auf meine über alles geliebte Frau angewiesen und auf den lieben Gott. Meine Frau deutete mein Schweigen richtig; sie wusste genau, was eben durch meinen Kopf gegangen war. Wir sahen uns voller Verstehen an.

Beim Verlassen des Gebäudes war ich so schlapp, so kraftlos und vor allem auch so mutlos, dass ich mich bei meiner Frau unterhaken musste, um nicht umzufallen. Es hätte sprichwörtlich ein Windstoß genügt und ich wäre aus den Latschen gekippt. Langsam mussten wir uns auf die Suche nach unserem Auto machen.

Als wir zum Termin in Eppendorf angekommen waren, hatte mich meine Frau zum Haupteingang gefahren. Dort hatte ich auf sie gewartet, bis sie das Auto parkte. Man muss wissen, dass das Klinikum Eppendorf riesige Ausmaße hat. Es ist fast ein eigener Stadtteil. Hunderte von Patienten kommen dort mit ihren Fahrzeugen an und suchen krampfhaft Parkplätze. Dazu kommen Krankentransporter, Lieferwagen und Personalfahrzeuge. Dort einen Stellplatz zu bekommen, ist fast so schwierig wie ein Sechser im Lotto.

Meine Frau setzte mich auf eine Bank und machte sich auf dem Weg zu unserem Auto, mit dem sie mich gleich abholen wollte. Gleich, das war ein Trugschluß. Erst nach etwa einer Dreiviertelstunde kam meine kleine Frau völlig durcheinander bei mir an. Sie war schweißnass. Sie weinte, weil sie unser Auto nicht wiederfinden konnte. Sie hatte alle Straßen und Parkplätze abgesucht und konnte es einfach nicht finden. Ich nahm sie in den Arm und versuchte, sie zu beruhigen.

Ich überredete sie, sich erst Mal zu setzen, um dann gemeinsam in aller Ruhe zu überlegen, wo sie es abgestellt haben könnte. Wir machten einen Plan und gingen Straße für Straße, Einfahrten und Buchten systematisch ab. Nichts! Der Wagen war weg! Das Auto war wie vom Erdboden verschluckt. Mittlerweile konnte ich auch nicht mehr laufen. Es war mir jetzt auch alles gleich. Ich wollte auf das Auto verzichten und nur noch nach Hause. Was hatte ich meiner armen Frau bloß angetan? Ich war todtraurig.

Meine Frau platzierte mich auf einer Parkbank und kündigte an, eine letzte Runde zu drehen. Wenn sie das Auto dann nicht finden würde, könnte es nur bedeuten, dass es gestohlen wurde. Kaum denkbar. So etwas hatte es nach meinem Kenntnisstand in Eppendorf noch nie gegeben. Ich saß nun auf der Bank und wartete fast eine Stunde. Dann kam meine Frau zurück. Sie hatte jeden Winkel vergeblich abgesucht.

Jetzt mobilisierte auch ich noch einmal meine gesamten Kräfte, und noch einmal machten wir uns gemeinsam auf die Suche. Wieder nichts! Nun gab es wirklich nur die Erklärung, dass man das Auto gestohlen haben musste.

Meine Frau und ich gingen zur Verwaltung und meldeten den Verlust unseres Wagens an. Aufmerksam hörte man sich unser Problem an. Man beruhigte uns und machte uns deutlich, dass ein Diebstahl eines Fahrzeuges hier auf dem Klinikgelände noch nie vorgekommen sei. Aber 3 ½ Stunden erfolglose Suche ließen keinen anderen Schluss zu. Der Sachbearbeiter wies uns darauf hin, dass das Gelände riesig ist und wir vielleicht doch irgendwo eine Ecke übersehen hätten. Mit hängenden Köpfen, mir schmerzte der Unterleib mit meinem künstlichen Darmausgang, rafften wir uns für einen allerletzten Versuch auf. Vorher jedoch gingen wir zu einem kleinen Kiosk, an dem wir uns mit erfrischenden Kaltgetränken versorgten.

Vor diesem Kiosk war die Bushaltestelle der Klinik. Von hier aus werden die Patienten an jeden Ort der Klinik gefahren. Meine Frau war der Verzweiflung nahe. Mit dem Finger zeigte sie mir, welche Bereiche sie alleine abgesucht hatte und deutete auch in die Richtungen, wo sie das Auto garantiert nicht abgestellt hatte.

Ein Busfahrer, der an seinem Bus lehnte (er hatte eine Leerfahrt) hatte wohl einiges von unserer Konversation mitbekommen. Er mischte sich in unser Gespräch ein und bot seine Hilfe bei der Suche nach unserem Auto an. Dass wir unser Auto verloren hatten, war für ihn nichts besonderes. Jeden Tag, so sagte er uns, suchen Dutzende von Menschen nach ihrem Gefährt.

Ohne unsere Antwort abzuwarten, schob uns der junge Mann in Richtung Bus und gab Anweisungen, die mich gleich wieder frisch und munter machten: „Sie, junge Dame, nehmen bitte dort hinten Platz. Der junge Herr bleibt im vorderen Bereich bei mir." Erschöpft ließ sich meine Frau auf der Bank im Bus nieder. Sie war wirklich mit ihren Kräften am Ende. 3 ½ Stunden hatte die Suche nun schon gedauert, und nichts war von unserem Auto zu sehen.

Natürlich waren wir für so viel Hilfsbereitschaft dankbar. Aber es fehlte uns der Glaube. „Wir werden jetzt so lange alles abfahren, bis wir ihr Auto gefunden haben", verkündete der freundliche Fahrer. Meine Frau lächelte dankbar, gab aber zu bedenken, dass wir doch schon alles vergeblich abgesucht hatten. Wir kamen nun an einer kleinen Straße vorbei. Es war eine Sackgasse, in der etwa 10 Autos standen. Auch ich hatte bei meinen Rundgängen immer wieder in diese kleine Straße geschaut und alle PKWs sehen können. Aber unser Auto war eben nicht dabei.

Allerdings stand hier auch noch ein Transporter, und ob dahinter noch ein Auto stand, das hatten wir nie kontrolliert. Bevor der Busfahrer in die höchstens 20 Meter lange Straße von Hauptweg einbiegen wollte, warf meine Frau ein, dass sie doch auch hier immer von der Hauptstraße aus hineingesehen hatte. Davon unbeirrt fuhr der freundliche Busfahrer dennoch in diese kleine Sackgasse. Dann ein glücklicher Aufschrei: Verdeckt von dem Transporter stand da unser Mercedes-Kombi.

Zum Dank wollte meine Frau diesem freundlichen Busfahrer 20 Euro in die Hand drücken, aber er weigerte sich. Er sagte, ihm sei es Belohnung genug, dass meine nun so glücklich aussehende Frau mich nun endlich nach Hause fahren konnte. Mit der Maßgabe, auf meine Gesundheit zu trinken, „zwangen" wir ihn aber, das Geld anzunehmen und bedankten uns vielmals für seine Hilfsbereitschaft. Er muss es wohl getan haben!

Nach dem ernüchternden Gespräch in der Uniklinik Eppendorf ließ ich mir dann im Israelitischen Krankenhaus den vorab erläuterten Port implantieren. Wenige Tage später wurde dann die erste Chemotherapie (Vollfox) durchgeführt, die mich ziemlich stark beeinträchtigte. Alle Gemeinheiten, die bisher als Nebenwirkung bei einer Chemotherapie bekannt sind, stellten sich bei mir ein.

Es gab nichts mehr, auf das ich Appetit hatte. Ich konnte kaum etwas essen. Auch konnte ich kaum etwas trinken. Ich hatte immer darauf geachtet, sehr viel Flüssigkeit zu mir zu nehmen und konnte nun trotz aller Anstrengungen nur minimale Mengen aufnehmen.

Ich wurde immer schlapper, meine Kräfte schwanden zusehens. Völlig lustlos und apathisch nahm ich an nichts mehr teil. Meiner Frau gegenüber versuchte ich dennoch, mir so wenig wie möglich anmerken zu lassen. Aber mein Gesundheitszustand und das äußere Erscheinungsbild verrieten, wie es wirklich um mich stand. Ich spürte nun auch, dass mein Immunsystem stark in Mitleidenschaft gezogen wurde.

Die erste Chemotherapie war nun nach 58 Stunden abgeschlossen, und ich hatte nun eine Woche Zeit, mich in der Therapiepause bis zur nächsten Chemo zu erholen. Eines Nachts wurde ich durch unbändigen Hunger wach. Ich kochte mir etwas Porree und goss ein bisschen heiße Butter darüber. Es sah so unglaublich lecker aus. Als ich aber den ersten Löffel gegessen hatte, war ich so satt, dass ich keinen Bissen mehr hinunterbekam. Zwei Nächte später erlebte ich das gleiche: Mein mit Heißhunger zubereiteter Griesbrei mit Zimt und Zucker blieb gänzlich unberührt. Ich konnte einfach nichts essen und verlor immer mehr an Gewicht. Ich war so schwach, dass ich mich auf dem Weg zum Schlafzimmer im ersten Stock mühevoll unter Mobilisierung aller meiner Restkräfte am Treppengeländer hochziehen musste.

Es erreichten mich sehr viele Anrufe und Briefe von Freunden aus der gesamten Hamburger Wirtschaft, von Freunden aus Nordrhein-Westfalen und aus Süddeutschland. Sie alle hatten seinerzeit in der Presse von den hässlichen Verleumdungskampagnen gelesen. Jeder einzelne von ihnen, der Umgang mit den Medien hatte, wusste, dass die Journalisten teilweise verroht und skrupellos genug sind, auf einer Leiche sitzend zu frühstücken, um an eine gute Story zu kommen.

Diese Freunde nahmen großen Anteil an meiner Erkrankung und boten mir ihre jederzeitige Unterstützung an, was mir ein wunderbares Gefühl der Geborgenheit gab. Darüber war meine Frau ebenfalls glücklich. Diese Freunde, befand sie, sind die wahren Freunde, die wissen, dass ich mich ohne Rücksicht auf meine Gesundheit 16 Jahre lang in den Dienst der guten Sache St. Nikolai gestellt und jedes Opfer gebracht habe. Mein eigenes Vermögen und das meiner Frau habe ich in den Dienst von St. Nikolai gestellt. Auf alle Freizeit habe ich verzichtet. Meine ehrenamtliche Tätigkeit hat jeden normalen Rahmen gesprengt.

Sehr gefreut habe ich mich über den Anruf eines prominenten Freundes: Eugen Wagner, dem ehemaligen Hamburger Bausenator. Eugen Wagner hatte etwa 1 ½ Jahre zuvor einen schweren Schlaganfall erlitten und war körperlich sehr geschwächt. Lange Zeit hat er in einer Rehabilitationsklinik verbringen müssen. Noch heute ist er in physiotherapeutischer Behandlung, besiegt aber langsam seine Krankheit. Seine Ehefrau kümmert sich liebevoll um ihn und unterstützt ihn nach Kräften. Eugen machte mir Mut, meine Krankheit zu besiegen. Er erzählte von einem Naturprodukt, über das seine Frau mich demnächst aufklären wolle.

In meiner Apathie und Kraftlosigkeit konnte ich mich jedoch nicht mehr lange auf die Gespräche konzentrieren. Nach dem Telefonat versuchte ich, das Gespräch zu rekonstruieren. „Du machst mir nicht schlapp. Wir bringen Dich da durch." Was hatte er damit gemeint? „Hör um Himmels Willen mit der Chemo auf!" Das konnte er unmöglich gesagt haben! Aber ich habe mir das doch nicht eingebildet? Oder etwa doch? „Meine Frau wird Dich in den nächsten Tagen anrufen. Was sie sagt, das machst Du dann aber bitte auch." So sehr ich mich anstrengte, mir fielen nur bruchstückhafte Aussagen ein, die im Kontext keinen Sinn ergaben. Ich beschloss, Eugen in einer Woche noch einmal anzurufen. Sicherlich wäre ich dann etwas besser drauf. Gleichzeitig wusste ich, dass das nicht der Fall sein würde. Ich war beängstigt und deprimiert ... Aber welche Alternative blieb mir? Ich stellte mich innerlich darauf ein, das Naturprodukt bei mir anzuwenden.

Nun bekam ich die zweite Chemotherapie. Die Appetit- und Lustlosigkeit blieb, hinzu kam, dass ich mich kotzelend fühlte. Dennoch hielt ich bis zum letzten Tag durch. Ab morgen, sagte ich mir, hast Du eine Woche Pause und kannst Dich mental auf die dritte Chemo vorbereiten.

Als ich am anderen Morgen aufwachte und begann, mich frisch zu machen, stellte ich plötzlich fest, dass mein rechter Arm vollkommen deformiert war. Vom Handgelenk bis zur Schulter hin war er stark geschwollen und hatte den Umfang meines Unterschenkels. Ich war völlig entsetzt und rief meine Frau. Sie entschied, sofort zu Herrn Dr. Becker ins Ärztehaus am Lerchenfeld zu fahren.

In meiner Panik machte ich unmissverständlich deutlich, dass ich mich nicht ins Wartezimmer setzen würde, sondern darauf bestünde, dass sich eine der Schwestern sofort meinen Arm ansieht. Ich wurde in einen Behandlungsraum geführt und zog mein Hemd aus. Als die Schwester meinen Arm sah, wurde sie blass und sagte, dass sie sofort Herrn Dr. Becker holen würde. Dr. Becker warf aus der Distanz einen Blick auf meinen Arm und diagnostizierte aus 1,50 Meter Entfernung eine Thrombose. Dann machte er auf dem Absatz kehrt und war verschwunden, da er wohl sehr beschäftigt war. Die Schwester sagte mir, dass ich mir sofort den Port entfernen lassen müsse.

Ich war nicht imstande, auch nur irgend einen Laut von mir zu geben. Wie versteinert habe ich den weiteren Verlauf verfolgt. Ich sah das furchtbare Entsetzen in den Augen meiner Frau. Ich sah ihre tiefe Verzweiflung und ihre Hilflosigkeit.

Ich saß immer noch wie gelähmt im Sessel der Onkologie und sah, wie sich die Augen meiner Frau mit Tränen füllten. Aber dann ging ein Ruck durch ihren Körper. So, wie ich sie schon seit mehr als 50 Jahren kenne, übernahm sie nun die Initiative. Ihr knapper Kommentar: „Bemühen Sie sich bitte nicht weiter. Ich weiß, was ich zu tun habe!" Sie hakte mich unter, und unter den bedauernden Blicken der Schwestern verließen wir langsam die Praxis.

Ich war entgeistert! Ich war stocksauer. Ich habe mich so allein gelassen gefühlt. Es war für mich im Moment nicht möglich, die passenden Worte zu finden.

Meine Frau fuhr mich umgehend ins Israelitische Krankenhaus, wo ich von Herrn Dr. Wenk in Empfang genommen wurde. Er sagte mir gleich, dass die Thrombose eine langwierige Geschichte sei und ich mich auf einige Wochen Spritzen einstellen musste. Nun haderte ich doch mit dem Schicksal. Die Nebenwirkungen der Chemotherapie, die bei anderen möglicherweise keine Spuren hinterlässt, hatten mich voll erwischt. Wenige Stunden später lag ich schon wieder auf dem OP-Tisch, und der Port wurde entfernt.

Nach meiner Entlassung kaufte ich mir in der Apotheke Spritzen, weil ich mir noch 50 Tage lang selbst ein Mittel gegen die Thrombose in die Bauchdecke oder in den Arm injizieren musste. Meinem verehrten Onkologen, Herrn Dr. Becker aus dem Ärztehaus am Lerchenfeld, stattete ich auch einen Besuch ab, um ihm mitzuteilen, dass ich für die Zukunft als Chemo-Patient ausfalle. Zwischenzeitlich hatte sich aber auch Folgendes zugetragen:

Mein Freund Eugen Wagner hatte mich erneut angerufen. Dieses Mal war ich aufnahmefähig und hörte mir an, was er zu berichten hatte. Seine Frau, so erzählte er, befasste sich schon seit vielen Jahren intensiv mit Homöopathie. Er berichtete mir von einem Naturprodukt, von dem er sicher war, dass es mir helfen würde und über das seine Frau mich ausführlich informieren werde.

Ich kenne Eugen Wagner schon sehr lange, und er genießt mein absolutes Vertrauen. Er versicherte mir glaubhaft, dass es sich bei diesem Produkt nicht um ein Wundermittel handelt. Einem Krebspatienten, dessen Organe metastasiert sind, bleibt natürlich nur die Behandlung mit Chemo- und Strahlentherapie. In meinem Falle aber waren die Organe glücklicherweise nicht befallen.

Dies wurde mir nicht nur von den Ärzten im Israelitischen Krankenhaus bestätigt, sondern auch durch eine Positronenemissions-Tomographie, kurz PET, belegt. Mit diesem neuartigen, bildgebenden Verfahren können nicht nur die inneren Organe sichtbar gemacht, sondern auch die Stoffwechselverläufe dargestellt werden. Von der Schulmedizin wird dieses Verfahren zwar noch nicht gänzlich anerkannt, mir aber brachte die Untersuchung Gewissheit.

Ich antwortete ihm betroffen, dass ich für seine Anteilnahme sehr dankbar sei und die Angelegenheit ernsthaft überdenken würde. Allerdings bat ich ihn um Verständnis, dass ich ihn erst in ein paar Tagen anrufen würde, weil mein rechter Arm, in dem ich die Thrombose hatte, einfach nicht abschwellen wollte. Ich versprach ihm, dass ich ihm und seiner Frau dann ein aufgeschlossener und geduldiger Zuhörer sein würde.

Nach diesem Telefonat hing ich sehr lange meinen Gedanken nach und rekapitulierte, was sich in den vergangenen Wochen alles ereignet hatte. Die Strahlentherapie habe ich gar nicht erst begonnen, die Chemotherapie abgebrochen. Ich überdachte mein Krankheitsbild, betrachtete meinen seitlichen Darmausgang und sagte mir, „auf zu neuen Ufern; ich probiere das Medikament Froximun aus."

Jeden Morgen zwischen 7 und 8 Uhr kam eine Schwester vom ambulanten Pflegedienst, um den Beutel zu wechseln und die Wunde zu reinigen. An jene Situation hatte ich mich erst gewöhnen müssen. Dieser Umstand, dieser Zustand hatte für mich als ehemals Kerngesunder auch etwas Entwürdigendes, den Beutel mit dem Stuhl von der Stoma-Öffnung entfernt und durch einen neuen ersetzt zu bekommen.

Am Anfang hatte mich meine Tochter Jasmin versorgt. Sie hatte sich im Israelitischen Krankenhaus unterweisen lassen, wie der Beutel zu wechseln und die Wunde zu desinfizieren ist. Sie beherrschte das System so perfekt, dass sie sogar die gesamte Platte, die am Bauch befestigt war, austauschen konnte. Dies wurde dann erforderlich, wenn ich mich im Schlaf ungünstig bewegt hatte und sie ihre Position verlor. Auf Dauer aber war meiner Tochter diese Versorgung nicht zuzumuten. Von Hamburg-Rahlstedt bis zu mir nach Bendestorf war der Weg einfach zu weit, um mehrmals täglich zu mir zu kommen. Deshalb habe ich mich dann für einen Pflegedienst entschieden, der auch nachts meine Betreuung übernehmen musste.

So war ich stumm in mich gekehrt und stand noch immer unter dem Eindruck dessen, was Eugen mir über dieses angeblich sensationelle Produkt erzählt hatte. Dass ich dem skeptisch gegenüberstand, ist wohl verständlich. Was hat man nicht schon alles gehört. Der Erfindungsreichtum der Scharlatane, die schnell Geld verdienen wollen, kennt schließlich keine Grenzen. Und immer wieder finden sie hoffnungsvolle und gutgläubige Opfer. Andererseits fragte ich mich, wie es denn nun weitergehen solle. Selbst Herr Dr. Becker hatte eine nochmalige Aufnahme der Chemotherapie in Frage gestellt. Andere Alternativen hatte ich ebenfalls nicht. Was also hatte ich zu verlieren!? Was würde ich alles aufgeben, wenn ich verlöre? Wer sich aufgibt, hat schon verloren! Wer mich kennt, weiß, dass das nicht zu mir passt. Also her mit dem Froximun.

Ganz besonders freute ich mich über Anrufe aus dem Stadtteil Bilstedt, in dem ich nach 1945 mit meiner Mutter und mit meinen 7 Geschwistern gelebt hatte. Fast 1 ½ Jahre hatten wir uns von Mitte 1943 bis zum Kriegsende 1945 in einem Keller in Hamburg-

Horn versteckt und hausten hier unter menschenunwürdigen Bedingungen, um nicht gefunden und nach Neuengamme deportiert zu werden. Billstedt wurde mein neues Zuhause. Hier hatte ich sehr viele Freunde und auch die Gelegenheit, noch einige Jahre in der Möllner Landstraße zur Schule gehen zu können.

So war ich in dieser schwierigen Situation glücklich vor allem über Anrufe von Bernhard Kämper, mit dem ich in der Jugendzeit so viel erlebt hatte, dass es bleibende Erinnerungen zurückließ. Über Herrn Kämper, der jahrelang der Präsident des Fußballvereins S.C. Vorwärts-Wacker von 1904 e.V. war, habe ich bereits in meiner ersten Autobiographie „Sunny Goj" ausführlich berichtet.

Tröstende Worte erhielt ich auch von meinem Freund und ehemaligen Sportskameraden Egon Karolack. Ich hatte das Glück, 1945 bei seiner Familie immer einen Teller warmes Essen zu bekommen. Dort war ich gern gesehen und konnte mit Egon, seiner Mutter und seinem Vater, bis er dann zum Dienst musste, gemeinsam eine Runde Skat spielen. Dieses interessante Kartenspiel habe ich zwangsläufig sehr früh gelernt und meinem Freund Egon zu verdanken.

Anrufe bekam ich auch von meinem mehrjährigen Freund Herbert Gabbatz, dem langjährigen Präsidenten vom Fußballverein Wacker 04, der maßgeblich an der Fusion dieser beiden traditionsreichen Vereine beteiligt war. Die Kette der Anrufer riss nicht ab. Alle machten mir sehr viel Mut, und ich wollte leben. Eine Flut von Briefen erreichte mich auch aus Horn und Billstedt.

Es war mir klar, dass ich alles Erdenkliche tun musste, um den Krebs zu besiegen. Das war mein Ziel, und jeder der mich kannte, wusste, dass ich alle mir lohnenswerten Ziele immer erreicht habe. Obwohl ich vehement dagegen ankämpfte, hatte ich hin und wieder auch eine gewisse Form negativer Phasen, war manchmal depressiv und geistig abwesend. Manchmal kam ich mir vor wie ein lebender Leichnam. Es kam vor, dass ich nachts hellwach im Bett lag und mich dann aus dem Schlafzimmer schlich. Ganz langsam und leise, um meine Frau nicht zu wecken, ging ich die Treppe hinunter, legte mich im Wohnzimmer auf die Couch. Dort grübelte ich Stunde um Stunde, wie ich eine richtige Verteidigungsstragie gegen den Krebs aufbauen könnte.

Ich gelangte zu der Überzeugung, dass es nun an der Zeit wäre, ein ausführliches Gespräch mit der Ehefrau meines Freundes Eugen Wagner zu führen. Eugen freute sich, dass ich von mir aus angerufen hatte. Er übergab den Telefonhörer sofort seiner Frau, die ohne Umschweife zur Sache kam, nicht mit dem Ziel mich zu überreden, sondern mit dem Ziel mich zu überzeugen.

Sie sprach von einem Naturprodukt, das keinerlei Nebenwirkungen auslöst und das mir als einzige Alternative zur Verfügung stände. Natürlich dachte ich in diesem Moment auch an meine aussichtslose Situation. Von meinem Onkologen, Herrn Dr. Becker, mit dem ich ein langes Gespräch über den definitiven Abbruch der Chemotherapie geführt hatte, habe ich nämlich nicht einen einzigen Hinweis bekommen, ggf. mit einem anderen Medikament den Kampf gegen den heimtückischen Krebs aufzunehmen. Das hatte mich schon sehr nachdenklich gestimmt.

Auch ich hatte natürlich von diversen wundersamen Mitteln gelesen. Jedesmal wenn ich glaubte, ein für mich maßgeschneidertes gefunden zu haben, habe ich vorher Rücksprache mit Herrn Dr. Becker gehalten, der mir entweder sagte, dass ich es bedenkenlos einnehmen oder doch lieber darauf verzichten solle. All diese Alternativen aber waren, wie man so schön sagt, auf meinem Mist gewachsen; von ärztlicher Seite wurde mir nie ein solches Präparat empfohlen.

In einem sachlichen Kurzvortrag schilderte Frau Wagner mir nun das „Geheimnis" dieses Produktes. Es bestand aus fein zermahlenem Lavagestein, das medizinisch aufbereitet und mit Zusatzstoffen versehen in Kapselform erhältlich ist. Es ist vollkommen geschmacksneutral und wird mehrmals täglich eingenommen.

Sie machte mir auf simpelste Art und Weise plausibel, dass das wichtigste Entgiftungsorgan in unserem Körper die Leber ist. Dieses Organ wird von uns Menschen allerdings auch am meisten missachtet und gequält. Die Menschen sind sich gar nicht im Klaren darüber, welche Vielzahl von Giften sie täglich zu sich nehmen. Schwermetalle und Ammoniak werden der Leber zugemutet, bei vielen Menschen kommt noch der Genuss von Alkohol, Tabak und zuviel Kaffee hinzu. Von all diesen Giftstoffen hat die Leber den menschlichen Körper zu befreien. Es ist kaum zu fassen, dass es noch Menschen gibt, die nach wie vor Amalgamfüllungen im Munde tragen, ein besonders gefährliches Gift und für die Entwicklung von Krebs mit verantwortlich.

Das medizinisch aufbereitete Lavagestein bewirkt, dass alle Gifte, die normalerweise von der Leber abgebaut würden, gebunden und direkt zur Ausscheidung in den Dickdarm umgeleitet werden. Damit würde nicht nur die Leber entlastet, sondern auch das Immunsystem stabilisiert. Ich hörte Frau Wagner fasziniert zu und dachte im Stillen, wie schön es doch wäre, mein Leben noch etwas verlängern zu können. Selbst wenn ich nicht wieder 100%ig gesund würde, so wäre ich doch wieder soweit hergestellt, dass ich noch ein paar glückliche Jahre mit meiner Frau verleben könnte. Allein das wäre doch einen Versuch wert, dieses Medikament auszuprobieren.

Über mein Krankheitsbild war Frau Wagner genauestens informiert. Also empfahl sie mir das Produkt Froximun Cama. Von diesem Medikament solle ich morgens und abends je 1 Kapsel über einen Zeitraum von 6 Wochen einnehmen. Danach würde mein Gesundheitszustand mit dem jetzigen nicht mehr vergleichbar sein. Die Blutwerte würden sich verbessern, der Blutdruck normalisiere sich und auch die Zuckerwerte würden nicht mehr im negativen Bereich liegen. So wie sie es schilderte, musste es sich wirklich um ein von Gott gesandtes Geschenk handeln.

Es war für mich schon deshalb höchst interessant, weil ich täglich blutdrucksenkende Arzneimittel nehmen musste. Mit weiteren Medikamenten kontrollierte ich den Blutzucker, denn ich war ja Diabetiker, Typ 2. Auch mit diesen Arzneimitteln, die ich jeweils morgens und abends einnehmen musste, belastete ich letztendlich meine Leber. Vielleicht, so hoffte ich, könnte mir Froximun Cama zukünftig die Behandlungen im Diabetikzentrum bei Herrn Dr. Hübbenet in Hamburg-Wandsbek ersparen.

Hauptsächlich war dieses Produkt zur Vorbeugung gedacht. Frau Wagner und ihre Familie verwenden es ebenso wie eine Vielzahl ihrer Freunde, die ebenfalls allerbeste Erfahrungen damit gemacht haben. Frau Wagner konnte mir auch einige Ärzte benennen, die dieses Produkt seit längerer Zeit verordnen. Wenn ich zuvor geahnt hätte, dass es so ein Mittel gibt, das ich zum Schutze meines Immunsystems hätte nehmen können, dann hätte ich mir sicherlich sehr viel Leid ersparen können. Schweren Darmkrebs, 4 Operationen in nicht einmal 3 Monaten und eine nicht heilen wollende schwere Thrombose. Es war ungemein spannend, was Frau Wagner alles zu berichten hatte. Unser Telefonat dauerte fast eine ¾ Stunde und ich merkte, dass sie große Ahnung hatte von den Dingen, über die sie sprach.

Ich war so überzeugt von dem, was ich gerade erfahren hatte, dass ich mich entschloss, nach vorheriger Rücksprache mit meinem Arzt eine Kur mit dem Produkt Froximun Cama zu machen. In meiner Situation, körperlich heruntergekommen, kraftlos und mit gesunkenem Lebensmut, gab es nur die Möglichkeit, es auszuprobieren. Man darf auch nicht vergessen, dass ich mich kurz vor Anbruch des 75. Lebensjahres befand. Sollte mir dieses Produkt nicht helfen, so hätte ich es zumindest versucht und könnte es dann immer noch beiseite legen.

Ich fragte Herrn Dr. Becker, ob er sich nicht einmal die Mühe machen könnte, sich über dieses Produkt zu informieren. Schließlich könnte es eine große Hilfe für all jene sein, die sich mit den gleichen Problemen quälten wie ich. Große Begeisterung konnte ich bei meinem Onkologen allerdings nicht entdecken. Dennoch nahm ich telefonischen Kontakt zu der Herstellerfirma auf und bat darum, meinem Arzt Informationsmaterial zukommen zu lassen.

Ich hatte mir fest vorgenommen, nach dem 11. Januar 2007 eine Froximun-Kur zu machen. Der 11. Januar 2007 war für mich ein ganz besonderes Datum. An dem Tag nämlich sollte endlich eine extreme Behinderung beseitigt werden – der künstliche Darmausgang. Niemand ist besonders glücklich oder freudig erregt, wenn ihn eine Operation erwartet. In diesem Falle jedoch begab ich mich höchst motiviert ins Israelitische Krankenhaus, um mich von dem Stoma-System befreien zu lassen.

Nach der Operation, die ich gut überstanden hatte, rief ich Eugen Wagner an und bat ihn, mir das Froximun zu besorgen. Zwei Tage später machten meine Frau und ich uns auf den Weg nach Finkenwerder, um es bei ihm abzuholen. Höchst erwartungsvoll über die kommende Wirkung, begann ich sofort mit der Kur. Im Laufe der Zeit nahm ich jeden Morgen 3, mittags 2 und abends noch einmal 3 Kapseln. Man behauptet ja immer, dass der Glaube Berge versetzen kann. Und natürlich hatte ich große Erwartungen in dieses Medikament gesetzt und all meine Hoffnungen daran geknüpft. Immerhin war es, wie ich in aller Deutlichkeit sagen muss, meine letzte Hoffnung.

Schaffe ich es, mit dieser Arznei ein sauberes Blutbild zu bekommen? Wird es mein Immunsystem wirklich stärken? Werde ich endlich wieder Appetit bekommen und ausreichend Flüssigkeit zu mir nehmen können? Eine ganze Reihe von Fragen, die mich bewegten.

Meine Frau, die eine schlimme Bronchitis hatte, begann am gleichen Tage ebenfalls mit einer Froximun-Kur. Im Gegensatz zu mir nahm sie das Froximun aber nicht in Kapsel-, sondern in Pulverform. In dem Päckchen war eine größere Menge als in den Kapseln.

Sie löste den Inhalt in einem ziemlich gut gefüllten Wasserglas auf, und man konnte sehen, wie sich das Pulver mit dem Wasser verband. Sie rührte so lange, bis sich das Pulver restlos aufgelöst hatte und leerte das Glas in einem Zug. Das Getränk war – wie die Kapseln, die ich genommen hatte – völlig geschmacksneutral.

Ich war jetzt natürlich zwischen Bangen und Hoffen. Hätte ich doch bloß schon vor 5 oder 6 Tagen mit der Einnahme begonnen, dann würde ich jetzt vielleicht schon eine Wirkung bemerken. Ich war voller Ungeduld. Weil ich kräftemäßig ziemlich am Ende war, befand ich mich gesundheitlich in einer recht kritischen Phase. Ich hatte Schwierigkeiten einzuschlafen, das Aufstehen fiel mir schwer und ich litt darunter, nichts essen und trinken zu können. Nahm ich einen Bissen zu mir, blieb er mir regelrecht im Halse stecken, und obwohl ich dem Verdursten nahe war, konnte ich einfach nichts trinken. Die zentrale Frage, die ich mir Tag und Nacht stellte, war, ob mir dieses Froximun helfen könnte.

Die ersten 4 Tage waren vergangen. Bei allem Optimismus musste ich mir eingestehen, dass sich nichts, aber auch rein gar nichts verändert hatte. Es war keine Besserung in Sicht. Im Gegenteil: Ich hatte nun noch ein weiteres, großes Problem! Ich verlor immer mehr an Gewicht. Der Gewichtsverlust wurde nun langsam dramatisch.

Nach der operativen Rückverlegung meines Darms hatte man mir zwar gesagt, dass sich die Darmflora wieder erneuern muss und dass das natürlich seine Zeit braucht. Mit welchen Schwierigkeiten das aber verbunden ist, darüber hatte man sich ausgeschwiegen. Da ich kaum Nahrung aufnahm, musste ich glücklicherweise nicht oft die Toilette aufsuchen. Aber wenn ich sie aufsuchte, hatte ich jedes Mal starken Durchfall. Ich nahm die verschiedensten Medikamente dagegen ein, nichts half.

Deshalb befragte ich Herrn Professor Layer vom Israelitischen Krankenhaus. Er konnte mir ein Produkt benennen, das den Durchfall stoppt und darüber hinaus die Heilung bzw. Erneuerung der Darmflora unterstützt. Es war das Medikament Perenterol, das nicht ganz billig, dafür aber rezeptfrei in der Apotheke erhältlich war.

Mittlerweile ging der 6. Tag meiner Froximun-Kur zuende. Mein Gesamtzustand hatte sich noch immer nicht gebessert. Wie sollte es nun bloß weitergehen? Behandlungen im Israelitischen Krankenhaus waren nicht geplant, es sei denn, es würde ein besonderer behandlungsbedürftiger Umstand eintreten. Weitere Termine bei meinem Onkologen erwarteten mich auch nicht mehr, denn die Chemotherapie hatte ich ja abgebrochen. 6 Tage lang hatte ich nun das Froximun schon eingenommen. Jeden Tag 8 Kapseln. 48 Stück hatte ich bereits genommen, und nichts tat sich. Ich bekam schon wieder Zweifel, ob es mir überhaupt helfen würde und ging enttäuscht ins Bett.

In der Nacht wurde ich wach. Ich verspürte etwas, das ich schon lange nicht verspürt hatte: Hunger! Ich stieg aus dem Bett und schlich mich in die Küche. Dort machte ich mir eine heiße Schokolade, legte mir einige Kekse zurecht und begann, sie genüsslich zu verspeisen. Mit großem Appetit hatte ich fast schon ein ganzes Paket verzehrt, als ich meine Frau im Türrahmen entdeckte. Wie happy sie mir beim Essen zugesehen hat, lässt sich kaum beschreiben.

Am nächsten Tag hatte ich das Gefühl, dass langsam auch wieder die Kraft in meinen Körper zurück kam. Meine gerade mal 70 kg hoffte ich nun durch intensivere Nahrungsaufnahme in Regionen um die 75 kg zu bringen. Was das äußere Erscheinungsbild betraf, sah ich doch recht klapperig aus.

Eine Schwalbe aber macht bekanntlich noch keinen Sommer. Es war ja erst der erste Tag, an dem ich mich etwas besser fühlte, und so blieb der weitere Verlauf abzuwarten. Mittags kochte meine Frau eine leckere Hühnersuppe mit sehr viel Gemüse, die ich mit großem Appetit aß. Dabei leuchteten ihre Augen, denn sie wusste, dass der Bann jetzt gebrochen war.

Nun wollte ich mehr über das Produkt Froximun erfahren und führte ein fernmündliches Gespräch mit der Herstellerfirma. Man sicherte mir zu, dass sich in den nächsten Tagen ein Mitarbeiter bei mir melden würde, um dann einen Termin für ein persönliches Gespräch zu vereinbaren. Da ich in meiner Situation über sehr viel Zeit verfügte, war ich natürlich an einer solchen Zusammenkunft im höchsten Maße interessiert. Schließlich ging es ja um etwas, das ich jahrzehntelang vernachlässigt hatte, meine Gesundheit.

Der avisierte Mitarbeiter, der den zärtlichen Namen Kuschel hatte, rief schon bald bei mir an und wir vereinbarten einen Gesprächstermin in unserem Haus in Bendestorf. Herr Kuschel machte nicht nur vom Äußeren her einen sympathischen Eindruck, sondern hatte auch eine sehr angenehme Art uns zu erklären, um was es sich bei dem Produkt Froximun handelt. Geduldig und bereitwillig beantwortete er alle meine Fragen.

Auch anhand meines Krankenbildes erläuterte Herr Kuschel das im Grunde sehr simple System der Produktgruppe Froximun. Neben dem Präparat Froximun Cama, das ich einnahm, gab es noch eine Reihe weiterer Mittel, die von der Grundsubstanz gleich, aber mit anderen zusätzlichen Wirkstoffen angereichert waren.

In etwa 6 bis 8 Wochen, so prognostizierte Herr Kuschel, würde ich mich wohl kaum wiedererkennen. Mein jetziger Zustand würde mir aber sicherlich noch sehr intensiv und haftend im Gedächtnis bleiben, so dass ich selbst urteilen solle.

Neben vielen Broschüren und sonstigem Informationsmaterial überreichte mir Herr Kuschel auch eine Liste von Onkologen, Internisten, Zahnärzten und Heilpraktikern, die allesamt schon seit Jahren Froximun einsetzten. Mir war, und das habe ich in unserem Gespräch deutlich unterstrichen, zuvor dieses Produkt gänzlich unbekannt. Allerdings habe ich mich mit solchen Dingen auch nie befasst. Wenn man gesund ist, dann denkt man an alles Mögliche, aber nicht daran, dass man einmal sehr krank werden könnte. Zum Abschied sagte mir Herr Kuschel, dass er bei Bedarf gern jederzeit bereit ist, mich zu einem weiteren Gespräch in Bendestorf zu besuchen. Dass ich von diesem Angebot mehrfach Gebrauch machen würde, konnte ich zu dem Zeitpunkt noch nicht wissen.

Mein plötzlich wiedergekehrter Appetit war keine Eintagsfliege. Meine Frau machte sich schon langsam Sorgen, denn wenn sie nicht mit Argusaugen über mich gewacht hätte, hätte ich die Portionen, die sie mir servierte, mühelos verdoppelt.

Als ich am 10. Tag nach Beginn der Froximun-Kur zum ersten Male eine Gewichtskontrolle machte, stellte ich fest, dass ich 3,5 kg zugenommen hatte. Das war für mich ein besonders gutes Zeichen. Was mir aber auch auffiel, war, dass ich kein Verlangen nach einem meiner liebsten Angewohnheiten mehr verspürte – das Rauchen einer guten Zigarre! Das hätte ich nie für möglich gehalten, denn ich war ein starker Zigarren- und Zigarilloraucher. Allerdings habe ich nie auf Lunge geraucht.

Dennoch war der Qualm eine Zumutung für meine Frau. Wie rücksichtslos Männer sein können, dafür war ich der lebende Beweis. Schließlich hatte ich sie jahrelang zum passiven Mitrauchen gezwungen. Über den Umstand, dass ich kein Rauchverlangen mehr hatte, war meine Frau mit ihren anfälligen Bronchien natürlich überglücklich.

Wie gefährlich das Rauchen ist, ist allgemein bekannt. Neuesten Berichten zufolge sterben in der Bundesrepublik Deutschland jährlich etwa 130.000 Männer und Frauen an den scheußlichsten Krebsarten, die nur durch das Rauchen verursacht werden. Mit einem einzigen Zigarettenzug sollen über 7.000 Gifte freigesetzt werden, von denen allein 70 als krebsauslösend gelten. Bei so vielen Toten vertraut die Bundesregierung auf die Tabakindustrie, die genügend neue Raucher rekrutiert, um dem Staat Geld in die leeren Kassen zu spülen. Ich vermisse das Rauchen nicht. Rauchfrei zu sein, ist eine wunderbare Begleiterscheinung meiner Froximun-Kur. Nach etwa 14-tägiger Einnahme merkte ich auch, wie meine Lebensfreude zurückkehrte. Ich bekam große Lust, wieder aus dem Haus zu gehen und mit meiner Frau ein paar Spaziergänge zu unternehmen. Da ich aber noch immer mit der Darmflora schwer zu kämpfen hatte, durften uns diese Exkursionen nicht zu weit weg führen.

Nach Aussage meiner Ärzte im Israelitischen Krankenhaus und nach Aussage meines Onkologen, Herrn Dr. Becker, gibt es unterschiedliche Heilungsperioden. Es kann durchaus sein, dass sich innerhalb von 2 Monaten die Darmflora erholt hat, es gibt aber auch Fälle, wo man sich 1 ½ Jahre mit der Regeneration gedulden muss. Ich hoffe, dass mir ein so langer Zeitraum erspart bleibt, denn auch hier unternehme ich alles, um auf homöopathischem Wege der Darmflora Unterstützung zu geben und den Heilungsprozess zu beschleunigen.

Obwohl ich schon im Dezember 2006 die Chemotherapie abgebrochen hatte, fielen mir im Januar 2007 noch immer die Haare aus. Ob sie je wieder nachwachsen, weiß ich nicht. Allerdings lege ich auch keinen gesteigerten Wert mehr auf die Attribute männlicher Kraft und Schönheit. Mangels Ehrgeiz und Eitelkeit werde ich auch ohne üppige Haarpracht zurechtkommen.

Es war unglaublich: Von Tag zu Tag verbesserte sich mein Gesundheitszustand. Ich bekam auch wieder ein frisches Aussehen. Die Blässe und das Aschfahle wichen aus meinem Gesicht. Auch die Kraft kam zurück. Alles, was mir zuvor bei der Nahrungsaufnahme Probleme bereitet hatte, gehörte der Vergangenheit an. Nun konnte ich mühelos Obst und Gemüse, Fisch und Fleisch essen, einfach alles, ohne dass es auch nur in geringster Form zu Widerwillen kam. Mein Appetit kannte keine Grenzen. Nach weiteren 14 Tagen hatte ich insgesamt 7,5 kg aufgeholt und damit ein Gewicht erreicht, das ich gern auch für die letzten Jahre meines Lebens beibehalten möchte. Mit Normalgewicht hat man nämlich auch wesentlich geringere körperliche Probleme.

Die Ergebnisse meiner wöchentlichen Blutdruck- und Blutzuckerkontrollen habe ich schriftlich notiert, um sie bei der nächsten Untersuchung im Diabetikzentrum bei Herrn Dr. Hübbenet vorzulegen. Die Werte waren als absolut hervorragend zu bezeichnen.

Nun wartete ich gespannt auf den Untersuchungstermin bei meinem Onkologen. Anfang Februar nahm ich meinen Termin bei Herrn Dr. Becker in der Tagesklinik am Lerchenfeld wahr. Er machte eine ausführliche Ultraschall-Untersuchung und stellte anerkennend fest, dass keine Auffälligkeiten erkennbar waren.

Zuvor war ein Blutbild erstellt worden, das ebenfalls hervorragende Werte aufwies. Da ich am folgenden Tag einen Termin bei Herrn Dr. Hübbenet im Diabetikzentrum in Wandsbek hatte, bat ich darum, dass man mir die Ergebnisse der Blutuntersuchung ausdruckte. Da es morgen kaum 24 Stunden alt wäre, würde mir eine weitere Untersuchung und Blutabnahme erspart bleiben.

Nach Abschluss der Untersuchung fragte Herr Dr. Becker noch einmal nach, ob Froximun wirklich das einzige Präparat sei, das ich einnehme. Ich bestätigte ihm, dass ich sowohl die mir verschriebenen blutdrucksenkenden als auch die blutzuckerregulierende Medikamente gänzlich abgesetzt habe und ausschließlich Froximun nehme.

Ich erklärte Herrn Dr. Becker, dass ich die 1. Kur nun abgeschlossen und anschließend mit der 2. beginnen werde. So, wie es der Hersteller vorschreibt, werde ich Froximun 6 Monate lang einnehmen und mich danach noch einmal gründlich untersuchen lassen. Auch eine Positronenemissions-Tomographie, die – mir völlig unverständlich – von der Schulmedizin in Frage gestellt wird, werde ich durchführen lassen.

Herr Dr. Becker bestätige mir, dass ich mich in einem ausgezeichneten Zustand befände. Ich sollte mich erst im Mai wieder zu einer Nachuntersuchung einfinden. Einst schwer an Krebs erkrankt, todkrank und mit den widerwärtigsten Nebenwirkungen bestraft, hatte ich nun eine Auskunft erhalten, die mich so glücklich machte, dass ich mein Leben ganz neu ordnen kann. Ich glaube, ich bin auf dem besten Wege, den Krebs zu besiegen. Diese Aussage mache ich aus tiefster Überzeugung.

In den Anfängen, als ich das Israelitische Krankenhaus verlassen hatte und mich in einem desolaten psychischen und physischen Zustand befand, hatten mich viele Freunde angerufen, um mir Mut zuzusprechen und Trost zu spenden. Damals war

ISRAELITISCHES KRANKENHAUS
IN HAMBURG
AKADEMISCHES LEHRKRANKENHAUS DER UNIVERSITÄT HAMBURG

SALOMON HEINE – GEGRÜNDET 1839

Prof. Dr. med. Peter Layer
Ärztlicher Direktor
Direktor Medizinische Klinik

Tel.:
Fax:
Th/pe

Herrn
Ivar Buterfas

Hamburg, 16. März 2007

Pat: Herrn Ivar Buterfas, geb. 16.01.1933

Attest

Diagnose(n):

1. Zustand nach Sigma/Rektumresektion 09/06 bei Rektumkarzinom pT3, pN0, pM0, GII und Sigmakarzinom pT2, pN1 (3/19), pM0, GII
   - Anlage eines protectiven Ileostomas 09/06
   - Ileostomarückverlagerung am 10.01.07
2. Thrombose der rechten Vena subclavia bei liegendem Port 11/06
   - Portexplantation am 23.11.06
3. Arterieller Hypertonus
4. Diabetes mellitus Typ 2
5. Zustand nach transurethraler Prostatektomie
6. Cholezystolithiasis
7. Geringe Splenomegalie
8. Nierencyste rechts
9. Rezidivierende Zystitiden
10. Operation bei Harnröhrenmißbildung

Sehr geehrter Herr Buterfas,

Sie stellten sich hier am 08.03.2007 zur ambulanten Besprechung bei uns vor. Die am 07.03.2007 durchgeführten Laborparameter waren völlig unauffällig. Auch die vor vier Wochen bei dem Onkologen Herrn Dr. Becker durchgeführte Ultraschalluntersuchung des Bauches war unauffällig und insbesondere ohne Nachweis von Lebermetastasen. Sie berichteten nun hier über Diarrhoen seit der AP Rückverlegung im Januar dieses Jahres.

Eine von uns empfohlene Medikation mit Perenterol 250 mg 3-5xtägl. haben bereits eine deutliche Besserung des Beschwerdebildes erbracht. Ebenso berichteten Sie über eine deutliche Besserung Ihres Allgemeinzustandes unter der Einnahme von Froximun, so daß die Fortsetzung dieser medikamentösen Therapie aus ärztlicher Sicht zu befürworten ist.

Mit freundlichen Grüßen

Prof. Dr. med. P. Layer
Ärztlicher Direktor und
Direktor Medizinische Klinik

Dr. Thiel
Assistenzärztin

meine Stimme schwach und kraftlos. Als sie im Februar wieder mit mir telefonierten, waren sie sprachlos, mit welch kräftiger Stimme und mit welcher Lebhaftigkeit ich mit ihnen kommunizierte. Spontan stellten sie die Frage, die ich erwartet hatte, nämlich wie das Medikament heißt, das mir geholfen hatte. Durch die Bank war die einhellige Meinung, dass auch sie das Präparat vorbeugend verwenden wollten, um sich das zu ersparen, was ich durchleiden musste. Eine überzeugende Argumentation, der ich nichts hinzuzusetzen habe.

Auf meine Veranlassung hin wurde meinem Onkologen detailliertes Informationsmaterial über das Produkt Froximun zugesandt. Ob er als eingefleischter Schulmediziner davon Gebrauch macht, um das Arzneimittel möglicherweise als Hilfsmittel, als Beiwerk zur Chemotherapie oder anderen Maßnahmen einzusetzen, ist mir nicht bekannt. Für mich ist es auch nicht von großem Interesse, was ein Schulmediziner macht. Mich interessiert nur eines: Wie werde ich meine Krankheit los? Bis auf die unerlässlichen Operationen hat mir die Schulmedizin nämlich nicht helfen können.

Mittlerweile habe ich für meine gesamte Familie eine Monatskur Froximun gekauft, das alle vorbeugend über einen Zeitraum von 1 Monat einnehmen. Ich halte das für eine kluge Entscheidung und bin als Patriarch der Familie gern bereit, meinen Liebsten diese Kur einmal im Jahr zu spendieren. Allerdings ist es müßig, die Kosten zu erwähnen. Eine Monatskur mit 100 Kapseln kostet etwa 34,00 Euro. Wenn ich mit diesem geringen Betrag meinem Umfeld und mir viel Leid ersparen kann, braucht man darüber gar nicht lange zu diskutieren.

Am 6. und am 7. März fanden zwei weitere wichtige Untersuchungen bei Herrn Prof. Layer vom Israelitischen Krankenhaus und in der Praxis von Herrn Prof. Zornig statt, der mir die todbringenden Karzinome aus dem Körper herausoperiert hat. Bis zum heutigen Tage habe ich keine plausible Erklärung dafür gefunden, weshalb ein großer Teil der Schulmediziner alternativen Heilmethoden so ablehnend gegenüber steht. Ich habe vielen Ärzten von dem Produkt Froximun erzählt und dabei deutlich ihre Zurückhaltung, ihre Ablehnung und ihr Desinteresse bemerkt.

Ein Arzt, der verpflichtet ist zu helfen, der sogar einen Eid geleistet hat, muss doch nach Alternativen suchen bzw. zumindest für alternative Heilmethoden offen sein, wenn die Schulmedizin mit ihrem Latein am Ende ist. Wenn, wie in meinem Falle, aufgrund von Vorerkrankungen oder Unverträglichkeiten etc. keine klassische Behandlung durchgeführt werden kann, kann man diesen Patienten doch nicht einfach aufgeben. Worüber ich mit den Ärzten gesprochen habe, haben sie schlichtweg nicht begriffen.

Liebe Leserin, lieber Leser, wenn ich (wie Sie jetzt als gesunder Mensch) eine solche Geschichte, wie ich sie hier niedergeschrieben habe, gelesen hätte, dann wäre auch ich selbstverständlich sehr skeptisch. Ich kann nur betonen, dass das Geschilderte meine persönlichen Erfahrungen sind. Meinem Freund Eugen Wagner bin ich bis zu meinem Lebensende für seine Hartnäckigkeit dankbar, die mich dazu bewog, mich über dieses Mittel zu informieren. An dieser Stelle meinen allerherzlichsten Dank an Frau Wagner, die mich umfassend beraten und somit erheblich zum Erhalt meines Lebens beigetragen hat. Ein Großteil meiner Genesung ist aber sicherlich auch auf meinen unerschütterlichen eisernen Willen und auf die ständige Fürsorge meiner einmaligen Ehefrau Dagmar zurückzuführen.

Nach Überwindung dieser so schweren Krankheit, und ich hoffe sehr, dass ich sie dauerhaft überwunden habe, ist natürlich auch der alte Kampfesgeist wieder erwacht. Eigentlich besitze ich ja auch die Kraft der drei Herzen, und möchte nun meine Arbeit dort wieder aufnehmen, wo ich sie am 19. September 2006 unfreiwillig beenden musste. Seit Mitte Februar bin ich wieder intensiv mit der Organisation verschiedener Projekte befasst. Es gibt noch einige unerledigte Aufgaben, die ich nun unbedingt in Angriff nehmen muss. Trotz allem Engagement werde ich keine Untersuchung, zu der ich mich einfinden muss, ausfallen lassen. Ich werde alles tun, damit sich Derartiges nicht wiederholt. Das Ihnen beschriebene Froximun werde ich weiterhin einnehmen und vertraue darauf, gesund zu bleiben.

Kapitel 9: Sandbostel – eine Gedenkstätte entsteht

Es war im Jahre 2001 als ich von der Stadt Rotenburg/Wümme gebeten wurde, im Rahmen meiner Jugendaufklärungsarbeit eine Veranstaltung im Kantor-Helmke-Haus durchzuführen. Unter Verweis auf meine vielen Termine fügte ich meiner Zusage hinzu, dass ich diese Veranstaltung nur einmal durchführen könne bzw. dass ein zeitnaher Anschlussbesuch leider nicht möglich sei.

Bei meinem Telefonat mit dem zuständigen Referenten, Herrn Dr. Kohlrausch, wies ich darauf hin, dass die Jugendlichen sicher nicht mehr oft Gelegenheit haben werden, mit einem Zeitzeugen in Berührung zu kommen und regte deshalb an, jeden der 200 Plätze, die das Kantor-Helmke-Haus bot, zu besetzen.

Diesem Vorschlag stand Herr Dr. Kohlrausch kritisch gegenüber, da dann nicht nur Schülerinnen und Schüler verschiedener Schulen, sondern auch unterschiedlicher Jahrgangsstufen eingeladen werden müssten. Somit bestünde die Gefahr, dass eventuell durch mangelnde Konzentration und Aufmerksamkeit Unruhe entstände. Es gelang mir jedoch, Herrn Dr. Kohlrausch zu überzeugen. Das Ergebnis war wie in jeder anderen Stadt: Absolute Stille und gespanntes Zuhören. Herr Dr. Kohlrausch, ich muss dies in aller Deutlichkeit sagen, kam aus dem Staunen nicht mehr heraus. Er war tief beeindruckt und hätte nie erwartet, dass es mir möglich sein würde, mit einem solchen Thema die Jugendlichen 90 Minuten lang so zu fesseln, dass sie kaum gewagt haben, laut durchzuatmen.

Nach der Veranstaltung führten Dr. Kohlrausch und ich noch ein sehr langes Gespräch, in dessen Verlauf er mich fragte, ob ich nicht doch noch einen weiteren Vortrag halten könne. Zu meinem Bedauern musste ich dies verneinen, da mein Terminkalender für das Jahr 2001 völlig ausgebucht war. Nach einem gemeinsamen Essen nahm mich Herr Dr. Kohlrausch zum Abschied beiseite, überreichte mir einige Unterlagen und trat ganz unkonventionell mit folgendem Anliegen an mich heran:

Auch im ländlichen Rotenburg sei bekannt, dass ich in Hamburg für St. Nikolai zuständig sei. Man habe viel darüber gelesen, mit welcher Intensität es mir möglich war, aus dieser ehemaligen Turmruine, einer Hundekloake, um die jeder einen großen Bogen gemacht hatte, eine respektable Begegnungsstätte und ein weltweit anerkanntes Mahnmal zu machen.

Deshalb fragte mich Herr Dr. Kohlrausch, ob ich, sofern ich wieder einmal in der Nähe von Rotenburg oder Verden wäre, mit ihm einen kurzen Abstecher ins etwa 10 km entfernte Sandbostel machen würde. Mit dem Begriff Sandbostel konnte ich allerdings überhaupt nichts anfangen und fragte, worum es sich dabei handelte.

Dr. Kohlrausch erklärte mir, dass er einem kleinen eingetragenen Verein angehört, der sich mit einem Teil unbewältigter deutscher Geschichte befasst und der den allergrößten Schwierigkeiten gegenübersteht. Dazu würde er gern meine Meinung und meinen Rat hören.

Nach etwa 45-minütiger Information über ein ehemaliges Strafgefangenen- und KZ-Auffanglager in der Nähe von Bremervörde im Ortsteil Sandbostel hatte Herr Dr. Kohlrausch mein Interesse soweit geweckt, dass ich ihm zusagte, darüber nachzudenken.

Auf diesem Gelände sollen mehr als 1 Million Menschen aus 60 Nationen, überwiegend jedoch Russen und Polen, über viele Jahre verbracht worden sein und haben dort unter menschenunwürdigen Verhältnissen leben müssen. Viele Baracken würden noch von der schrecklichen Zeit zeugen.

Das Schrecklichste aber überhaupt sei, wie man heute im 21. Jahrhundert mit dieser Vergangenheit umgeht und wie grausam man noch heute die überlebenden ehemaligen Strafgefangenen, die sich noch einmal in diesem Ort umsehen, behandelt. All das berichtete mir Dr. Kohlrausch in seinem Vorgespräch über das Stalag XB.

Meine innere Stimme sagte mir, dass ich mich auf etwas einlassen könnte, was ich vielleicht noch einmal bitter bereuen würde. Dass aber sogar, wie sich später herausstellen sollte, auch mein Leben bedroht werden würde, das hätte ich in meinen kühnsten Träumen nicht erwartet. Davon aber später mehr.

Als ich wieder in Hamburg war, versuchte ich mehr Informationen über dieses ehemalige Stalag XB zu erhalten. Als erstes telefonierte ich mit meinem Freund Ralph Giordano in Köln. Er aber hatte auch noch nie davon gehört und bat mich, ihn zu unterrichten, sobald ich mehr darüber wisse.

Eine weitere Informationsquelle, die es für mich gab, war Dr. Detlef Garbe, den ich aus vielen gemeinsamen Veranstaltungen von St. Nikolai kannte und der der Leiter der KZ-

Gedenkstätte Neuengamme war. Eine bessere Wahl hätte Hamburg nicht treffen können, als Dr. Garbe mit dieser Position zu betrauen. Was er in der Vergangenheit alles erreicht hat, um die Würde und das Andenken der ermordeten Menschen zu erhalten, ist nicht in wenigen Sätzen erklärbar.

Nach einem kurzen Telefonat bot mir Herr Dr. Garbe einen persönlichen Gesprächstermin in Neuengamme an. Von ihm erhielt ich Informationen, die mir deutlich machten, dass ich wohl nicht ungeschoren aus der Sache herauskommen würde, wenn ich mich engagierte.

Kurz vor Ende des 2. Weltkrieges begannen überall die Todesmärsche der KZ-Häftlinge. Es waren Leidenszüge, in denen man die Menschen von A nach B schickte und dann wieder von B nach A, ohne sie mit Nahrung zu versorgen, ohne sie ausruhen oder schlafen zu lassen, einzig mit dem Ziel, ihre Anzahl auf diese Weise zu dezimieren. Unglaublich schmerzhafte Erinnerungen, die da hochkamen.

Das Lager Neuengamme wurde zu diesem Zeitpunkt geräumt, denn die Alliierten, vor allem die Engländer, befanden sich schon in der Nähe von Hannover. Die Amerikaner wiederum waren bereits in der Nähe von Bremen. So wurden in aller Eile Tausende von Häftlingen in die Lübecker Bucht verfrachtet, wo die Schiffe Cap Arcona und Thielbek lagen.

Durch einen Irrtum wurden diese beiden Schiffe aber in der Lübecker Bucht versenkt. Mehr als 6.000 Menschen kamen dabei ums Leben. Ca. 10.000 weitere KZ-Häftlinge, ausgemergelte Gestalten, die teilweise nicht mehr als 50 kg wogen, wurden nun auf einem langen Marsch von Neuengamme unter Bewachung der SS nach Sandbostel verbracht.

Dort wurden sie in einem Teil des Gefangenenlagers separat von den übrigen Gefangenen untergebracht, ohne Nahrung und ohne sanitäre Einrichtungen, es war einfach nichts vorhanden.

Es sollen sich dort in Sandbostel schreckliche Szenen abgespielt haben. Man sprach sogar von Kannibalismus. Auch gab es einen Aufstand, wobei die SS und die Wehrmacht über 350 KZ-Häftlinge, es waren ausschließlich Juden, erschossen.

Als die Briten dann das Lager befreiten, trafen sie auf Verhältnisse, die denen im Lager Bergen-Belsen glichen. Der gesamte Lagerkomplex war übersät mit Leichen. In dem Teil, in dem die jüdischen KZ-Häftlinge aus Neuengamme untergebracht waren, waren bereits Seuchen ausgebrochen. Nachdem die noch Lebenden von den Sanitätern vernünftig untergebracht und versorgt waren, wurde dieser Lagerteil mitsamt den Leichen verbrannt. Die Kriegsgefangenen aus allen Ländern wurden ebenfalls versorgt und später in ihre Heimatländer zurückgeführt. Über 40.000 Menschen sind im Laufe der Zeit auf elendste Art und Weise in Sandbostel zu Tode gekommen; die meisten starben an Krankheiten oder sind verhungert.

Lange saß ich Herrn Dr. Garbe schweigend in seinem Büro gegenüber. Ich war unfähig, weitere Fragen zu stellen und hing meinen Gedanken nach. Vor allem stand ich unter dem Eindruck, mich an einem Ort zu befinden, der um ein Haar für meine Geschwister und für mich das Ende unseres Lebens bedeutet hätte, wenn man uns in unserem Kellerversteck in Hamburg-Horn in der Wilhelm-Gustloff-Straße aufgespürt hätte. Wir wussten, dass wir dann nach Neuengamme hätten kommen sollen, und das würde sicherlich unser Ende bedeutet haben. Als Mischlinge ersten Grades, die Mutter Christin, der Vater Jude, galten wir nach der Wannseekonferenz 1942 als Halbjuden.

Dr. Kohlrausch und sein Gedenkstättenverein besaßen ein kleines Büro, das nicht größer als 15 oder 20 Quadratmeter war. Dieses kleine Büro hatten sie zu einem winzigen Museum ausgebaut, denn mehr hatte ihnen die Stadt Bremervörde nicht zur Verfügung gestellt. Das natürlich aus gutem Grunde:

Warum sollte die eigene Schande auch noch groß dokumentiert werden? Eine Schande, die selbst im Jahre 2002 oder 2003 noch nicht einmal annähernd beseitigt war! Was mir Dr. Kohlrausch im Besein seiner Vorstandskollegen Dr. Klaus Volland, Karl-Heinz Buck und Detlef Cordes berichtete, ließ unbändige Wut in mir hochkommen. Er erklärte mir, dass nach 1945, nachdem die SS dort über einen längeren Zeitraum interniert hatte und kaum jemand für die verübten Verbrechen zur Rechenschaft gezogen worden war, das Strafgefangenen- und KZ-Lager Sandbostel in die Hände des Bundesvermögens zurückfiel. Der Bund aber hat damit wohl nicht viel anfangen können. In Erwartung späterer Kosten überlegte man sich einen Weg, sich von dieser Last zu befreien. Man entledigte sich dessen, indem man es in die Obhut des Landes Niedersachsen übergab.

Über einen gewissen Zeitraum wurden die noch gut erhaltenen Baracken, ich gehe davon aus, dass es etwa 30 waren, beispielsweise zur Unterbringung von Flüchtlingen aus der ehemaligen DDR genutzt. Als auch dieses Thema beendet war, hatte man die grandiose Idee, die Vergangenheit dieses schrecklichen Fleckens Erde restlos aus dem Gedächtnis zu streichen, indem man die einzelnen Baracken mit den Grundstücken an die verschiedensten Unternehmer verkaufte. Das gesamte Gelände erhielt dann den sinnigen Namen Immenhain.

In Sandbostel wurde nun ein Friedhof eingerichtet, den man schlichtweg Kriegsgräberstätte nannte. Was mich ganz besonders empörte und aufregte war, dass die meisten ermordeten Juden in dieser so genannten Kriegsgräberstätte ihre letzte Ruhestätte gefunden haben. Diese Geschichtsverfälschung war ein eindeutiges Indiz dafür, dass man die Tatbestände einfach auslöschen wollte. So wie mein Freund Ralph Giordano immer wieder in seinen Vorlesungen und Vorträgen betont: Hitler und seine Mittäter waren zwar geschlagen, aber sind geistig bis heute nicht besiegt.

Dr. Klaus Volland hatte mit einem Freund langjährige Recherchen angestellt und gemeinsam mit ihm ein Buch über Sandbostel geschrieben. In diesem Buch habe ich selbstverständlich gelesen; was hier alles zutage befördert wurde, war schlichtweg unbegreiflich.

Natürlich war nach 60 Jahren nichts mehr daran zu ändern, was sich in der schrecklichen Zeit der nationalsozialistischen Herrschaft in Deutschland und in den besetzten Gebieten in Europa abgespielt hat. Was sich aber hier in Sandbostel abspielte und von der niedersächsischen Landesregierung nicht nur geduldet, sondern teilweise sogar noch großzügig unterstützt wurde, ist der Gipfel!

Ich merkte schon, dass ich mich innerlich bereits auf die Seite der unerschrockenen, kleinen Männerschar geschlagen hatte. Mit ihrem gerade mal aus 80 Mitgliedern bestehenden Verein bekamen sie für ihre Arbeit nur eines: unglaubliche Schelte. Sie wurden als Kommunistenschweine, Nestbeschmutzer und alles Mögliche beschimpft.

Mit mir hofften sie einen Mann an ihre Seite zu bekommen, der ihnen Türen öffnen könnte, die erforderlich sind, um der Öffentlichkeit deutlich zu machen, dass dieser Umstand nicht länger geduldet wird.

Nun wurden mir auch Einzelschicksale offenbart. Das niederländische Fernsehen war einmal bei dem damaligen Landrat vorstellig geworden und hatte nach dem Zustand des Lagers gefragt und wissen wollen, ob man nicht in der Lage wäre, das zu ändern. Der Landrat hatte Antworten gegeben, dass sich einem die Nackenhaare sträuben. Ich habe mir dieses Tape 4 oder 5 Mal angesehen und mich immer wieder gefragt, wie es möglich sei, dass er sich angesichts des unmittelbar vor seiner Haustür begangenen Unrechts so verhielt.

Es wurde dem niederländischen Fernsehen auch nicht gestattet, das zu filmen, was sie gern gefilmt hätten. Irgendwo war das Recht natürlich auf der Seite der Besitzer, die diese Massengräber gekauft hatten und dort nun ihr Geld verdienten.

Man muss sich auch bewusst machen, dass sich auf dem Gelände des ehemaligen Stalag XB auch ein Reiterhof befand. Während der Ferien kamen Kinder von überall her und ritten vergnügt und unbeschwert über Felder, in denen sich noch immer die menschlichen Knochen der in diesem Lager zu Tode Gekommenen befanden. Noch heute sammeln freiwillige Helfer des Gedenkstättenvereins Sandbostel die Überreste der Toten ein.

Ganz besonders nahm ich Anteil an dem Schicksal einer holländischen Familie. Der Vater dieser größeren Familie war zufälligerweise in Holland bei dem Aufstand und den Attentaten in Putten dabei. Allerdings nicht aktiv, er hatte sich nur in unmittelbarer Nähe des Ortes aufgehalten. Er wurde nach Sandbostel verbracht, wo er wenige Tage vor der Befreiung verstarb.

Die Ehefrau, eine hochbetagte Dame von weit über 80, wollte mit ihren Kindern und Enkeln noch einmal an den Ort, an dem ihr Mann seine letzte Ruhestätte gefunden hatte. Sie kamen auch an die Baracken, die einem Großhändler gehörten. Diese wurden von einem gewissen Herrn S. verwaltet, der dafür verantwortlich war, das Grundstück in einem einigermaßen ordentlichen Zustand zu halten. Die Familie schilderte Herrn S. den Grund ihres Besuchs und bat darum, sich einmal auf dem Grundstück umsehen zu dürfen.

Herr S. erklärte ihnen unmissverständlich, dass er dies nicht gestattet und forderte sie barsch auf, sofort zu verschwinden. Ihre Trauer würde ihn überhaupt nicht interessieren.

Wie unbarmherzig dieses Verhalten war, macht der fiktive Monolog einer Hinterbliebenen deutlich. Diese traurigen Zeilen verfasste meine Tochter Jasmin, nachdem ich ihr von Sandbostel berichtet hatte:

Jaqueline – Eine Suchende in Sandbostel

Bon Jour, oh entschuldigen Sie ... Guten Tag. Mein Name ist Jaqueline. Jaqueline de Messier. Ich suche das Grab meines Bruders. Er ist hier in diesem Lager umgekommen. Können Sie mir sagen, wo ich sein Grab finden kann?

Sehen Sie mal ... Kommen Sie, ... riechen Sie mal! Das ist Thymian. Das Pflänzchen habe ich aus Frankreich, aus der Heimat mitgebracht. Im Sommer blüht er ganz lila und duftet in der Sonne. Hm ... Ich glaube wir Südfranzosen riechen alle nach Thymian ...

Wissen Sie, ich würde so gern zu meinem Bruder sprechen, ich habe ihn vor über 60 Jahren zuletzt gesehen. Ich habe ihm so viel zu erzählen. Er hat doch mein ganzes Leben versäumt – unser ganzes Leben versäumt ...

Damals, als Krieg war, hatte ich immer Angst, wenn Fliegeralarm war. Dann, wenn die Deutschen kamen und die Bomben krachten und der Himmel blitzte und wir in den Keller hetzten und Maman und ich vor Angst wimmerten, nahm mich mein Bruder in den Arm, summte leise und wiegte mich. Ich vergrub mein Gesicht immer in seinem Hals. Und dann roch ich den Thymian. Ja, wir duften alle nach Thymian. Mit der anderen Hand hat er immer Mamans Hand gehalten.

Wissen Sie, bevor Krieg war, war alles sehr schön. Wir hatten ein gemütliches Häuschen mit einem alten Kirschbaum im Garten. Dort lebte ich mit Maman und meinem Bruder. Papa war schon im Ersten Weltkrieg als Held gestorben. Hat Maman erzählt. Mein Bruder liebte diesen Kirschbaum. Er saß häufig darin. Die Äste glichen den gichtkranken Händen meiner Großmutter, sie stammte aus Paris. Großmama duftete nie nach Thymian ...

Kennen Sie den Duft eines Kirschbaums im Frühling? Ganz früh am Morgen, wenn die Sonne aufgeht und die Tautröpfchen noch auf den Blättern liegen, vermischt mit dem

Duft von taunassem Gras? Ist das nicht herrlich? Ist das nicht vollkommen? Um diese Zeit saß ich oft mit meinem großen Bruder in unserem Kirschbaum. Die Rinde des Stammes war ganz schrumpelig, wie Hände nach einem zu langen Bad, müssen Sie wissen. Er nahm mich wie eine Affenmama auf seinen Rücken und kletterte mit mir bis in die Krone. Na ja, der Baum war nicht sehr hoch. Dann hörten wir den Vögeln zu, aßen halbreife Kirschen und warteten, dass Maman uns zum Frühstück rief.

Ja, und dann war er plötzlich weg. Im Krieg. Mein Bruder. Und dann geriet er in Gefangenschaft. Und dann war er tot ... Mein Bruder. Aber seine Stimme höre ich immer noch, und seine Haut, die nach Thymian duftete, schmecke ich immer noch in der Nase.

Oh, verzeihen Sie, ich habe Ihnen ja gar nicht gesagt wie mein Bruder heisst!

Gerome. Mein Bruder hieß Gerome Fissor ... Oh warten Sie, sehen Sie hier das Foto. Das ist meine Tochter Nicole. Sie sieht aus wie ihr Onkel Gerome. Sehen Sie, und das sind meine Enkel! Jaque ist 12 Jahre und Mercedes ist 9. Und beide duften so sehr nach ... Hallo, warum gehen Sie denn weg! Wohin pflanze ich denn nun meinen Thymian für Gerome?! Ich habe ihn doch für ihn von zu Hause mitgebracht ...

Jasmin Buterfas im Juni 2004

In der nahen Zukunft hatte auch ich Gelegenheit, diesen Herrn S. kennenzulernen. Als ich mit einem Journalisten der Hamburger Morgenpost vor Ort war und dieser ein paar Fotos machen wollte, trat Herr S. an den Zaun heran und wollte dem Journalisten die Faust ins Gesicht schlagen. Zum Glück konnte ich den Journalisten gerade noch rechtzeitig zurück ziehen.

Zwischenzeitlich gab es auf dem Gelände auch eine kleine Lagerkirche und einen Grabstein, der zu Ehren der ermordeten Kriegsgefangenen aufgestellt wurde. Hier hatte es zuvor aber große Probleme mit der ansässigen Gemeinde gegeben, in der sicherlich auch einige Hardliner vertreten waren. Die Mitglieder des Gedenkstättenvereins beabsichtigten nun, auf diesem Grabstein auch die mehr als 6.000 jüdischen Häftlinge, die in das KZ-Auffanglager nach Sandbostel kamen, zu erwähnen. Dies aber lehnte die Gemeinde kategorisch ab. Sie wird wohl ihre guten Gründe dafür gehabt

Ivar Buterfas mit seiner Tochter Jasmin
(Quelle: Wochenzeitschrift für Mölln und Umgebung vom 18. November 1998; Foto: Klein)

haben, dass die schreckliche Geschichte ihres Ortes nicht weiter an die Öffentlichkeit transportiert werden sollte. Bevor es aber zu einer deutlich größeren Eskalation kam, hatte man doch eingelenkt, und die Ergänzung wurde vorgenommen.

Auch gab es eine Auseinandersetzung mit einer Dame aus Hannover, die den Holocaust überlebt hatte, deren Vater aber als Häftling des KZs Neuengamme nach Sandbostel kam. Sie hatte bei der Gemeinde beantragt, auf dem neuen Kriegsgräberfriedhof ein Kreuz zur Erinnerung an ihren Vater aufstellen zu dürfen. Dies wurde ihr verweigert mit der Begründung, „sowas" hätte an diesem Ort nichts zu suchen. Zwischen den beiden Parteien entbrannte ein heftiger Streit. Schließlich gab die Gemeinde dem Wunsch der Dame statt, weil die Verantwortlichen größeres Aufsehen in der Öffentlichkeit vermeiden wollten.

Natürlich vertraten nicht alle Mitglieder der Gemeinden Sandbostel, Selsingen, Bremervörde und der näheren Umgebung die Auffassung, man habe lange genug über die Vergangenheit geredet und sie müsse beerdigt werden. Auch unter den Gemeindemitgliedern gab es eine Menge Leute, die mit Dr. Kohlrausch, Dr. Volland und ihren Vereinsmitgliedern sympathisierten.

Nach alldem, was ich bisher über Sandbostel gehört und auch recherchiert hatte, war ich nun äußerst gespannt, dieses ehemalige Schreckenslager persönlich in Augenschein zu nehmen. Wir verließen das Büro des Gedenkstättenvereins in Bremervörde, dieses winzig kleine Museum, in das der Verein gesteckt wurde, um ihn mundtot zu machen, und fuhren in einer Kolonne in Richtung Sandbostel. Der Weg führte uns über viele Wiesen und Felder, wir überquerten Bäche und fuhren anschließend durch den Ort Sandbostel.

In der Nähe des ehemaligen Strafgefangenen- und KZ-Auffanglagers kündigte ein großes Schild in großen Lettern das Gewerbegebiet Immenhain an. Wie man aus einem solchen Todeslager ein Gewerbegebiet machen kann, noch dazu eines, das unter Denkmalschutz steht, bleibt mir ein großes Rätsel. Wie sich die verantwortlichen Regierungen in Hannover nacheinander von dieser alten Geschichte lossagen wollten, bleibt nach wie vor – gemessen an dem, was sich in dem Lager abgespielt hat – wohl das zweite große Verbrechen im 21. Jahrhundert.

Am Beginn der Lagerstraße sah ich als erstes ein großes, gepflegtes Gelände mit einem massiven Steinbau, eine große Baracke. Das gehörte der Straßenmeisterei, war mit schönen Beeten angelegt und sehr sauber. In diesem Teil des Lagers hatten sich früher die Kommandantur, die Aufsicht, die SS und die Wehrmacht befunden.

Bevor wir nun über die Lagerstraße weiter in das Lagerinnere eindrangen, sagte ich meinen Begleitern, inzwischen möchte ich sie meine Freunde nennen, dass dies der ideale Platz für eine zukünftige Trauer- und Gedenkstätte wäre.

Natürlich ärgerte ich mich auch über das Hinweisschild „Kriegsgräberstätte" und beschloss, dem verantwortlichen Landrat deutlich zu machen, dass er alle seine Verbindungen aufnehmen muss und dafür zu sorgen hat, dass aus der Kriegsgräberstätte ein Lagerfriedhof gemacht wird. Zumindest aber muss der Teil, in dem die ermordeten Juden ruhen, die aus dem ehemaligen KZ Neuengamme über die Todesmärsche nach Sandbostel kamen, als Lagerfriedhof benannt werden. Ein vernünftiges Gespräch in dieser Hinsicht ist aber nie zustande gekommen.

Gegenüber der ehemaligen Kommandantur, dem gepflegtesten Teil der Anlage, befand sich ein altes Backsteingebäude und daneben größere Lagerhallen, die von einem Holz- und Baustoffhändler genutzt wurden, der dieses Gelände ebenfalls käuflich erworben hatte.

Er war ein Mann, den, wie sich später herausstellen sollte, man sicherlich zu der Kategorie der ewig Gestrigen und Bequemen zuordnen konnte. Ein von uns gewünschtes Gespräch wurde sofort von ihm abgelehnt.

Dr. Volland erläuterte mir dann, welchem Zweck dieses Backsteingebäude gedient hatte. Hier hatte sich für die gesamten Lagerinsassen die Entlausungsanstalt befunden. Fast 1 Million Häftlinge wurden hier durchgeschleust. Der jetzige Besitzer hat dann diese ehemalige Entlausungsanstalt umgebaut und nutzt es für sich und seine Familie als Wohnhaus. Um ein solches Verhalten zu kommentieren, fehlen mir einfach die Worte.

Nach etwa weiteren 50 Schritten blieb ich wie angewurzelt stehen. Vor mir breitete sich eine Barackenlandschaft von beeindruckenden Dimensionen aus. Die Baracken standen sowohl parallel als auch quer zur Hauptstraße. Es gab auch Seitenwege, von denen einer zum Wohnhaus des vorab erwähnten Herrn S. führte, der die Baracken des Großhändlers verwaltet.

Gegenüber von diesem Gebäude befand sich eine größere Baracke von etwa 50 Metern Länge und 15 Metern Breite. Hier, so berichtete man mir, soll vor längerer Zeit auch schon einmal ein Bordell betrieben worden sein.

Insgesamt bekam ich nun an die 30 zum Teil noch gut erhaltene Baracken zu sehen. Natürlich hatte die Zeit auch hier ihre Spuren hinterlassen. Fallrohre und Rinnen waren nicht mehr intakt, auf einigen Dächern war Bewuchs von Gras und kleinen Sträuchern. Einige der Dächer neigten sich bereits, andere waren zum Teil bereits eingestürzt. Insgesamt war der bauliche Zustand als bedenklich zu bezeichnen.

Wahrscheinlich aber war auch beabsichtigt, dass alles irgendwann einmal in sich zusammenfällt. Dann würde man nicht mehr über dieses Gelände sprechen, und auch der Besucherstrom würde endlich abreißen. Durch den Beitritt weiterer 15 Nationen in die Europäische Gemeinschaft gab es nämlich weitere Hinterbliebene, die dank der

Patenschaft für Gedenkstätte in Sandbostel

Sandbostel/Hamburg (ts). Die Hamburger Gedenkstätte St. Nikolai will die Patenschaft für eine Gedenkstätte für das ehemalige Kriegsgefangenenlager in Sandbostel übernehmen. Dies teilte Ivar Buterfas, Ehrenpräsident des Förderkreises „Rettet die Nikolaikirche", der BZ mit. Die Hamburger Gedenkstätte ist den Opfern des Hamburger Feuersturms im Zweiten Weltkrieg gewidmet.

Zum 61. Jahrestag wird das Oratorium „Null Neunzehn" von Michael Batz (Text) und Igor Zeller (Musik) am kommenden Sonnabend in der St.-Nikolai-Gedenkstätte von Mitgliedern des Motettenchors der Christianskirche Altona aufgeführt. Zu den Sprechern gehört unter anderem der Schauspieler Rolf Becker. Die Veranstaltung beginnt um 23 Uhr.

Um 0.19 Uhr begannen am 24. Juli 1944 die Alliieriten unter dem Decknamen „Gomorrha" mit der Zerstörung Hamburgs. „Das Oratorium erzählt von der Kraft der Versöhnung am Ort der Zerstörung und ist zugleich die Vision einer Stadt, die wir in uns tragen und die nicht durch Krieg vernichtet werden kann", heißt es in einer Pressemitteilung der „Gedenkstätte St. Nikolai".

nun gewonnenen Reisefreiheit die Möglichkeit hatten, den Ort aufzusuchen, an dem ihr Ehemann, ihr Bruder, ihr Schwager oder Onkel zu Tode gekommen ist.

Die ganze Landschaft kam mir mehr als unwirklich vor. Ich hatte irgendwie den Eindruck, mich in einer Kulisse zu befinden, wie sie für einen Steven-Spielberg-Film aussehen könnte. Aber es war Realität, es war grausame Wirklichkeit.

Langsam kroch in mir nicht nur Unverständnis hoch, sondern auch kalte Wut auf die Leute, die dafür verantwortlich waren, ein solch schreiendes Unrecht zu dulden. Gerade zu einem Zeitpunkt, zu dem man in Neuengamme endlich ein altes Kapitel geschlossen hatte, indem man die Haftanstalt JVA von diesem Gelände an einen anderen Standort verlegt hatte. Das geschah im Jahre 2005, und mittlerweile hat Neuengamme wieder ein repräsentatives Aussehen.

In Sandbostel eine würdige Stätte der Trauer nach dem Vorbild von Neuengamme oder Bergen-Belsen für die Hinterbliebenen auf der ganzen Welt zu schaffen, deren Männer in diesem schrecklichen Lager ihr Leben gelassen hatten, war längst fällig. Zum Erreichen dieses Ziels war es aber sicherlich noch ein dornenreicher Weg, der mit den Verantwortlichen zu gehen war.

Ich hielt mich mit meinen Freunden vom Gedenkstättenverein und mit meiner Frau fast 2 Stunden auf dem Gelände auf. Es war mir deutlich geworden, wenn hier eine dringend erforderliche Änderung stattfinden soll, musste ich alle meine verfügbaren Verbindungen mobilisieren. Ich betrachtete alles und nahm so viel in mich auf, wie möglich. Innerlich war ich davon überzeugt, dass es meine moralische Verpflichtung ist, mich diesen anständigen Männern anzuschließen, die sich im Kampf für eine Gedenkstätte zum Teil den Hass ihrer Mitbürger zugezogen hatten.

Dr. Volland nahm als erster wieder das Gespräch auf und bat meine Frau und mich bei einer Tasse Kaffee noch einmal zu einer Besprechung. Wir nahmen diese Einladung dankend an und kehrten zurück nach Bremervörde.

Schon auf der 20 km langen Fahrt nach Bremervörde hatte ich meiner Ehefrau gesagt, dass ich mir überlegen werde, wie diesen Freunden zu helfen sei. Durch einen Appell an die Moral und an die Vernunft müsste doch gegen allen Widerstand zumindest auf einem Teil des Stalag XB eine Stätte geschaffen werden können, in der sich Trauernde aus aller Welt von ihren Liebsten verabschieden können.

Dr. Kohlrausch fragte mich, ob es mir nicht aufgrund meiner Erfahrungen und Verbindungen möglich sei, gemeinsam mit dem Vereinsvorstand ein Konzept zu erarbeiten, wie man hier das Eis, das die Unbelehrbaren umgibt, aufbrechen kann.

Natürlich hatte ich längst einen Plan gefasst, weil ich wusste, wie man mit solch einer Kategorie Mensch umgeht. Die Strategie, welche die Verantwortlichen in Niedersachsen und speziell in Sandbostel betrieben, war schließlich ganz simpel.

Hatte jemand den Mut, gegen dieses Unrecht anzukämpfen, wurde er kleingeredet. Über die Vergangenheit sollte Gras wachsen und dazu gehörte, dass die Baracken endlich zusammenfallen. In manchen Baracken, so hatte ich beobachtet, waren Schafe untergebracht, deren aggressiver Mist natürlich das Mauerwerk angreift und den Verfall der Baracken beschleunigt. Ich hatte den Eindruck, dass hier entsprechend nachgeholfen wurde, was jedoch nur spekulativ ist, denn beweisen lässt sich das natürlich nicht.

In einer der Lagerhallen des Großhändlers wurden auch Giftstoffe gelagert. Heimliche Aufzeichnungen, die gemacht wurden, wenn der Verwalter Herr S. nicht in der Nähe war, belegen dies. Folglich war mir klar, dass das einzige, wovor diese Leute Angst hätten, die Öffentlichkeit wäre.

Es musste mir also gelingen, in Hamburg die Medien zu mobilisieren und in einer großen Pressekonferenz zu berichten, was sich nur knapp 75 Kilometer von Hamburg entfernt abspielt. Es musste publik gemacht werden, mit welch unglaublicher Unverfrorenheit, welcher Abgebrühtheit und Rücksichtslosigkeit dieser Teil der deutschen Geschichte totgeschwiegen wird.

Mit einer großen Pressekampagne musste man den Verantwortlichen in Niedersachsen und in Sandbostel klarmachen, dass sie den Gedenkstättenverein nicht bekämpfen, sondern seine Arbeit unterstützen sollen, weil sie anderenfalls nie wieder aus den negativen Schlagzeilen herauskämen.

In Hamburg nahm ich dann Kontakt zu verschiedenen Tageszeitungen auf und berichtete über die haltlosen Zustände in Sandbostel, gegen die nun endlich etwas unternommen werden muss. Ich sagte den anwesenden Journalisten, dass ich alle meine Verbindungen und meine ganze Kraft einsetzen werde, damit hier der entsprechende Umbau beginnt.

Mit den Journalisten der Bremer Bildzeitung, der Hamburger Morgenpost, des Hamburger Abendblatts, der Welt und der Harburger Anzeigen und Nachrichten vereinbarte ich ein Treffen vor Ort in Sandbostel. Auch ein lokaler Hamburger Fernsehsender begleitete mich zu diesem Termin. Den Journalisten verschlug der Anblick dieses Gefangenen- und KZ-Auffanglagers ebenso die Sprache wie mir, als ich es zum ersten Male gesehen hatte.

Sie wollten verständlicherweise Gespräche mit den Gewerbetreibenden führen, insbesondere mit dem Inhaber der Holz- und Baustoffhandlung. Den Mitarbeiter des Hamburger Fernsehsenders habe ich noch ausdrücklich gebeten, nicht das Grundstück des Eigentümers zu betreten, weil es dazu kein Recht gibt und sonst der Tatbestand des Hausfriedensbruch erfüllt wird. Der Journalist aber ließ sich nicht abhalten. Er wollte unbedingt mit dem Inhaber reden und vor allem wissen, wie er und seine Familie sich in der für wohnliche Zwecke hergerichteten Entlausungsanstalt fühlen. Er wurde gleich so empfangen, dass es nur noch wenige Sekunden gedauert hätte, bis der Eigentümer ihn mit einer Dachlatte verprügelt hätte. Die Journalisten verließen einige Aufnahmen machend das Grundstück des Holzhändlers, der mit unflätigen Worten hinterher pöbelte, aus denen man wirklich noch den braunen nationalsozialistischen Unrat erkennen konnte.

Nicht anders spielte es sich bei Herrn S., dem Verwalter der Firma, ab. Dieser Mann war äußerst empört darüber, dass sich überhaupt noch jemand für die Vergangenheit interessiert. Seiner Meinung nach hätten es die Menschen, die hier eingesperrt waren, gar nicht so schlecht gehabt. Teilweise würden sie sich wie im Urlaub gefühlt haben.

Auf die ermordeten 6.000 Juden ging er überhaupt nicht ein. Nun wurde er so rabiat, dass er einem Journalisten der Hamburger Morgenpost, wie schon erwähnt, fast die Faust ins Gesicht geschlagen hätte, wenn ich den Reporter nicht noch rechtzeitig zurück gerissen hätte.

Die Hamburger Morgenpost brachte gleich am folgenden Tag eine fast 2 Seiten umfassende Berichterstattung. Sie prangerte die ungelösten Probleme und die Zustände an und bezeichnete sie als Schande für Niedersachsen. Herrn S. titulierte die Morgenpost als Blockwart von Sandbostel.

Da die Hamburger Tageszeitungen teilweise auch in Sandbostel erschienen, hatten die Sandbostler ebenfalls Gelegenheit, diese Berichte zu lesen. Nun waren sie aufgescheucht. Nun war es vorbei mit der Unterschlagung dieses schrecklichen Kapitels deutscher Geschichte in Niedersachsen.

Es gab Stürme der Entrüstung. Wie man es sich erdreisten könne, eine solche Berichterstattung zu bringen, wer Herr Buterfas überhaupt sei und was vor allen Dingen es ihn anginge, wurde gefragt. Die Angelegenheit sei Sache der Gemeinde Sandbostel, die sich bereits bemüht habe, indem sie eine Kriegsgräberstätte angelegt hat. Man war also uneinsichtig in jeder Beziehung.

Nun jährte sich der Tag der Befreiung des Lagers Sandbostel. Auch in den Jahren zuvor war der Jahrestag begangen worden. Jedes Mal kamen einige wenige Menschen zusammen: Überlebende und Angehörige der im Lager Umgekommenen und selbstverständlich die Freunde vom Gedenkstättenverein.

Dieses Mal aber sollte alles anders sein. Am Jahrestag der Befreiung waren etwa 20 Pressevertreter und verschiedene Fernseh- und Rundfunksender anwesend. Zu dieser Veranstaltung war auch ich offiziell vom Gedenkstättenverein eingeladen worden mit der Bitte, ein paar Worte an die Anwesenden zu richten.

In meiner Rede machte ich unmissverständlich klar, dass ich mich mit aller Kraft dafür einsetzen werde, dass hier endlich eine Trauer- und Gedenkstätte entstehen wird. Ich machte deutlich, dass ich nicht locker lassen werde und auch die Verantwortlichen in der Regierung Niedersachsens aufscheuchen werde.

Für meine Ansprache hatte ich mir mein Bundesverdienstkreuz angelegt und daneben ein Relikt der Nationalsozialisten – den Judenstern. Etwas derartiges hat natürlich seinen Eindruck bei den Anwesenden hinterlassen. Auch meine Frau Dagmar legte in Erinnerung an ihren ermordeten Vater, der in Buchenwald als Jude und politischer Häftling ermordet wurde, den Judenstern an.

Ich legte noch einmal die Gründe dar, weshalb ich dafür bin, dass man hier einen Teil des ehemaligen Stalag XB zu einer Gedenkstätte umwandelt, nämlich um den Hinterbliebenen einen Ort der Trauer zu schaffen, an dem sie ihren Liebsten nahe sein können. Ich wies auch darauf hin, dass es auf dem gesamten Lagergelände immer noch menschliche Überreste gibt und somit quasi das gesamte Gelände ein Friedhof ist. Zum ersten Male waren zu dieser Veranstaltung wohl mehr als 1.000 Menschen gekommen.

Mit dem Stellvertreter des Landrats hatte ich noch einen heftigen Disput. Ich bedeutete ihm, dass es doch wohl ein Akt der Menschlichkeit wäre, wenn sich die Straßenmeisterei aus dem Gebäude im vorderen Bereich zurückziehen würde, um es für einen Aufenthaltsraum, ein kleines Museum und eine Geschichtswerkstatt freizumachen. Die nachfolgenden Generationen hätten dann eine Einrichtung, in der sie zumindest erahnen könnten, welch schreckliche Dinge sich hier abgespielt haben. Es sei wichtig, für Demokratie und Toleranz zu kämpfen, gerade bei ständig wachsendem Ruck nach Rechts.

Der Stellvertreter des Landrats sagte mir, dass damit überhaupt nicht zu rechnen sei und unterstrich, dass auch der Landrat mir schon einmal klargemacht hatte, dass er diesem Wunsch auf gar keinen Fall entsprechen könnte.

Es lag nicht an fehlenden Mitteln, das sei in aller Deutlichkeit gesagt, denn man kann selbst mit den bescheidensten Finanzen etwas tun. Vor allem, wenn man seine Bereitschaft zeigte, wäre das schon ein ganz wesentlicher Schritt zur Versöhnung. In dieser Richtung aber war von diesen uneinsichtigen Herren nichts zu erwarten.

Auch von den verantwortlichen Gemeindevertretern gab es überwiegend die Ansicht, dass ich mich in Sachen einmische, die mich gar nichts angehen. Sie waren der Meinung, ich würde den Frieden stören und diese Menschen abstempeln, als ob sie Teufel wären. Das war alles andere als meine Absicht. Was ich wollte, habe ich mehr als deutlich gesagt. Wenn es dafür kein Verständnis gibt, gibt es andere Mitel und Wege.

Urplötzlich erhielt ich gemeinsam mit einigen Verantwortlichen aus dem Gedenkstättenverein die Einladung in den Landtag nach Hannover, um dort noch einmal meine Meinung zu dem Komplex Sandbostel deutlich zu machen.

Ich kann nicht mehr genau sagen, ob diese Einladung schon auf das Eingreifen von Herrn Ministerpräsidenten Christian Wulff zurückging. Der Landtag, der große Sitzungssaal, war voll besetzt. Die eine Hälfte bestand aus Pressevertretern, die anderen habe ich namentlich nicht mehr im Gedächtnis. Nur an einen erinnere ich mich noch ganz besonders. Es war der ehemalige Ministerpräsident des Landes Niedersachsen, Herr Sigmar Gabriel. Heute verbindet uns eine enge Freundschaft.

Die anwesenden Politiker machten alle deutlich, dass das eine wichtige Mission sei und man dort wirklich eine Gedenkstätte einrichten müsse. Die Verantwortlichen von Sandbostel würden aber wegen fehlender Mittel an das Land Niedersachsen verweisen und auch das Land Niedersachsen habe dafür bedauerlicherweise kein Geld. Als Sigmar Gabriel das Wort ergriff, freute ich mich natürlich, dass er deutlich machte, es sei längst an der Zeit, in dieser schrecklichen Sache Sandbostel etwas zu unternehmen.

Als ich zu Wort kam, setzte ich da an, wo Sigmar Gabriel aufgehört hatte. Ich bedankte mich bei ihm für seine unterstützenden Worte, machte ihm aber auch klar, dass er ja lange Zeit der Landesvater Niedersachsens war. Somit hatte er damals nicht nur die Verantwortung, sondern auch die Möglichkeit, im Rahmen seines Amtes erforderliche Schritte einzuleiten. Heute, wo er der Opposition angehört, so unterstrich ich, sind das natürlich relativ leichte Worte. Herr Gabriel ergriff erneut das Wort und regte an, ich solle doch meine Verbindungen in Hamburg aktivieren und mich zudem mit meinen Erfahrungen, die ich mit dem Mahnmal St. Nikolai erworben habe, in den Dienst der guten Sache stellen. Er würde dann an meiner Seite sein. Ich machte ihm klar, dass ich ihn beim Wort nehme und diese Aussage nicht als Lippenbekenntnis betrachte.

Sigmar Gabriel und Ivar Buterfas

Ich verdeutlichte Herrn Sigmar Gabriel, dass ich seine Worte ernst nehme und in Kürze, wenn ich eine entsprechende Strategie entwickelt habe, auf ihn zukommen würde. Dr. Kohlrausch, Dr. Volland, Karl-Heinz Buck, meine Frau und ich zogen uns noch für einen Moment in ein Café in der Nähe des Parlaments zurück, da wir nun getrennt unsere Heimreise antreten würden.

Bevor wir uns verabschiedeten, stellte ich noch einmal fest, dass wir in Sigmar Gabriel nun einen neuen Mitstreiter gewonnen haben. Zwar gehörte er der Opposition an, wir aber würden ihn an seinen Taten messen. Meine Freunde staunten mich respektvoll an und wussten, was sie auch zum Ausdruck brachten, dass das Projekt Sandbostel nun in guten Händen ist.

Mehr als 60 Jahre hatten es die ewig Gestrigen verstanden, das Thema Sandbostel unter den Tisch zu kehren, unterm Kessel zu halten. Mir war klar, dass man sie nur mit einem gewissen sanften, aber steuerbaren Druck aus der Öffentlichkeit zum Einlenken bewegen könnte. Bestenfalls, aber kaum vorstellbar, würden aus Feinden für die gemeinsame Sache Freunde werden.

Deshalb nahm ich Kontakt zu meinem Freund Adolf Klement auf, dem Österreichen Generalkonsul, der mittlerweile Doyen geworden war. Als Doyen bezeichnet man den dienstältesten Generalkonsul, also jenen, der schon am längsten im Land ist. Als Wortführer des gesamten konsularischen Corps hatte er die Möglichkeit, Kontakte zu allen konsularischen Vertretungen herzustellen. Meine Idee war, eine internationale Konferenz einzuberufen, die im Dokumentationszentrum von St. Nikolai stattfinden sollte.

Auch die Gegenseite, anders kann ich sie nicht bezeichnen, hatte ebenfalls schon ein bisschen aufgerüstet. Man merkte auch die Unruhe in Hannover und man merkte, dass da etwas Hässliches auf sie zukam.

Inzwischen hatte ich einen Brief an den damaligen Bundeskanzler Gerhard Schröder geschrieben und ihn um Unterstützung gebeten. Von seinem persönlichen Referenten bekam ich eine nette Antwort mit dem Inhalt, dass Herr Schröder entsetzt darüber ist, was sich in Sandbostel abspielt. Diese Verhältnisse seien ihm nicht bekannt gewesen. Ich wusste also, wenn wir Erfolg haben wollten, war nur dieser Weg weiter zu beschreiten, den ich jetzt anvisiert hatte.

Den österreichischen Generalkonsul hatte ich in einem persönlichen Gespräch bereits ausführlich über Sandbostel informiert und bat, doch bitte unbedingt auch den tschechischen, polnischen und russischen Generalkonsul einzuladen. Adolf Klement versprach mir, innerhalb der nächsten 3, 4 Tage ein Vorabgespräch in seinem Büro zu arrangieren und freute sich schon auf meinen Besuch.

Ich schilderte den anwesenden Konsuln, was sich noch heute im Jahre 2003 in Sandbostel abspielt, machte sie auf die unmöglichen Verhältnisse aufmerksam und auf die Art und Weise, wie man dort mit der Vergangenheitsbewältigung umging. Alle anwesenden Konsuln bekundeten sofort großes Interesse, dieses Lager persönlich zu besichtigen. Der russische und der polnische Konsul (allein Polen hatte über 20.000 tote Soldaten in diesem Lager zu beklagen) sagten sofort ihre Teilnahme an der geplanten Konferenz im Dokumentationszentrum von St. Nikolai zu. Auch die übrigen konsularischen Vertreter bekundeten jede erdenkliche Unterstützung. Zu dieser Konferenz wurden etwa 30 Konsulate angeschrieben, von

Gedenkstätte: Bundeskanzler soll helfen

Es ist der unermüdliche Kampf gegen das Vergessen: Ivar Buterfas (71), Gründer des Vereins „Rettet St. Nikolai" hat einen offenen Brief an Bundeskanzler Gerhard Schröder (SPD) geschrieben. Darin bittet der Holocaust-Überlebende den Kanzler, sich persönlich für die Errichtung einer Trauer- und Gedenkstätte auf dem Gelände des früheren Kriegsgefangenen- und KZ-Auffanglagers Sandbostel einzusetzen.

„Es ist eine Schande für die Bundesrepublik, dass Trauernde aus aller Welt ohne Rücksicht auf das Alter von den dortigen Gewerbetreibern mit Gewalt verjagt werden", schreibt Buterfas, der sich im Februar bereit erklärte, den Gedenkstättenverein Sandbostel zu unterstützen. Momentan ist das Gelände, auf dem mehr als eine Million Menschen untergebracht und bis zu 50 000 von den Nazis ermordet wurden, ein Gewerbegebiet. Die Gebäude befinden sich in privater Hand, für Angehörige und Überlebende ist der Zutritt verboten. Eine Gedenkstätte wurde auf Grund von Streitigkeiten in der Landesregierung nie errichtet.

„Ich halte es für die Pflicht des Kanzlers, der lange Zeit Ministerpräsident in Niedersachsen war, das Versäumte nachzuholen", sagt Buterfas, der auf einen ersten Brief nur eine unzureichende Antwort bekommen habe. „Ich bitte Schröder kraft seines Amtes um Unterstützung." (jb)

denen 16 ihre Teilnahme zusagten. Auch die Presse erhielt eine Einladung, die schon im Vorfeld von der anstehenden Zusammenkunft berichtete.

Natürlich hatten auch die Sandbostler mitbekommen, was von Hamburg ausging und was in ihre Richtung tendierte. Sie hatten sich in den Medien informiert und wussten, was es zukünftig bedeutete, weiterhin zu mauern und die Arbeit des Gedenkstättenvereins nicht zu unterstützen.

Vor der geplanten Konferenz gab es auch noch ein Gespräch mit dem Landwirtschaftsminister, Herrn Ehlen, der seinen Wahlkreis in Bremervörde hatte und zur Regierung des Ministerpräsidenten gehörte. Herr Ehlen war bemüht, wie er sich ausdrückte, den Druck vom Kessel zu nehmen. Aber mich zu beruhigen, war in dieser Phase nicht mehr möglich. Der Zug stand derart unter Dampf, dass er nicht mehr aufzuhalten war. Es ging jetzt nur noch in eine Richtung. Die Gedenkstätte Sandbostel hatte es längst verdient, eingerichtet zu werden. Sie war mehr als überfällig. Herr Minister Ehlen und ich haben ausführlich bei diesem Arbeitsessen über die Zukunft Sandbostel gesprochen. Er sagte seine Hilfe zu und wir wollten uns bald noch einmal zusammensetzen.

Die Konferenz im Dokumentationszentrum war natürlich auch für die Medien hoch interessant. Selten bekamen sie bei einer Veranstaltung so viele konsularische Vertreter vor ihre Fotoapparate (Norwegen, Dänemark, Niederlande, Polen, Tschechei und Österreich, um nur einige wenige zu benennen). Viele der Konsuln, die ihrerseits Erkundigungen über Sandbostel eingeholt hatten, meldeten sich zu Wort und meinten, dass sie sich kurzfristig auch vor Ort umsehen werden. Sie unterstützen in jeder Beziehung meine Arbeit und vor allem auch die Arbeit des Gedenkstättenvereins.

Am Schluss der Sitzung, die bei allen große Zuversicht ausgelöst hatte, dass es doch noch eine vernünftige Lösung in der nächsten Zeit geben würde, sprachen mich 2 Herren an. Sie waren vom Ministerpräsidenten gebeten worden, sich im Raum Sandbostel und Selsingen mit all den Gemeindemitgliedern zu unterhalten, die sich gegen eine Gedenkstätte ausgesprochen hatten. Die Befragten verschanzten sich nun jedoch hinter der angeblich widerwärtigen Berichterstattung, die aus diesen Menschen Bösewichte machte, die nun alles erdenklich Mögliche tun würden, um eine solche Einrichtung zu verhindern. Die übliche Leier eben.

Der Friedenspreisträger gibt den Sandbostelern noch bis zum 22. Juli Zeit. Dann muss die Entscheidung für eine Gedenkstätte im ehemaligen KZ-Auffanglager fallen. Sonst droht er mit mächtig Ärger

Das Lager Anfang der 40er Jahre. In diesen Holzbaracken wurden die Gefangenen zusammengepfercht

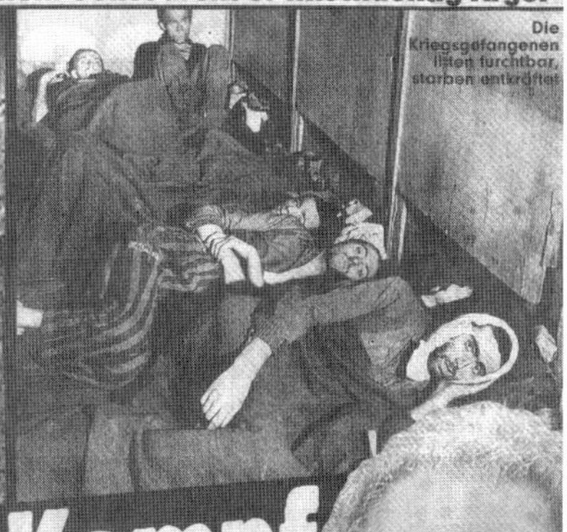

Die Kriegsgefangenen litten furchtbar, starben entkräftet

Ivar Buterfas Sein Kampf gegen das Vergessen

Von ALEXANDER MERTENS

Die Schande von Sandbostel. Die Einwohner des 700-Seelen-Dorfs wollen nicht an die Gräueltaten der Nazis erinnert werden, wehren sich gegen eine Gedenkstätte in dem ehemaligen KZ-Auffanglager (BILD berichtete).

Doch jetzt wird's ungemütlich für sie.

Denn der Hamburger Jude Ivar Buterfas (71) kämpft weiter vehement um eine Gedenkstätte für die 50 000 Menschen, die hier bis 1945 qualvoll starben: „Das ziehe ich durch. Und wenn es das Letzte ist, was ich tue."

Der Friedenspreis- und Verdienstkreuz-Träger will Alarm schlagen, wenn die Politiker des Landkreises der Gedenkstätte nicht bis 22. Juli zustimmen. „Dann rücke ich mit Generalkonsuln aus über 60 Ländern und 170 internationalen Pressevertretern an. Das wird ein europaweiter Eklat, der Ort wird nicht mehr aus den Schlagzeilen kommen."

So berichtete BILD gestern über den Skandal

Auch Promis wie die Schauspieler Volker Lechtenbrink, Rolf Becker (Vater von Ben Becker) und Regisseur Jürgen Roland unterstützen ihn.

Aber noch ist das ehemalige Lagergelände ein Gewerbegebiet. Ein Teil gehört dem Landkreis Rotenburg. Dort, in den ehemaligen Aufseherbaracken, ist unter anderem die Straßenmeisterei ansässig. Buterfas: „Da wollen wir eine Cafeteria und Aufenthaltsräume einrichten, Ausstellungen Vorträge und Filmvorführungen abhalten."

Den anderen Teil hat der saarländische Geschäftsmann Bernhard Edelmann (66) 1974 gekauft. In den denkmalgeschützten Baracken lagert der Militaria-Händler tausende Gasmasken, Fliegeranzüge, und NVA-Uniformen. Buterfas: „Ein Skandal." Er will die Gebäude erhalten und 46 Gedenksteine aufstellen. Einen für jedes Land, das in Sandbostel Tote zu beklagen hatte.

Aber warum ausgerechnet in diesem abgelegenen Dorf? Buterfas: „Hier ist einer der schlimmsten Völkermorde der Geschichte passiert, die Leichenberge haben sich damals himmelhoch getürmt. Daran muss man erinnern, damit es nie wieder geschieht."

Warum bloß wollen sich die Sandbosteler nicht erinnern? Buterfas: „Das ist das so genannte ‚Dachau-Syndrom'. Je näher die Menschen an solchen Stätten wohnen, desto schlechter gehen sie damit um. Sie verdrängen, statt zu verarbeiten."

Wie recht Buterfas hat. Ein Dorfbewohner gestern zu BILD: „Das Lager hätte man direkt nach dem Krieg gleich plattmachen sollen. Dann hätten wir hier unsere Ruhe."

Ivar Buterfas wird dafür sorgen, dass es nicht dazu kommt...

Ivar Buterfas kämpft unermüdlich für die Gedenkstätte

Bei den beiden Herren handelte es sich um Persönlichkeiten des öffentlichen Dienstes, die aber nicht mehr im Amt waren. Im Eifer des Gefechts machte ich ihnen zuerst klar, dass ihr persönlicher Einsatz eigentlich 50 Jahre zu spät kam. Sie hätten sich damals um die Leute bemühen müssen, die in ehrlicher Absicht eine Gedenkstätte einrichten wollten, um der Würde der Toten gerecht zu werden.

Die beiden Herren waren von ausgesuchter Höflichkeit und baten mich, die Angelegenheit, die schon so viel Staub aufgewirbelt hatte, in aller Ruhe besprechen zu können. Daraufhin antwortete ich, dass ich nicht die Absicht habe, weitere 60 Jahre zu warten. Dies, so die Herren, würde auch nicht der Fall sein. Im Gegenteil: Die Angelegenheit würde von höherer Warte aus schnellstens betreut und unterstützt. Vorab schon einmal an mich der Dank für meinen Einsatz. Bei so viel Hohn wäre ich fast an die Decke gegangen.

Von diesen Floskeln ließ ich mich jedoch nicht beeindrucken und stellte klar, dass der kleine Gedenkstättenverein, vertreten von Herrn Dr. Kohlrausch, Herrn Dr. Volland und Herrn Karl-Heinz Buck, 10 Jahre lang versucht habe, vernünftig mit den Verantwortlichen zu reden. Was dabei herausgekommen ist, liegt auf der Hand: Der Verfall einer Stätte, die erhalten bleiben muss, damit unsere nachrückenden Generationen sehen können, welche Verbrecher von 1933 bis 1945 unser Land ins Elend geführt haben.

Natürlich hatten die Herren für meine Ansicht Verständnis und wussten auch um meine Biographie. Ich erklärte ihnen, dass mir nichts lieber wäre, als ein vernünftiger Kompromiss. Nichts wäre mir zudem lieber, als dass die Leute, die nun so fürchterlich beleidigt und empört über mein Verhalten sind, endlich Einsicht zeigen. Ich habe schließlich nichts Schlimmes getan; ich habe lediglich angestrebt, endlich die Errichtung einer Gedenkstätte zu veranlassen. Hätte ich die Maßnahmen, für die ich kritisiert werde, nicht ergriffen, wären wir bis heute keinen Schritt weiter. Das mussten die Herren natürlich unumwunden zugeben, baten aber dennoch, noch einmal in aller Ruhe ein persönliches Gespräch mit mir führen zu wollen. Dem stimmte ich selbstverständlich zu, konnte allerdings noch keinen verbindlichen Termin benennen.

Jetzt überschlugen sich die Ereignisse: Plötzlich war Verhandlungsbereitschaft von allen Seiten, aus allen Ecken und Kanten signalisiert worden. Nachdem diese internationale Konferenz stattgefunden hatte und alle Nationen, die teilnahmen, deutlich gemacht hatten, welchen Blutzoll sie gezahlt haben und wie viele Menschen aus ihrem Lande dort umgekommen waren, hatte man wohl begriffen, dass nun der längst fällige Zeitpunkt gekommen war, die entsprechenden Verhandlungen zu führen.

Ich erhielt einen Anruf von Dr. Volland, der mir deutlich machte, dass jetzt der Umbruch vor der Tür steht. Man war im Begriff, eine Stiftung zu gründen. An der Stiftungsversammlung nahm ich selbstverständlich teil. Das sahen einige jedoch nicht gern, was ich an ihrem Verhalten spürte. Auch spürte ich, dass diese Stiftung, jetzt nach fast 60 Jahren, von einigen völlig widerwillig ins Leben gerufen wurde. Wenn sie es gewollt hätten, hätten sie es nämlich schon viel früher tun können, und zwar ohne den sanften Druck über die Öffentlichkeit. Herr Ehlen führte die Versammlung, freute sich über die Teilnehmer und begrüßte natürlich auch mich recht herzlich als einen der Initiatoren. Dann wurden die einzelnen Mitglieder gewählt. Was ich als störend empfand, war, dass der Gedenkstättenverein, der sich 12 Jahre lang gegen eine Übermacht ewig Gestriger verteidigen musste, der Beschimpfungen und anderen hässlichen Dingen ausgesetzt war, nun in dieser Stiftung aufgehen sollte.

„Wenn eine gute Absicht dahinter steht, dann begrüße ich das natürlich außerordentlich." Dies waren meine Worte, als ich gebeten wurde, dazu Stellung zu nehmen. Ich fügte aber auch hinzu, dass, wenn der Verein einzig deshalb in der Stiftung aufgehen sollte, um ihn mundtot zu machen, diese Strategie wenig Erfolg haben würde. In dem Falle nämlich würde ich weiterhin der Stachel in ihrem Fleische sein und geeignete Maßnahmen ergreifen. Jetzt, da die Angelegenheit so schön in Schwung gekommen ist und sich alle Nationen in Europa freuen, dass sie bald Gelegenheit haben, ungehindert auf das Gelände zu kommen, würde ich sofort wieder auftauchen, um behindernde Maßnahmen auszuräumen. Man bedankte sich für meine offenen und ehrlichen Worte, und nun nahm die Stiftung ihre Arbeit auf.

Die ersten 2 Jahre verliefen natürlich nur mit Sitzungen, aus denen nichts herauskam. Dann aber verkaufte der Großhändler seine Baracken und 2,7 ha Grundstück an die Stiftung. Die 60.000 Euro dafür kamen zusammen. Das Denkmalschutzamt, die Kulturbehörde und viele Institutionen sagten nun ihre Hilfe zu. Das waren die richtigen Schritte.

Im Januar 2007 traf ich mich mit meinem Freund Sigmar Gabriel am Panoramalift von St. Nikolai. Anwesend waren auch Herr Karl-Heinz Buck, eine Geschäftsführerin der McDonald's Inc., sowie der Pressesprecher von O_2 Germany. Wir wollten über ein Konzept und über eine Strategie sprechen, wie nun der Gedenkstättenverein Sandbostel auch noch zusätzliche Mittel bekommt. Dabei wollte uns natürlich der jetzige Minister für Umwelt, Sigmar Gabriel, behilflich sein.

Deutschland war wirtschaftlich auf dem Wege nach oben, und die Ergebnisse waren überall mehr als gut. Wenn man jetzt mit entsprechend sachlichen Vorschlägen kommt, wäre die Mittelbeschaffung heute wesentlich einfacher als vielleicht noch vor 3 oder 4 Jahren.

Ich bat Herrn Buck, jedem der Anwesenden eine Kopie des vorbereiteten Konzepts auszuhändigen, in dem dargestellt ist, wie die Einrichtung am Ende aussehen würde und welche Arbeiten mit welchen Kosten damit verbunden sind. Nun musste ich von ihm erfahren, dass er keinerlei Unterlagen dabei hatte. Die Verantwortlichen in der Stiftung hatten nichts Entsprechendes hergerichtet. Darüber war ich sehr empört und merkte, wie langsam wieder Wut in mir hochstieg. Nun hatte ich Herrn Sigmar Gabriel völlig vergeblich zu diesem Gespräch eingeladen. So oft bekommt man mit einem Minister schließlich keinen Termin.

Vor allen Dinge muss man berücksichtigen, dass es die Stiftung nun schon 2 Jahre lang gab. Für meine Begriffe wurde in diesen 2 Jahren, entsprechend ihrer Methode, nicht gearbeitet. Das Sagen in der Stiftung hatten nämlich die Leute, die noch vor 3 Jahren mit aller Macht jede Form der Entwicklung der Gedenkstätte hintertrieben hatten. Man hatte, wie ich es nenne, den Bock zum Gärtner gemacht. Der einzige, der richtig aktiv in der Stiftung arbeitete, war das Vorstandsmitglied Karl-Heinz Buck, der dort viele und wichtige Aufgaben erledigte.

Mitte Februar 2007 erhielt ich seinen Anruf, in dem er mir erklärte, dass der 1. Vorsitzende der Stiftung, Herr L., aufgrund von Arbeitsüberlastung von seinem Posten zurückgetreten sei. Als Landrat sah er sich außerstande, weiterhin dieses Amt zu bekleiden. Einstimmig wurde zum neuen 1. Vorsitzenden Herr Karl-Heinz Buck gewählt. Hier kann ich nur aus persönlicher Überzeugung und Anschauung sagen, dass dies die beste Wahl ist, die die Stiftung treffen konnte. Das gibt mir weiterhin Zuversicht und den Glauben, dass es mit der Einrichtung einer Gedenkstätte in Sandbostel vorangehen wird.

Ende Februar 2007 besuchte mich Karl-Heinz Buck in meinem Hause in Bendestorf, um mit mir das erste Angebot bezüglich des Erhalts der vorhandenen Baracken auf dem Gelände von Sandbostel zu besprechen.

Sobald ich gesundheitlich wieder ganz hergestellt bin, werde ich in der Stadt Goslar, dem Wahlkreis von Herrn Ministerpräsident Sigmar Gabriel, einen Vortrag mit Lesung in meiner Eigenschaft als Sonderbeauftragter für Jugendaufklärung durchführen. Diese

Veranstaltung hatte ich ihm bereits vor etwa 3 Jahren versprochen. Ich werde anschließend Gelegenheit dazu haben, mit Bundesminister Sigmar Gabriel weitere Konzepte und Angebote hinsichtlich der Gedenkstätte Sandbostel zu besprechen.

Da nun die Weichen in die richtige Richtung gestellt sind, habe ich die Hoffnung, dass wir auf einem guten Weg sind, schon bald eine weltweite Einweihung der zukünftigen Gedenkstätte Sandbostel zu feiern.

Eine letzte Begebenheit möchte ich noch kommentieren, um darzustellen, wie groß der Hass teilweise auf meine Person war.

Der Ministerpräsident Niedersachsens, mit dem ich wegen Sandbostel korrespondiert hatte, bat mich, doch ein bisschen Ruhe einkehren zu lassen. Er fragte mich, ob es mir nicht möglich sei, im Raum Bremervörde eine meiner Lesungen und Vorträge durch-

„Alles reine Heuchelei"

Ivar Buterfas äußert sich in einem Brief an Bremervördes Bürgermeister

Bremervörde/Sandbostel (bz/cb). Die mit CDU/WFB-Mehrheit im Verwaltungsausschuss getroffene Entscheidung, Ivar Buterfas nicht im Bremervörder Ratssaal aus seiner Biographie vorlesen zu lassen, schlägt weiter Wellen.

In einem Brief teilt Buterfas Bürgermeister Eduard Gummich „seine Gedanken zu dem Entschluss" mit, der, so der Weltfriedenspreisträger, bundesweit auf Unverständnis und teilweise Entsetzen gestoßen sei. Wie berichtet, hatte der Verwaltungsausschuss in nichtöffentlicher Sitzung mit einer 5:4-Stimmenmehrheit einen Antrag von Buterfas abgelehnt.

Der Hamburger Unternehmer, der sich seit Monaten für die Einrichtung einer Gedenkstätte auf dem ehemaligen Lagergelände in Sandbostel engagiert, wollte am 9. November im Bremervörder Ratssaal aus seiner Autobiographie vorlesen. Der Erlös sollte der Gedenkstätte zu gute kommen. In dem Brief an Bremervördes Bürgermeister heißt es: „Wie kann eine Stadt, die immer wieder ihre Beteiligung an der Einrichtung einer internationalen friedlichen Begegnungsstätte beteuert, ja sogar noch dem Gedenkstättenverein ihre Anteilnahme durch eine jährliche Spende von 100 (!) Euro beweist, mir als Holocaust-Überlebendem und rassisch Verfolgtem, der keine politische Aussage machen wollte, sondern über seine Biographie, über seine Lebensleistung und seine so wichtige Aufklärungsarbeit für gute Demokraten vermitteln wollte, den Zutritt verweigern und damit diese Möglichkeit nehmen."

Alle seine Freunde, alle Journalisten – europaweit – hätten nur verständnislos den Kopf geschüttelt. Dies vor allen Dingen vor dem Hintergrund, dass Niedersachsens Ministerpräsident Christian Wulff (CDU) Buterfas persönlich darum gebeten hatte, Spenden für die Einrichtung einer Gedenkstätte in Sandbostel zu sammeln. In einem Brief des Minsterpräsidenten, aus dem Buterfas bei der internationalen Sandbostel-Konferenz in Hamburg zitierte, schreibt Wulff: „Ich würde mich freuen, wenn Sie ihre Erfahrungen, die Sie im Zusammenhang mit dem Wiederaufbau der Nicolaikirche in Hamburg gemacht haben, in das Projekt einbringen und ich Sie für das Einwerben von Sponsorengeldern zur Unterstützung in Sandbostel gewinnen darf."

In dem Buterfas-Brief an Bremervördes Bürgermeister heißt es: „Wie, glauben Sie, können Sie nun (...) noch offen und ehrlich den Eindruck vermitteln, dass Ihrerseits ein Interesse besteht, hier eine Begegnungs- und Trauerstätte zu schaffen. Gelinde gesagt betrachte ich alles, was ich bisher erleben musste, als reine Heuchelei."

Trauern am Ort des Schreckens

Erfolg für Buterfas: Gedenkstätte für NS-Lager Sandbostel

Sandbostel/Bendestorf (cw). Im Streit um den Standort für eine Dokumentations- und Gedenkstätte auf dem ehemaligen Kriegsgefangenen- und KZ-Auffanglager in Sandbostel (Kreis Rotenburg) zeichnet sich offenbar eine Lösung ab. Nach Angaben des Weltfriedenspreisträgers Ivar Buterfas aus Bendestorf soll die Gedenkstätte nun doch auf dem ehemaligen Lagergelände errichtet werden. Darauf habe sich ein neu gebildeter Arbeitskreis geeinigt, nachdem die von der Landesregierung eingesetzten Vermittler, der ehemalige Superintendent Hans-Wilhelm Hastedt und der pensionierte Schulrat Horst Rademacher, am Wochenende mit Buterfas in dessen Bendestorfer Wohnhaus zusammengetroffen waren.

„Es ist ein großer Erfolg, dass nun doch am historischen Ort getrauert wird – dort, wo die Menschen gelitten haben und gestorben sind", betont der 71-jährige Buterfas. Im „Stalag XB Sandbostel" starben während des Zweiten Weltkriegs etwa 50 000 Menschen.

Wie mehrfach berichtet, setzt sich der Holocaust-Überlebende Buterfas gemeinsam mit einem Gedenkstättenverein dafür ein, dass die ehemalige Kommandantur-Baracke, in der heute die Straßenmeisterei des Landkreises untergebracht ist, als Dokumentationsstätte genutzt werden kann. Dagegen hatten Landkreis und Gemeinde bisher darauf bestanden, dass die Gedenkstätte auf einem zwei Kilometer entfernten Kriegsgräberfriedhof und nicht auf dem ehemaligen Lagergelände errichtet wird.

Ivar Buterfas vor einer der denkmalgeschützten Lager-Baracken in Sandbostel. Foto: cw

Nach Buterfas' Angaben ist nun vorgesehen, dass zwei denkmalgeschützte Lager-Baracken in der Nähe der ehemaligen Lager-Kirche angekauft werden, um dort eine Dokumentationsstätte einzurichten. „Land und Bund wollen dafür Mittel zur Verfügung stellen", berichtet Buterfas. Der Landkreis werde die Pflege übernehmen.

zuführen. Diese Idee griff ich auf und setzte mich fernmündlich mit Herrn G., dem Bürgermeister von Bremervörde, in Verbindung und erklärte ihm das Anliegen seines obersten Dienstherrn. Der Oberbürgermeister war von diesem Vorschlag begeistert und bot sofort an, zu diesem Zwecke den Ratssaal zur Verfügung zu stellen, der über ausreichend Platz für die Zuhörer verfügte. In den kommenden 2 bis 3 Tagen wollte er mich anrufen, um weitere Details mit mir abzustimmen.

Statt des erwarteten Anrufs bekam ich auf andere Weise Mitteilung aus dieser Stadt. Einer meiner Freunde schickte mir eine Ausgabe der Bremervörder Tageszeitung. Die

Titelseite enthielt einen Bericht, in dem es hieß „Ivar Buterfas, persona non grata, nicht im Rathaus von Bremervörde erwünscht." Mit 5 zu 4 Stimmen hatte die CDU mein Erscheinen dort abgelehnt.

Ich rief sofort den Bürgermeister der Stadt Bremervörde an und machte ihm deutlich, dass mir dieses Verhalten völlig unverständlich sei. Der Bürgermeister sagte mir, dass ihm diese Angelegenheit äußerst peinlich sei und es ihm sehr leid tue. Er habe gegen diese Entscheidung nichts machen können. Sicher aber würde ich mir denken können, wer die 4 positiven Stimmen abgegeben habe und verriet, dass eine davon seine war. Ich erklärte ihm, dass mich das nicht im Geringsten interessierte. Er, der Bürgermeister, sei schließlich der Hausherr des Rathauses, und wenn er mich einlädt, dann können ihm die übrigen Kollegen diese Entscheidung nicht verweigern.

Über diesen unglaublichen Vorfall informierte ich umgehend das Büro des Ministerpräsidenten. In Hamburg hatte man diese Nachricht ebenfalls mit Empörung aufgenommen. Aus dem Kreis Bremervörde erhielt ich unzählige Anrufe, die sich allesamt von dieser Entscheidung ausdrücklich distanzierten.

Um viele Freunde, die noch nie Gelegenheit hatten, an einem meiner Vorträge teilzunehmen, nicht zu enttäuschen, nahm ich das Angebot von meinem Freund Dr. Klaus Volland dankend an, der sofort einen neuen Veranstaltungsort organisieren wollte.

Gleichzeitig kündigte ich an, den Erlös meiner bei dieser Veranstaltung verkauften Bücher gleich Sandbostel für die kommende Gedenkstätte zu spenden.

Ich erhielt dann eine Nachricht von einem Gemeindevertreter der Gemeinde Selsingen. Man bot mir an, im dortigen Gemeindesaal meine Veranstaltung durchzuführen. Ich sagte sofort begeistert zu, weil Selsingen nur etwa 6 km von Sandbostel entfernt war und somit auch die räumliche Nähe bestand. Für diese Veranstaltung hatte die Gemeinde Selsingen Eintritt erhoben, und alle Plätze waren schnell ausverkauft.

Vier Tage vor Beginn meiner Lesung erhielt ich den ersten von mehreren widerwärtigen und hässlichen Anrufen. Neben übelsten Beschimpfungen, die ich hier nicht wiedergeben möchte, wurden auch mehrfach Morddrohungen ausgesprochen, wenn ich es wagen würde, nach Selsingen zu kommen.

Gedenkstätten-Gegner bedrohen Ivar Buterfas

ROTENBURG/WÜMME Ivar Buterfas, prominenter Hamburger Holocaust-Überlebender, erhält anonyme Anrufe von Neonazis. „Mir wurde geraten, am 9. November lieber nicht in Selsingen zu sprechen. Das würde mir sonst schlecht bekommen.“ Der 73-Jährige plant am Jahrestag der Pogrome gegen Juden in Nazi-Deutschland einen Vortrag. Buterfas hatte sich zuletzt vehement für die Schaffung einer Gedenkstätte auf dem Gelände des ehemaligen Kriegsgefangenen- und KZ-Auffanglagers Sandbostel eingesetzt, das zur Samtgemeinde Selsingen zählt. Jahrzehntelang hatten Bürger und Lokalpolitiker die Gedenkstätte verhindert.

Foto: Wunder

Wird bedroht: Ivar Buterfas

Dass Buterfas' Kampf am Ende erfolgreich war, nehmen ihm viele Selsinger und Sandbosteler übel. Soeben einigte sich der Kreis Rotenburg/Wümme, das Land Niedersachsen und ein Gedenkstättenverein auf die Gründung einer Stiftung. Bis zum 60. Jahrestag der Befreiung des Lagers Sandbostel durch Alliierte im kommenden Jahr sollen u. a. eine Geschichtswerkstatt, eine Infobaracke und ein Rosengarten mit Gedenksteinen entstehen. *(ow)*

Da alles, was aus der Anonymität kommt, feige und hinterhältig ist, habe ich dem keine große Bedeutung beigemessen und nach ganz kurzer Zeit den Hörer aufgelegt. Wie die Anrufer zu meiner Telefonnummer gelangt sind, bleibt mir ein kleines Rätsel, weil ich eine Geheimnummer habe.

Um meine Frau nicht zu beunruhigen, habe ich ihr von diesen Anrufen nichts erzählt. Antisemitische Beschimpfungen sind zudem nicht unbedingt neu für mich; schon einmal habe ich deswegen sogar das Große Bundesverdienstkreuz abgelehnt. Warum? Wegen hässlicher, diskriminierender Beschimpfungen Anfang der 90er Jahre.

Dummerweise aber habe ich meinem Freund und jetzigem 2. Vorsitzenden der Stiftung Sandbostel, Herrn Dr. Klaus Volland, von der Morddrohung berichtet. Er muss es wohl weitererzählt haben, denn plötzlich rief bei mir das Landeskriminalamt Niedersachsen an. Sie sagten, dass ihnen meine intensiven Bemühungen um Sandbostel bekannt sind und rieten mir dringend davon ab, die Veranstaltung in Selsingen durchzuführen.

Ich erwiderte, dass ich bereits meine Zusage gegeben habe und auf gar keinen Fall die Leute, die zu dieser Veranstaltung erwartet werden, enttäuschen möchte. Folglich würde ich diesen Termin auf jeden Fall wahrnehmen. Daraufhin stellte man mich und meine Frau unter Polizeischutz. Seit diesem Tage patroullieren in Bendestorf in regelmäßigen Abständen diverse Fahrzeuge. Dabei handelte es sich sowohl um getarnte Polizeiautos, als auch um offizielle Peterwagen, wie wir sie in Hamburg nennen.

Der Tag der Veranstaltung rückte näher. Obwohl sie erst um 19.00 Uhr beginnen sollte, war ich bereits gegen

16.00 Uhr mit meinen Freunden vor Ort verabredet, um die Veranstaltungsstätte zu inspizieren und die Vorbereitungen zu treffen.

Kurz nachdem ich losgefahren war, tauchte hinter mir ein Fahrzeug auf, das mir 3 kurze Lichtzeichen gab. Das war mit der Polizei so vereinbart, und ich wusste, dass das nun die ersten Beamten in Zivil waren. Wir fuhren durch Bendestorf, Harmstorf und Hittfeld. Dann übernahm ein anderes Fahrzeug, das sich ebenfalls durch Lichtzeichen zu erkennen gab. In Sittensen musste ich die Autobahn verlassen und wurde dann von einem dritten Wagen begleitet.

In Selsingen angekommen, wurde ich von zwei mir unbekannten Herren namentlich begrüßt. Sie gaben sich als Polizisten zu erkennen und sagten, dass sie heute abend ein bisschen auf mich aufpassen würden. Im Saal würden sich vier Beamte in zivil unter das Publikum mischen und zwei weitere Beamte würden den Außenbereich sichern. Ich solle mir also keine Gedanken machen. So viel Aufmerksamkeit war mir von Seiten der Polizei noch nie zuteil geworden.

Die Veranstaltung war ein großer Erfolg. Ich hatte jede Menge Bücher zu signieren, die am Ende meines Vortrages gekauft wurden. Der Erlös, inklusive der vereinnahmten Eintrittsgelder fast 3.000 Euro, ging natürlich sofort an die Stiftung Sandbostel.

Dass ich mich trotz der Morddrohung entschlossen hatte, die Veranstaltung durchzuführen, hielten viele meiner Freunde für sehr leichtsinnig. Aber wer mich kennt, der weiß, dass ich eine einmal begonnene Sache auch zu Ende bringe. Ich bin fest davon überzeugt, dass ich die Fertigstellung der Gedenkstätte noch erleben werde und freue mich schon heute auf den Tag, an dem sie der Öffentlichkeit feierlich übergeben wird.

Der furchtlose Kämpfer aus Bendestorf

Selsingen: Ivar Buterfas las zugunsten der Gedenkstätte Sandbostel aus seiner Biographie

Selsingen/Bendestorf (BVZ). „Es gibt kaum einen, der so oft am Boden lag und pünktlich bei neun wieder auf den Beinen stand." Ivar Buterfas sieht sich als „Kämpfer". Auch die Nzis haben den streitbaren Weltfriedenspreisträger aus Bendestorf nicht klein gekriegt. Der 1933 geborene Sohn einer Christin und eines Juden überlebte den Holocaust. Am Dienstagabend las Buterfas vor 130 Zuhörern im Selsinger Gemeindehaus zugunsten des Vereins „Dokumentations- und Gedenkstätte Sandbostel" aus seiner Autobiographie „Sunny Goj".

Buterfas war trotz anonymer Drohungen, begleitet von seiner Ehefrau Dagmar und seiner Tochter Jasmin, nach Selsingen gekommen. Seinen Vortrag am Jahrestag der Reichspogromnacht überschrieb der 71jährige mit Artikel 1 des Grundgesetzes: Die Würde des Menschen ist unantastbar. Geschichtliche Aufklärung sei in Deutschland lange Zeit „absolute Mangelware gewesen", sagte Buterfas. Noch in den ersten Jahren nach der Befreiung habe er Diskriminierungen erfahren. Erst 1964 habe er die deutsche Staatsbürgerschaft, die ihm die Nazis 1942 aberkannt hatten, wiedererlangt.

Der Nationalsozialismus sei keine Parteiideologie, sondern ein „nacktes, schweres, schlimmes Verbrechen", betonte der Ehrenpräsident des Förderkreises „Rettet die Nikolaikirche". Und: „Der 9. November 1938 begann viel früher. Zum Beispiel mit der Bücherverbrennung 1933. Vor den Juden sind die Kommunisten verfolgt worden, die Sozialdemokraten, Homosexuelle, Geistliche", so Buterfas. Erst sei den Juden die Würde genommen worden, dann ihr Vermögen, ihre Lebensgrundlage. Die Nacht der Judenpogrome werde als Reichskristallnacht bezeichnet, „weil unter den Augen der christlichen Welt alles in Scherben ging", so Buterfas.

Mit Blick auf den sich abzeichnenden Konsens in der

Ivar Buterfas hält seinen von den Nazis ausgestellten Judenausweis hoch. Neben ihm seine Frau Dagmar. Foto: BVZ

Frage der Errichtung einer Gedenkstätte auf dem ehemaligen Lagergelände in Sandbostel erklärte der Autor, „es ist unglaublich, was sich hier entwikkelt hat". Superintendent i. R. Hans-Wilhelm Hastedt und der ehemalige Regierungsschuldirektor Horst Rademacher, die in dem Streit zwischen dem Landkreis Rotenburg, der Gemeinde Sandbostel und dem Gedenkstättenverein vermittelt hatten, sprach Buterfas seine Hochachtung aus. Hastedt sagte, ohne Ivar Buterfas wäre keine Bewegung in die Sandbostel-Diskussion gekommen.

Mit Blick auf die Drohanrufe, die Buterfas erhalten hat, erklärte Hastedt, er hoffe, „daß die Verrücktheit einiger weniger Idioten nicht erneut eine ganze Region in Verruf bringt". Nach den Worten von Dr. Klaus Volland, Leiter der Gedenkstätte in Bremervörde, sei der Verein im Glauben an die Realisierung einer Gedenkstätte auf dem einstigen Lagergelände über die Jahre „etwas kleinmütig geworden". Buterfas habe den Verein beflügelt. Ursprünglich sollte die Lesung im Bremervörder Rathaus stattfinden. Die CDU-Fraktion hatte das Vorhaben aber mit dem Hinweis auf die zu wahrende Neutralität Bremervördes in der Auseinandersetzung um die Gedenkstätte abgelehnt.

Volland dankte der Kirchengemeinde Selsingen und Pastor Wolfgang Fromm, daß sie es als Ehre betrachteten, für die Lesung die Räumlichkeiten zur Verfügung zu stellen. Durch Spenden und den Verkauf der „Sunny Goj"-Autobiographien kamen 1500 Euro für den Gedenkstättenverein zusammen.

Harburger Anzeigen und Nachrichten vom 11. Nov. 2004

Sandbostel heute: Anstand und Moral haben gesiegt

Während der Fertigstellungs dieses Buches greift die Presse aus aktuellem Anlass das Thema Sandbostel nochmals auf:

Gedenkfeier für NS-Opfer in Sandbostel

Gestern vor 62 Jahren befreiten britische Truppen das Kriegsgefangenen- und KZ-Auffanglager „Stalag XB" in Sandbostel. In einer Gedenkveranstaltung haben die Stiftung „Lager Sandbostel" und der Dokmentations- und Gedenkstättenverein der Opfer des NS-Regimes gedacht und an die vielen tausend Menschen erinnert, die im Lager litten und starben. Der Stiftungsvorsitzende Karl-Heinz Buck (großes Foto, links) und der stellvertretende Kuratoriumsvorsitzende Dieter Gerloff legten auf der Kriegsgräberstätte in Sandbostel einen Kranz nieder. Pastorin Ester Ockuhn stützte ihre Andacht auf Psalm 77. Die Theologin erklärte, „jeder einzelne von uns" trage mit an der Verantwortung für „eine Welt, in der Menschen in Frieden, Freiheit und Gerechtigkeit leben können." Alexander Rybin (kleines Foto, rechts), Konsulrat des Generalkonsulats der Russischen Föderation in Hamburg, legte am Ehrenmal einen Kranz für die russischen NS-Opfer nieder. An der anschließenden Kundgebung vor der Lagerkirche nahmen neben ehemaligen Kriegsgefangenen auch der norwegische Generalkonsul Morten Paulsen und der niedersächsische Landwirtschaftsminister Hans-Heinrich Ehlen teil. Die BZ wird am Mittwoch ausführlich über die Veranstaltung berichten.

Text/Fotos: Siems

Bremervörder Zeitung vom 30. April 2007

Bremervörder Zeitung vom 04. Mai 2007

„Haben A gesagt, nun ist es Zeit, auch B zu sagen"

Lager Sandbostel: Samtgemeinderat beschließt Übernahme der Bauträgerschaft

Von Frauke Siems

Sandbostel. Die Samtgemeinde Selsingen übernimmt die Trägerschaft für die Bau- und Sanierungsmaßnahmen zur Errichtung einer Gedenkstätte auf dem Gelände des ehemaligen Kriegsgefangenen- und KZ-Auffanglagers „Stalag XB" in Sandbostel. Einstimmig hat der Rat am Mittwochabend auf seiner Sitzung im Gasthof „Zum Grünen Jäger" einen entsprechenden Beschluss gefasst.

Vor der Zusammenkunft fand eine Besichtigung des Lagergeländes statt. Karl-Heinz Buck, der Vorsitzende der Stiftung Lager Sandbostel, führte die Ratsmitglieder über den von der Stiftung erworbenen Teil des Geländes und erläuterte die geplanten Bau- und Sanierungsmaßnahmen. Auch Dr. Klaus Volland, der stellvertretende Vorsitzende des Gedenkstättenvereins, nahm an der Begehung teil. In der anschließenden Sitzung beschrieb Samtgemeindebürgermeister Werner Borchers die Ausgangslage: Die Stiftung Lager Sandbostel will auf dem ehemaligen Lagergelände eine Gedenkstätte errichten. Im Auftrag der Niedersächsischen Landesdenkmalpflege wurde ein so genannter „Masterplan" erstellt. Auf dessen Grundlage haben Vorstand und Kuratorium der Stiftung einen Bau- und Sanierungsplan entwickelt, der von Investitionen in Höhe von 400.000 Euro ausgeht.

Wegen der internationalen Bedeutung des ehemaligen Lagers hat der niedersächsische Minister Hans-Heinrich Ehlen (CDU) eine anteilige Förderung aus der Verbunddorferneuerung zugesagt. Die Mittel speisen sich aus dem EU-Fonds zur „Entwicklung des ländlichen Raums (ELER)".

Weil für die Bezuschussung im Rahmen der Dorferneuerung unterschiedliche Fördersätze gelten, hat die Stiftung einen Antrag gestellt, nach dem die Samtgemeinde die Trägerschaft für die geplanten Baumaßnahmen übernehmen solle. Die Stiftung könnte als privater Träger mit einem Zuschuss in Höhe von 30 Prozent rechnen. Für die Samtgemeinde beträgt der Fördersatz dagegen 75 Prozent.

Werner Borchers erläuterte den Finanzierungsplan für die drei geplanten Bauabschnitte. Der erste umfasst die Sicherung und Instandsetzung der Baracken sowie die Gestaltung der Außenanlagen und „steht" nach Einschätzung Borchers' auch dank einer Zuweisung der Niedersächsischen Sparkassenstiftung in Höhe von 40.000 Euro. Von den Kosten in Höhe von rund 126.000 Euro für den ersten Bauabschnitt bleibe ein 6.755-Euro-Eigenanteil für die Samtgemeinde, so Borchers.

Für den Bauabschnitt II – die Dachsanierung des Küchengebäudes und die Ausbesserung der vorhandenen Parkplätze – wurden im Finanzierungsplan

ZUM THEMA

Verein braucht Unterstützung

Die aktuelle Entwicklung auf dem Gelände des ehemaligen Lagers Sandbostel veranlasst den Vorstand des Vereins Dokumentations- und Gedenkstätte Sandbostel Mitglieder, Freunde und Förderer um Unterstützung zu bitten. Wie es in einem Rundbrief des Vereins heißt, bietet der Grundstücksbesitzer, der im letzten Jahr bereits das größere Teilstück seines Geländes (rund 27.000 Quadratmeter) an die Stiftung Lager Sandbostel verkauft hat, dem Gedenkstättenverein das restliche ihm gehörende, etwa 15.000 Quadratmeter große Grundstück zum Kauf an. Auf dem Gelände befinden sich fünf historische Steinbaracken und die ehemalige katholische Kirche mit Anbauten. Über Einzelheiten der Vertragsgestaltung müsse noch verhandelt werden, heißt es in dem Rundbrief des Vereins. Der für die Maßnahme erforderliche Aufwand sei aus Vereinsmitteln nicht zu leisten. Der Verein bittet deshalb um Spenden. Diese würden „sorgfältig und zweckgebunden zur Erfüllung der Satzungszwecke" eingesetzt. Bankverbindungen: Postbank Hamburg, Bankleitzahl 20010020, Kontonummer 600022203 oder Volksbank Osterholz, BLZ 29162394, Kontonummer 3012720330 (Kennwort: Edelmanngrundstück).

bz/fs

Der Stiftungsvorsitzende Karl-Heinz Buck (rechts) erläuterte den Ratsmitgliedern, darunter Samtgemeindebürgermeister Werner Borchers (Dritter von links) und der Ratsvorsitzende Hein-Arne zum Felde (Zweiter von links), die geplanten Sanierungsmaßnahmen. Foto: Siems

186.500 Euro veranschlagt. Der (Um-)Bau eines Dokumentationszentrums schlägt mit 87.500 Euro zu Buche. Hier blieben Eigenanteile in Höhe von 18.958 beziehungsweise 12.352 Euro bei der Samtgemeinde, wobei öffentliche Zuweisungen noch eingeworben werden müssten, wie der Verwaltungschef weiter mitteilte. Die Stiftung sei bereits sehr engagiert auf der Suche nach Sponsoren.

Der Rat folgte einstimmig der Beschlussempfehlung der Verwaltung: Die Samtgemeinde übernimmt die Bauträgerschaft im Sinne der vorgestellten Maßnahmen für bis zu 400.000 Euro „unter der Voraussetzung, dass diese aus der Dorferneuerung gefördert werden.“ Als Eigenanteil trägt die Samtgemeinde laut Beschluss zehn Prozent der Investitionen. Die Verwaltung stellt die Förderanträge, „wenn die restliche Co-Finanzierung aus anerkannt öffentlichen Mitteln in Zusammenarbeit mit der Stiftung Lager Sandbostel gewährleistet ist“, wie der Beschluss weiter lautet. Die Samtgemeinde vergibt die Bauaufträge, die Bauleitung obliegt der Stiftung. Diese ist als Grundstückseigentümerin auch für den laufenden Betrieb und die Folgekosten zuständig.

Der Ratsvorsitzende Hein-Arne zum Felde (CDU) erklärte, auf dem ehemaligen Lagergelände werde „mit geringem Einsatz von Mitteln viel erreicht“. Kurz vor der Abstimmung hatte der CDU-Fraktionssprecher Angelus Pape bereits die Zustimmung der CDU/WFB-Fraktion angekündigt. Die CDU habe sich in das Vorhaben ursprünglich zwar „nicht stark einbinden“ lassen wollen. Die Dorferneuerung aber schaffe eine andere Ausgangslage. Er, Pape, hoffe auf gute Zusammenarbeit mit der Stiftung.

Auch Sandbostels Bürgermeister Johann Gerken (CDU) hatte für die Trägerschaft durch die Samtgemeinde plädiert: „Wenn wir's jetzt nicht anpacken, werden wir nicht weiterkommen.“ Die Gemeinde Sandbostel sei nie gegen eine Gedenkstätte gewesen, lediglich über Größe und Standort sei diskutiert worden. Durch die Mitgliedschaft in der Stiftung habe die Samtgemeinde Selsingen A gesagt, jetzt sei es an der Zeit, auch B zu sagen.

SPD-Fraktionssprecher Rudolf Kahrs erinnerte daran, dass die Gedenkstätte Sandbostel in der Vergangenheit immer wieder auf der Tagesordnung gestanden habe. Er bedauere, dass es nicht früher zu einer positiven Entscheidung gekommen sei. Sie falle angesichts des fortschreitenden Verfalls der Baracken buchstäblich im letzten Moment. Gleichzeitig freute sich Kahrs, dass nach Gründung der Stiftung bislang alle Beschlüsse „in großer Übereinstimmung“ gefasst worden seien.

Selsingens Bürgermeister Reinhard Aufdemkamp (CDU) erklärte, wenn die Samtgemeinde Selsingen ihre Mitgliedschaft in der Stiftung ernst nehme, dürfe man sich der Bitte ihres Vorstandes „auf keinen Fall verschließen“.

Kapitel 10: Regeneration in Reinhardshöhe

Ich weiß nicht, wie oft ich bis zum heutigen Tag das Attest, das ich von meinem Onkologen, Herrn Dr. Becker, aus dem Ärztehaus am Lerchenfeld erhalten hatte, zur Hand genommen habe. Auch den Bericht von Herrn Prof. Zornig, dem medizinischen Direktor des Israelitischen Krankenhauses lese ich wieder und wieder. Ich kann es einfach nicht fassen, dass ich nach dieser schweren Krankheit schon wieder so gut hergestellt sein soll. Die Berichte belegen aber eindeutig, dass ich gesund bin und meine körperliche Verfassung als durchweg positiv zu bezeichnen ist.

Natürlich habe ich in den vergangenen Tagen oftmals mein bisheriges Leben Revue passieren lassen. Schließlich hatte ich nie zuvor so viel Zeit für mich persönlich wie während und nach meiner ernsten Krankheit.

Hauptsächlich erinnere ich an die vielen schönen Dinge, die ich gemeinsam mit meiner Frau erleben durfte. Dazu zählt insbesondere unser Aufenthalt in der Türkei, wo ich mit dem Weltfriedenspreis ausgezeichnet wurde. Nie werde ich vergessen, wie mich Pastor Wolfgang Weißbach nach vielen würdevollen Zeremonien in der Grabesstätte des Heiligen St. Nikolaus in Demre eingesegnet hat. Überhaupt hat Pastor Wolfgang Weißbach immer eine bedeutende Rolle in unserer Familie gespielt. Bei unserem 40. Hochzeitstag, den wir in der St. Nikolaikirche am Klosterstern feierlich begehen konnten, war er ebenso anwesend wie zu meinem 70. Geburtstag. Am Gelingen unserer Goldenen Hochzeit, die halb jiddisch und halb christlich durchgeführt wurde, war er ebenfalls maßgeblich beteiligt.

Aber auch bei traurigen Anlässen stand er uns zur Seite. In aufopfernder und rührender Weise nahm er sich unseres Enkelsohnes Mario und dessen Halbbruders Daniel an, als die beiden Jungen ihre Mutter verloren. Sie war durch Selbstmord aus dem Leben geschieden und insbesondere Mario kam über ihren Tod nicht hinweg. Auch in dieser schweren Zeit war Pastor Weißbach für unsere Familie da. Meine Frau und ich sind glücklich, ihn zu unserem engen Freundeskreis zählen zu dürfen.

In meiner Retrospektive wird mir auch klar, wie sehr meine Frau unter meiner Krankheit gelitten hatte. Mir fielen die vielen Versprechen ein, die ich ihr früher immer leichtfertig gegeben hatte und dann doch nicht einhielt, weil immer etwas anderes dazwischen kam.

Jetzt gab ich mir das heilige Versprechen, von nun an jede freie Stunde mit meiner Frau zu nutzen und zu genießen. Wenn ich wieder gesund werde, werden wir Reisen unternehmen und auch die oft geplanten Theater- oder Kinobesuche durchführen.

Mitten in meinen Gedanken und Träumereien klingelte das Telefon. Herr Dr. Becker, mein Onkologe, teilte mir mit, dass er vor ein paar Tagen den Antrag für eine 3-wöchige Rehabilitationsmaßnahme an meine Krankenkasse geschickt habe und ich in Kürze Antwort erhalten würde.

Nach der schweren Krankheit, der Chemotherapie, den vielen Operationen und der langwierigen Thrombose hatte ich sehr viel an Substanz verloren. Deswegen erachtete Herr Dr. Becker diese Maßnahme als unumgänglich. Nun bat er mich, Kontakt zu meiner Krankenkasse aufzunehmen, um das Antragsverfahren zu beschleunigen.

Zu meinem Erstaunen sagte mir die Sachbearbeiterin meiner Krankenkasse, dass dem Antrag intern bereits stattgegeben wurde. Wenn es mir zusagen würde, solle die Maßnahme in der Klinik Reinhardshöhe in Bad Wildungen stattfinden. Darüber war ich freudig überrascht. Im Jahre 2002 nämlich hatte sich meine Frau einer schweren Halswirbeloperation unterziehen müssen. Im Anschluss daran wurde sie in einem anderen Reha-Zentrum in Bad Wildungen therapiert. Deshalb wusste ich, dass Bad Wildungen ein wunderschöner, zauberhafter Ort in der Nähe von Kassel ist und dass auch die Kliniken dort einen exzellenten Ruf genießen. Da ich schon in den nächsten Tagen die schriftliche Bestätigung erhalten würde, gab mir die Dame vorab die Anschrift und die Telefonnummer der Klinik auf.

Klinik Reinhardshöhe

Noch am selben Tage rief ich in der Klinik Reinhardshöhe an. Für mich stand nämlich fest, dass ich diesen Aufenthalt nur in Begleitung meiner Frau durchführen würde. Sie hatte so schwer unter meiner Krankheit zu leiden gehabt, dass sie diesen Aufenthalt mindestens genauso nötig hatte wie ich. Dies erklärte ich auch der freundlichen Rezeptionistin.

Ich bat darum, dass auch meine Frau in die therapeutischen Maßnahmen miteinbezogen wird. Mir wurde erklärt, dass das überhaupt kein Problem sein. Nach unserer Ankunft würde auch meine Frau ärztlich untersucht und dann ein auf ihren Zustand abgestimmtes Konzept erstellt werden. Das klang alles außerordentlich vertrauenswürdig.

Dennoch fragte ich besorgt nach der Unterbringung. Die Dame sagte mir, dass die Klinik über ausreichende Kapazität verfügte. Ein ganz besonders schönes und großes Zimmer sei zudem in einem dem Hauptkomplex angeschlossenen zweigeschossigen Einfamilienhaus frei. Allerdings gäbe es da die Einschränkung, dass von der Auffahrt 10 Stufen zum Haus und innerhalb des Hauses weitere 16 Stufen zum Zimmer führen. Insgesamt wären also 26 Treppenstufen zu bewältigen. Nun musste ich schmunzeln und erwiderte, dass Treppenstufen schon immer mein Hobby waren. Grundsätzlich zähle ich in jedem Gebäude immer die Stufen, bis ich meinen Standort erreicht habe. Ich sagte der Dame, dass ich dieses Zimmer auf jeden Fall nehme.

Es dauerte nur noch wenige Tage bis ich die schriftliche Mitteilung bekam, dass wir am 27. März 2007 in Bad Wildungen erwartet werden. Für unsere Reisevorbereitungen blieben nur noch 12 Tage Zeit, um alles zu packen, was man für 2 Personen für einen 3-wöchigen Aufenthalt benötigt. In meinem jugendlichen Leichtsinn hatte ich zunächst gedacht, dass es mit einer kleinen Tasche nebst Kosmetikbeutel getan sei. Aber ich sollte mich sehr getäuscht haben, denn insgesamt gab es zwei große, schwere Taschen, die man heute bequemer Weise aber auch rollen kann.

Nun war es soweit. Nachdem alles verstaut war, bestiegen wir das Auto meiner Frau und zu meiner großen Freude ließ sie sich von mir chauffieren. Wir fuhren auf der A7 in Richtung Kassel und verließen die Autobahn an der Abfahrt Melsungen. Von hier führte dann die Landstraße 253 in Richtung Bad Wildungen. Es war wunderschönes Reisewetter. Sonnenschein und strahlend blauer Himmel, aber leider noch zu kalt, um die Fahrt im offenen Cabriolet zu genießen. Etwa alle 50 km habe ich anhalten und eine Toilette aufsuchen müssen. Ich hatte noch sehr unter meiner Inkontinenz zu leiden, was auch mit großen Schmerzen verbunden war. Dies war ja auch der eigentliche Grund für die Rehabilitationsmaßnahmen. Weiterer Erholung hätte ich eigentlich nicht bedurft. Ich kam mir vor, als wäre ich in eine andere Haut geschlüpft, so wohl fühlte ich mich. Hier komme ich zurück auf die ärztlichen Attests, die mir diesen Zustand ja auch bestätigten. Blutbild, Krebsmarker, alle möglichen Werte waren durchweg positiv. Lediglich der Dickdarm bereitete mir noch Probleme, weil seine Funktion nach 4 Monaten Pause erst wieder aktiviert werden musste.

In der Klinik wurden wir um 14.00 Uhr erwartet. Weil wir aber vorher noch Essen gehen wollten, hatten wir uns vorgenommen, bereits gegen 12.00 Uhr in Bad Wildungen anzukommen und lagen wunderbar in der Zeit. Wir waren begeistert, als wir durch die Altstadt fuhren. Die gesamte Allee rechts und links war ein einziges Blumenmeer, und die Bäume waren mit bunten Ostereiern geschmückt. Man hatte also schon alles für die kommenden Festtage vorbereitet. Nachdem wir ausgiebig gespeist hatten, fuhren wir nun die letzten 3 km bergauf durch eine kurvenreiche Landschaft. Zu unserer Rechten riesige Wälder, links zu unseren Füßen lagen die großen Kliniken, in denen alles dafür getan wird, den Patienten ihre Gesundheit wiederzugeben.

Während meine Frau an der Rezeption die erforderlichen Formalitäten erledigte, half mir ein guter Geist des Hauses beim Entladen des Gepäcks. Ich musste nun die Auffahrt wieder frei machen und fuhr das Auto zum Parkplatz. Anschließend begab auch ich mich an die Rezeption, wo ich ungeduldig von meiner Frau erwartet wurde. Ich ahnte schon, dass jetzt irgend etwas aufzuklären sei.

Meine Frau war völlig empört darüber, dass man uns ein Zimmer geben wollte, das man erst nach 26 Treppenstufen erreicht. Angesichts meiner schweren Krankheit, den vielen Operationen und dem Umstand, dass wir aufgrund der Anwendungen das Zimmer mindestens 10 Mal täglich verlassen müssen, sagte sie der entsetzten Hausdame, dass sie dafür nicht das geringste Verständnis hat. Sie fügte hinzu, dass ich somit täglich über 500 Stufen bewältigen müsste und dies einem Aufstieg auf unseren Hamburger Michel gleich käme.

Nun fiel es mir wie Schuppen von den Augen: Ich hatte einfach vergessen, meiner Frau zu erzählen, dass ich mich für dieses Zimmer entschied. Ich ging auf die Hausdame zu, entschuldigte mich in aller Form bei ihr und erklärte ihr, dass die Schuld einzig und allein bei mir lag. Meine Frau sah mich verständnislos an, als sie hörte, dass ich mich bewusst für dieses Zimmer entschieden hatte, weil das Treppensteigen ja auch der Steigerung meiner Kondition dient. Auch meiner Frau war die Angelegenheit sehr peinlich, und sie entschuldigte sich in aller Form bei der Hausdame. Nun machten wir uns auf den Weg und folgten dem Hausfaktotum, der sich unseres Gepäckes bemächtigt hatte. Als wir unser schönes Zimmer sahen, war meine Frau auch mit mir wieder versöhnt. Der schöne Raum war sonnendurchflutet und etwa 25 Quadratmeter groß. Es gab einen Balkon und ein sehr schönes Badezimmer. Nun konnten wir uns einrichten.

Noch am selben Tag wurde ich dem Arzt vorgestellt, der in den kommenden 3 Wochen für mich zuständig war. Wir verstanden uns auf Anhieb gut, und ich schilderte ihm in unserem etwa eine halbe Stunde dauernden Gespräch mein Krankheitsbild. Schon nach wenigen Augenblicken hatte er gemerkt, dass ich ein absolut positiv eingestellter Mensch bin. Darauf bauten sich auch die nächsten Gesprächssätze auf. Dr. Geiger sagte mir, dass ein Patient unbedingt Optimismus und den Willen zur Mitarbeit mitbringen muss, um zu gesunden.

Dann bat er mich, mich auf die Liege zu legen, um meinen Bauchraum abzutasten. Er stellte fest, dass keine Verhärtungen oder sonstigen Auffälligkeiten vorhanden waren. Anschließend setzten wir unser Gespräch fort, wobei er immer wieder erstaunt in den ärztlichen Attesten blätterte, die ich ihm vorab überreicht hatte und sagte mir, dass ihm ein solcher Fall bisher noch nicht untergekommen sei.

Dazu muss man wissen, dass es sich bei dieser Reha-Klinik um eine auf Onkologie spezialisierte Einrichtung handelt. Sie beherbergt etwa 200 Patienten, die allesamt an den verschiedensten Krebsarten, Prostata-, Hoden-, Darm- oder Lungenkrebs etc., erkrankt waren.

Herrn Dr. Geiger war völlig es unverständlich, weshalb ich nach schwerer Thrombose, abgebrochener Folfox-Chemotherapie und ohne Strahlentherapie in so guter Verfassung war, wie es die Untersuchungsergebnisse ja auch bescheinigten. Er wollte wissen, was um Himmels Willen ich dafür getan hatte.

Ich konnte mir nicht verkneifen, ihm ganz unmissverständlich deutlich zu machen, dass mich ein Teil seiner Hamburger Berufskollegen eigentlich im Stich gelassen hatte. Die Schulmedizin hatte mir nicht helfen können, und einzig Herr Prof. Layer aus dem Israelitischen Krankenhaus benannte mir das Produkt Perenterol, das meinen schweren Durchfall linderte.

Ansonsten aber gab es von Seiten der Ärzte nicht den geringsten Hinweis, nicht einen einzigen Fingerzeig, wie ich als Austherapierter über die Runden kommen könnte. Schließlich wollte ich ja noch ein paar Jahre leben.

So erklärte ich Herrn Dr. Geiger, durch welchen Zufall ich nun auf das Produkt Froximun aufmerksam gemacht wurde und dass, mir völlig unverständlich, keiner der Ärzte, die ich danach befragte, davon gehört hatte. Sie hatten sich noch nicht einmal die Mühe gemacht, sich darüber zu informieren. Immerhin war Froximun ja ein Arzneimittel, das schon vielen Menschen geholfen hatte, wie ich inzwischen erfahren habe. Herr Dr. Geiger hörte sich aufmerksam und geduldig an, was ich zu berichten hatte. Mir war klar, dass ich auch für andere eine Bresche schlagen musste, die vielleicht in der gleichen Situation waren wie ich oder noch dahin kommen würden. Deshalb erlaubte ich mir, Herrn Dr. Geiger auch einiges an Informationsmaterial mitzubringen. Neben wissenschaftlichen Auswertungen brachte ich natürlich auch das Produkt selbst mit. Hierbei handelte es sich um Froximun Cama-Kapseln, die mir selbst geholfen haben, Transfer-Kapseln und Cama-Sachets in 5g-Beuteln.

Offen und ehrlich sagte mir Dr. Geiger, dass er mir kein Wort geglaubt hätte, wenn er nicht im Besitz meiner Attests gewesen wäre. Aber er hatte ja selbst lesen können, dass mir auch Prof. Layer, der medizinische Direktor des Israelitisischen Krankenhauses, unbedingt empfohlen hatte, das Medikamt Froximun weiterhin einzunehmen.

Wir unterhielten uns noch eine Weile über die Vorzüge von Froximun, gerade im Hinblick auf seine Eigenschaft, die Gifte im Körper zu binden und direkt über den Darm und über den After zum Ausscheiden weiterzuleiten. Damit wird die Leber in höchstem Maße entlastet. Aber auch zur Vorbeugung eignet es sich hervorragend.

Es ist erstaunlich: Da über meinen Gesundheitszustand nicht mehr viel zu sagen war, kamen wir sehr schnell ins Private. Ich erzählte Herrn Dr. Geiger, dass ich gerade dabei bin, ein weiteres Buch zu schreiben, in dem ich natürlich auch von meiner Krebserkrankung und der nun hier in Bad Wildungen durchzuführenden Reha-Maßnahme berichten werde. Dr. Geiger hörte interessiert zu und bestätigte mir, dass ich hier in guten Händen sei. Davon war ich eigentlich auch überzeugt, denn alles, was ich bisher gesehen hatte, hatte auf mich einen sehr seriösen und professionellen Eindruck gemacht.

Von Dr. Geiger erfuhr ich auch noch, dass er mit seinen Eltern vor 15 Jahren aus der ehemaligen Sowjetunion als Deutschstämmiger nach Deutschland zurück gekehrt war und sich freut, heute hier an dieser Klinik tätig sein zu dürfen.

Zum Ende unserer Unterhaltung legte ich Herrn Dr. Geiger noch einmal wärmstens ans Herz, bitte dafür Sorge zu tragen, dass auch für meine Frau ein Reha-Plan aufgestellt wird. Er versprach mir, meine Frau zu untersuchen und ihren und meinen Plan dann in unserem Postfach zu hinterlegen. Uns wurde schon vorab erklärt, dass wir uns hier täglich darüber zu informieren hatten, welche Maßnahmen für uns anstehen bzw. welche sonstigen Neuigkeiten es gibt.

Im Anschluss an dieses Gespräch sollte ich mich zu einer weiteren Untersuchung ins Labor begeben. Mit Herrn Dr. Geiger vereinbarte ich schon jetzt einen weiteren Termin, zu dem er mir dann auch schon die ersten Laborergebnisse benennen konnte.

Als wir uns verabschiedeten, wollte mir Herr Dr. Geiger die Froximun-Produkte wieder mitgeben. Ich sagte ihm aber, dass er sie gern für sich verwenden solle, da er auch einen sehr stressigen Beruf hat und er sicherlich bei regelmäßiger Einnahme merken würde, wie gut er sich in Kürze fühlen würde. Er bot mir beschämt an, sie zu bezahlen, nahm mein Präsent dann aber doch mit überschwenglichem Dank an.

Im Labor, nur 4 Türen weiter, erwartete mich Schwester Babette. Ich krempelte den linken Ärmel hoch und zu meinem allergrößten Erstaunen hatte sie mit nur einem einzigen winzigen Einstich sofort eine Vene erwischt, um mir ausreichend Blut zu entnehmen. Das ist bei mir nämlich ein echtes Problem. Bis man bei mir eine Vene findet, können durchaus bis zu 10 Einstiche vergehen. Ich fragte Schwester Babette, wann ich wohl mit dem Ergebnis der Blutuntersuchung rechnen könne.

Wenn man in einer Situation ist, wie ich sie in den vergangenen 5 Monaten hinter mich gebracht habe, ist man natürlich immer etwas ängstlich und besorgt. Meine letzte Untersuchung hatte am 08. März 2007 im Israelitischen Krankenhaus stattgefunden und ich befürchtete, dass sich nun doch noch etwas negativ verändert haben könnte. Andere Patienten bestätigten mir später, dass es ihnen ähnlich ergangen sei.

Allen, die ebenfalls einmal zu einem Rehabilitationsaufenthalt müssen, möchte ich an dieser Stelle den Rat geben, darauf zu achten, dass der Klinik die Krankenakten bereits vor Eintreffen der Patienten vorliegen. Anhand dieser Unterlagen können bereits die Therapiepläne zusammengestellt werden. Anderenfalls vergehen eventuell 2 bis 3 Tage, bevor die ersten Anwendungen in Anspruch genommen werden können.

Was ich in meinem Falle ebenfalls nicht bedacht hatte, war, dass mein Aufenthalt direkt in die Osterzeit fiel. Von Karfreitag bis einschließlich Ostermontag fanden keine Anwendungen statt, so dass mir 4 volle Tage fehlten. Ich hätte gern weitere Termine wahrgenommen. Als Patient verspricht man zwar, nach Ende des Aufenthalts auch zu Hause die gelernten Übungen weiterzumachen, doch daran hält man sich in den allerseltensten Fällen.

Nach meinem kurzen Aufenthalt im Labor ging ich zur Rezeption, wo meine Frau schon auf mich wartete. Ich hatte das Postfach mit der Nummer 66 a, meine Frau hatte die Nummer 66 b. Wir öffneten es und fanden bereits die kompletten Termine dieser Woche bis einschließlich des kommenden Dienstags.

Meine Frau und ich waren uns im Vorwege bewusst, dass dieser Aufenthalt nicht zum Ausruhen gedacht war. Ich war aber im ersten Moment sehr erschrocken als ich las, was mich nun an Therapien erwartete. Das volle Programm am 29. März 2007 begann um 6.45 Uhr mit einer Untersuchung im Labor. Um 9.30 Uhr ging es dann zur Krankengymnastik, wo mich eine sehr anstrengende halbe Stunde erwartete. Auf dem Boden befanden sich mit weißem Vlies abgedeckte Matten. Man musste sich nun auf den Rücken und das Haupt auf ein Kopfteil legen. Dann wurden Beckenübungen durchgeführt, um die Inkontinenz zu bekämpfen. Grundsätzlich dauerten alle Maßnahmen immer etwa 30 Minuten.

Um 11.30 Uhr wurde dann in der Schwesternabteilung das Blutzuckertagesprofil erstellt. Meine Blutzuckerwerte waren nach wie vor erstklassig, obwohl ich Diabetiktyp 2 bin und, wie bereits geschildert, keine blutzuckersenkenden Medikamente mehr nehme. Ebenfalls um 11.30 Uhr musste ich mich aber um meinen Froximun-Mix kümmern, den ich ja nach wie vor zu mir nehme, zusammengestellt aus Froximun-Transfer, Froximun-Cama und Froximun-Sachets.

Danach folgte eine etwa 45-minütige Mittagspause im großen Speisesaal. Anschließend um 13.30 Uhr musste ich wieder zur Schwesternabteilung, dieses Mal jedoch zum EKG. Gegen 17.15 Uhr musste ich mich hier erneut einfinden, weil ein weiteres Blutzuckertagesprofil erstellt wurde. Das Abendessen konnte ab 17.30 Uhr im großen Speisesaal eingenommen werden.

Der Speisesaal war in zwei Bereiche untergliedert, jedoch ohne Trennwände. Ursprünglich war es mal so gedacht, dass auf der einen Seite die Personen saßen, die abnehmen wollten und mit Diätkost versorgt wurden. Das aber hat sich auf Dauer nicht durchgesetzt. Deshalb konnte man sich also auch mit dem Tischnachbarn aus der anderen Hälfte unterhalten. Der Saal bot 250 Personen Platz. Manches Mal nämlich kamen Angehörige der Patienten über's Wochenende zu Besuch und aßen ebenfalls hier. Jeder Tisch war für 4 Personen gedeckt. Man musste allerdings in Kauf nehmen, sich evtl. schon nach kurzer Zeit von seinem Tischnachbarn, an den man sich gerade gewöhnt hatte, verabschieden zu müssen, wenn dessen Therapie beendet war und somit seine Abreise bevorstand.

Das Essen war wirklich als sehr gut zu bezeichnen. Es gab ein reichhaltiges Frühstücks-, Mittags- und Abendbüffet. Es war immer eine Vielzahl von verschiedensten Salaten vorhanden und auch reichlich Obst.

Das Wasser war von einer ausgezeichneten Qualität. Bad Wildungen ist bekannt für seine Heilquellen und sein wunderbares Wasser, das man zu jeder Tag- und Nachtzeit trinken kann. Ich betone Nachtzeit, denn mir war es leider nicht vergönnt, durchzuschlafen. Ich musste nachts 2, 3 Mal aufstehen, weil ich mit meiner Inkontinenz noch immer nicht im Reinen war. Das aber sollte sich ändern.

Meine Frau und ich hatten von Anfang an das Glück, dass man keinen „Sauerkopf" an unseren Tisch gesetzt hatte. Wir hatten Herrn Dieter Schönewald aus dem Baunatal zum Tischnachbarn, der ein äußerst angenehmer Herr war, auf den wir uns schon jedes Mal freuten, wenn wir uns zu einer Mahlzeit an unserem Tisch eingefunden hatten.

Das Baunatal liegt zwischen Kassel und Bad Wildungen und ist, wie man so schön sagt, nur einen Katzensprung entfernt. Theoretisch hätte Herr Schönewald abends nach Hause fahren können, aber es ist natürlich sinnvoller, die Reha-Maßnahmen stationär durchzuführen.

An unserem Tisch saß zudem eine Dame, die in meinem Alter sein mochte, aber mit dem Aufenthalt gar nicht zufrieden war. Das lag allerdings nicht an der klinischen Einrichtung, sondern an der vorangegangenen Behandlung im Krankenhaus. Wie sie sagte, hatte man sie wohl nicht richtig behandelt, und sie musste nun fürchterlich darunter leiden. Sie blieb nicht mehr sehr lange in Bad Wildungen. Die Dame interessierte sich allerdings sehr intensiv für mein Leiden. Deshalb konnte ich ihr in kurzen Zügen schildern, was ich erlebt hatte und sie war sehr dankbar, als ich ihr die Adresse von Herrn Kuschel, dem medizinischen Berater der Froximun AG gab, von dem sie sich kurzfristig beraten und das Medikament zusenden lassen wollte.

Herr Schönewald hatte ein ähnliches Leiden wie ich, glücklicherweise aber nicht in der Schwere. Dennoch hatte er sich einer 6-monatigen Chemotherapie unterziehen müssen und trug auch noch immer seinen Port unter dem Schlüsselbein.

Auch er hatte auf mein Anraten Kontakt zu Herrn Kuschel aufgenommen, der ihm in kürzester Frist das Froximun nach Bad Wildungen schickte. Nach nur 8 Tagen, so sagte mir Herr Schönewald, habe er seine persönliche Konstitution nicht wieder erkannt.

Noch kurz vor unserer Fahrt nach Bad Wildungen hatte meine Frau dafür gesorgt, dass ich noch bei der Firma Kind in Hamburg vorstellig wurde. Dieses Unternehmen ist für seine qualitativ hochwertigen Hörgeräte bekannt.

Mit meinem Gehör habe ich mittlerweile die allergrößten Probleme. Insbesondere wenn sich mehrere Personen in meiner Gegenwart unterhalten, verstehe ich kaum etwas. Nachdem die Geräte neu eingestellt waren, glaubte ich, das Problem mit der Verständigung nun in den Griff bekommen zu haben.

Aber mit dem Hören ist es wirklich ein Kreuz. Im Jahre 2005 habe ich 80 % des Hörvermögens verloren und muss bei fast jedem zweiten, dritten Satz nachfragen, wenn sich, wie jetzt, vier Personen an einem Tisch unterhalten. Das ist mir natürlich äußerst peinlich. Im Speisesaal unterhielten sich ca. 160 bis 180 Personen und ich kam mir vor, als würde ich mich auf einem Flughafen befinden; so stark ist die Nebengeräuschkulisse des Hörgeräts.

Ohne meiner Frau auch nur etwas davon zu sagen, habe ich die Hörgeräte dann meistens auf unserem Zimmer gelassen und in meiner Nachttischschublade tief verbunkert. Das fiel ihr natürlich auf, worauf ich ihr erklärte, dass ich mich nach ein paar „terrorfreien" Momenten sehnte und sie deshalb nicht mitgenommen habe.

Am 4. oder 5. Tag unseres Aufenthalts hatte ich beide Hörgeräte eingesetzt, als wir zum Essen gingen. Wegen der störenden Nebengeräusche nahm ich sie aber kurze Zeit später heraus und steckte sie in die Hosentasche.

Zwei Tage später forderte mich meine Frau auf, beide Geräte wieder einzusetzen. Ich griff in die Hosentasche und holte das erste heraus. Das zweite war aber nicht mehr da! Es musste mir wohl im Speisesaal heruntergefallen sein.

Ganz scheinheilig fragte ich meine Frau, ob sie es zufälligerweise eingesteckt hatte, obwohl ich wusste, dass das nicht der Fall war. Wir suchten das gesamte Zimmer ab, wurden aber nicht fündig. Obwohl ich froh war, von dieser Last befreit zu sein, spielte ich den Enttäuschten.

Man darf jedoch nicht vergessen, dass Hörgeräte alles andere als preiswert sind. Trotz einer gewissen Beteiligung meiner Krankenkasse habe ich für meinen Satz immerhin die Kleinigkeit von 4.000 Euro zahlen müssen.

Ich machte mich nun auf den Weg zur Rezeption und fragte, ob dort zufälligerweise ein Ohr abgeben wurde. Die Empfangsdame sah mich irritiert an und wollte wissen, ob es einen Unfall oder gar eine Schlägerei gegeben habe. Zu ihrer Beruhigung konnte ich ihr sagen, dass ich das Hörgerät „Ohr" nenne, und tatsächlich konnte sie mir mein fehlendes Ersatz-Ohr aushändigen. Nun war ich wieder dem Terror des Überschalls ausgesetzt. Den Finder hätte ich in diesem Moment umbringen können.

Am Nachmittag des kommenden Tages hatten wir keine Anwendungen. Meine Frau bestand darauf, dass wir die freie Zeit nutzten, um in die 2 Kilometer entfernte Innenstadt von Bad Wildungen zu fahren. Dort gab es ebenfalls eine Filiale des Hörgeräteakustikers Kind. Meine Hörgeräte wurden dort überprüft und auf ein gewisses Niveau eingestellt, so dass sich die Nebengeräusche in einigermaßen erträglichen Grenzen hielten.

Alles in allem kann ich nur sagen, dass ich die Menschen, die noch ihr volles Gehör haben, beneide. Überhaupt kann man zurückhaltend neidisch auf all jene sein, die noch im vollen Besitz ihrer körperlichen Gesundheit sind. Das merkt man allerdings erst dann, wenn man krank ist.

Die Therapiemaßnahmen beschränkten sich aber nicht nur auf Blutdruck-, Blutzuckerkontrolle und Beckenbodenübungen. Es gab noch eine sehr intensive Einzelgymnastik, auf die ich noch gesondert eingehe, und natürlich das Ergo-Training. Beim Ergo-Training fährt man 15 Minuten auf einem Fahrrad und muss immer eine Pulsfrequenz zwischen 70 und 80 einhalten.

Besonders interessant ist aber auch die so genannte Rückenschule, auf die ich ebenfalls noch zu sprechen komme. Nun aber hatte ich meine erste Einzelgymnastik.

Wie ich in Gesprächen mit anderen Patienten erfahren hatte, genoss die Therapeutin einen ausgezeichneten Ruf und war als ganz besonders robuste Person bekannt. Sie sollte sehr viel Kraft in ihren Armen haben und darüber hinaus über ein entzückend loses Mundwerk verfügen. Es handelte sich um Frau Bostard.

Sie war etwa 40 Jahre alt und höchstens 1,65 Meter groß, jedoch von den Haarspitzen bis zu den Zehen 100 % Dynamit. Sie nahm mich unter ihre Fittiche und verfrachtete mich auf eine Liege. Dann schnappte sie sich mein linkes Bein und führte es zu meinem rechten Ohrläppchen. Mein rechtes Bein wurde ebenfalls nicht verschont und landete am linken Ohrläppchen.

Bei diesen Übungen gab sie Geräusche von sich als sei sie direkt dem Urwald entsprungen. Sie hatte wirklich eine unbändige Kraft und ich muss gestehen, dass ich nach 30 Minuten Tortur nicht in der Lage war, allein von der Liege herunterzukommen.

Sie erinnerte mich an die italienische Schlagersängerin Rita Pavone. Diese Sängerin hatte nicht nur eine unglaublich markante Stimme, sondern sie war in den 70er Jahren auch durch ihren eigenwilligen Haarschnitt bekannt geworden. Deshalb nannte man sie die singende Karotte. Fortan nannte ich Frau Bostard liebevoll Karottenkopf.

Dass ich ihr diesen Spitznamen verpasst hatte, wurde ihr von irgend jemandem zugetragen. Wenn man sich mit anderen Patienten unterhält, bleibt so etwas natürlich nicht aus. Frau Bostard nahm mir das aber nicht übel. Im Gegenteil: Bei meinem nächsten Besuch holte sie sogar eine Liste hervor und las mir etwa 12 Spitznamen vor, die ihr die einzelnen Patienten in den vergangenen Jahren verpasst hatten.

Da meine Frau Probleme mit der Hüfte hat, wollte ich unbedingt, dass auch sie ein paar Gymnastikstunden bei Frau Bostard wahrnahm. Zwar ließen sich leider nicht so viele Termine realisieren, wie ich mir gewünscht hatte, aber immerhin hat es für 4 halbe Stunden gereicht.

Der rein fachliche und von mir auch voll akzeptierte Kommentar von Frau Bostard war, dass meine Frau eine einzige Baustelle ist, an der wirklich viel zu reparieren sei. Bei fleißiger Arbeit würde die Mängelbeseitigung etwa ein halbes Jahr beanspruchen. Das war für mich das Signal, uns die Übungen genauestens zu notieren und sie dann in Hamburg auf ein anderes Gymnastikstudio zu übertragen.

Im Hause selbst befand sich auch eine sehr schöne Cafeteria. Hier konnte man nachmittags ab 14.00 Uhr, nachdem die Ruhepause beendet war, die verschiedensten Waffeln mit Eis, Sahne oder Früchten essen. Auch konnte man unter einer Vielfalt an Torten und anderem Gebäck wählen.

Äußerst angenehm aber empfanden wir die mitten im Haus befindliche Quelle, an der man sich kostenfrei jederzeit soviel Wasser nehmen konnte, wie man wollte.

Obwohl wir Badezeug mitgenommen hatten, wollte ich natürlich aufgrund meiner Inkontinenz noch nicht das Bad besuchen. Meine Frau konnte sich nicht entscheiden, alleine schwimmen zu gehen.

Der für das Ergometertraining (Rad fahren) zuständige Herr Mehler war ein drahtiger, austrainierter, sportlicher Typ von vielleicht 40 bis 45 Jahren und sehr gut aussehend. Die etwas jüngeren Damen himmelten ihn an und verschlangen ihn förmlich mit ihren Blicken. Er war auch für die so genannte Rückenschultherapie zuständig. Hier war es sehr wichtig, die richtige Haltung für den Körper zu finden, um Haltungsschäden entgegenzuwirken. Auf seine besonnene Art konnte er die Patienten sehr gut motivieren, so dass die halbe Stunde wie im Flug verging.

Besonders interessant an diesem Klinikum war, dass man auch auf die Raucher Rücksicht genommen hatte. Um zu unserer Unterkunft zu gelangen, mussten meine Frau und ich den rückwärtigen Ausgang des Hauses nehmen, der zum Kurpark führte, und nach einem kurzen Stück links abzweigen. Geradeaus wiederum befand sich ein kleines Holzhäuschen, vor dem eine Bank stand. Auf dieser Bank saßen Tag für Tag die Raucher. Ich nannte diese Hütte „das Haus der Unverbesserlichen".

Wenn jemand so krank ist, dass er wegen schwerer Lungenkrebserkrankung, wegen Magen- und Darmkrebs und ähnlichem in eine Reha-Klinik muss, dann bleibt es mir ein unlösbares Rätsel, wie er morgens auf nüchternen Magen eine Zigarette nach der anderen qualmen kann.

Als Nichtraucher, der ich ja zwischenzeitlich geworden war, nahm ich selbst in 20 Metern Entfernung den kalten Rauch intensiv wahr, wenn ich an diesem Holzhaus vorbeigehen musste. Ich will das Rauchen ja nicht verteufeln. Wer rauchen will, soll rauchen.

Dennoch ist es unglaublich, wie teuflisch die Nikotinsucht sein kann. Schlägt man die Zeitung auf, liest man, wer wieder an Lungenkrebs verstorben ist. Selbst das schreckliche Bild von einem unserer beliebtesten Entertainer, Rudi Carrell, dem der Tod ins Gesicht geschrieben stand und der kurz vor seinem Tode besonders geehrt wurde, konnte die meisten Raucher nicht von ihrem Laster befreien.

Einer der Raucher fiel mir ganz besonders auf. Er hatte eine für Seefahrer typische Mütze auf, etwas angedeutete O-Beine und auch den Gang eines Seemanns. Deshalb nannte ich ihn Kap Hornier. Das ist die Bezeichnung für jemanden, der, meistens auf einem Schoner, das Kap Horn mehrfach umsegelt hat.

Er saß bereits morgens, bevor die Klinik um 7.00 Uhr geöffnet wurde, auf seinem Stammplatz vor dem Holzhäuschen und rauchte seine Zigarette. Nicht eine, sondern eine nach der anderen. Neben ihm hatten sich meistens Gleichgesinnte eingefunden.

Als ich eines Tages an dem Häuschen vorbeiging, um meine nächste therapeutische Maßnahme wahrzunehmen, ließ jemand laut und unüberhörbar seinen Blähungen freien Lauf. Dies quittierte der Kap Hornier mit den Worten „Der Furz ist das probateste Mittel, einer Filzlaus den Schlaf aus den Augen zu blasen." Der andere drehte sich entsetzt um, und dann fingen beide lauthals an zu lachen. Auch ich konnte mir das Lachen nicht verkneifen, denn auch in der Rückenschule bei den Beckenbodenübungen ist es schon des Öfteren passiert, dass jemandem mit lautem Donnern einige Luft aus dem Körper entwich, zur allgemeinen Belustigung der anderen. Dafür kann eben kein Mensch etwas.

Was mich besonders erschreckte, war, dass das Haus der Unverbesserlichen auch von jungen Mädchen belagert wurde. Ich musste aufgrund meiner Anwendungen mehrmals täglich an dem Haus vorbeigehen. Dabei fiel mir eine junge Dame auf, die offensichtlich ihr Feuerzeug schonen wollte und sich deshalb eine Zigarette mit der nächsten anzündete.

Wie schon erwähnt, will ich das Rauchen nicht anprangern. Schließlich gehörte auch ich einmal der Fraktion der Raucher an und vertilgte immerhin drei Zigarren pro Tag. Ich glaube es ist ein falsches Alibi, wenn ich sage, dass ich nie auf Lunge geraucht habe. Es kommen dennoch genügend Schadstoffe über den Speichel in den Magen, und die vielen Gifte können großes Unheil anrichten. Ob vielleicht ein Teil meines Darmkrebs auf mein langes Rauchen zurückzuführen ist, will ich in diesem Zusammenhang gar nicht mal in Abrede stellen.

Was meiner Frau und mir bereits nach dem ersten Tag in der Klinik auffiel, war das zuvorkommende Personal. Die im Speisesaal beschäftigten Servicekräfte waren von ausgesuchter Höflichkeit und standen hilfreich und beratend zur Seite. Unser Zimmer wurde jeden Morgen gereinigt und mit frischen Handtüchern bestückt. Wenn erforderlich, wurde natürlich auch die Bettwäsche getauscht. Das Zimmermädchen war äußerst freundlich und es war ihr nicht zuviel, wen man sie um einen kleinen Gefallen bat.

Sollte ich noch einmal, was der Herr bitte verhindern möge, nach einer schweren Krankheit eine Reha-Maßnahme absolvieren müssen, dann würde mich mein Weg wieder in das zauberhafte Bad Wildungen in die Klinik Reinhardshöhe führen.

Ich erinnere mich sehr gerne an die vielen unterschiedlichen Typen, die mir in dem großen Speisesaal der Klinik begegneten. Der Mensch ist doch eine seltsame Einrichtung. Hinter unserem Tisch saß ein Ehepaar, das aus der Nähe von Leer (Ostfriesland) kam. Die Einwohner sind die so genannten Fehntjer. Dort gibt es die Ortschaften Ostrhauderfehn, Westrhauderfehn, Stiekelkamperfehn usw.

Der Mann war etwa 1,80 Meter groß und hatte ein Gewicht vo ca. 160 kg. Die Frau war leider schon nicht mehr in der Lage, allein zu laufen. So wurde sie jeden Morgen, jeden Mittag und jeden Abend von ihrem Gatten im Rollstuhl in den Speisesaal gefahren. Dort versorgte er sie mit allen Köstlichkeiten, die das Büffet zu bieten hatte.

Diese beiden Herrschaften waren ja auch in der Klinik, um ein bisschen abzunehmen. Stutzig und höchst interessiert beobachtete ich, dass sie sich zwar nur am Diät-Büfett bedienten, luden sich aber zum Frühstück gern für 2 Personen 7 Brötchen nebst der erforderlichen Menge an Butter und Belag auf ihre Teller. Was auf den Platten zur Verfügung stand, war vor ihnen nicht sicher.

Eine weitere korpulente Dame, höchstens 25 Jahre alt und mit einem Gewicht von schätzungsweise 180 kg fiel mir auf, weil sie immer die erste im Speisesaal war. Egal, ob zur Frühstücks-, Mittags- oder Abendzeit, stets war sie die erste. Auch sie saß natürlich an einem 4-Personen-Tisch, jedoch der Platz neben ihr blieb stets leer. Die Tische standen doch etwas zu eng beieinander, als dass noch eine weitere Person neben ihr Platz gefunden hätte.

Schräg gegenüber dem Tisch meiner Frau und mir, saß eine Dame mit einer exzellenten Figur. Mir fiel auf, dass sie täglich zu den verschiedenen Mahlzeiten in einem anderen festlichen Gewand erschien. Sie hatte die Versorgung ihrer 3 Tischnachbarn übernommen und lief gut und gerne an die 15 Mal quer durch den Saal zum Büffet und kehrte mit den Mahlzeiten, die ihre Nachbarn sich gewünscht hatten, zum Tisch zurück. Somit hatte sie auch dem letzten Anwesenden ihre Garderobe vorgeführt. Wir gaben ihr deshalb den Spitznamen Heidi Klum, das Modell von Reinhardshöhe.

Herr Ross, mein neuer Tischnachbar, hatte eine schwere Lungen-Operation hinter sich. Dieser knapp 1,80 Meter große Mann ging vornüber gebeugt und war mit seinen allerhöchstens 55 kg ein wandelndes Skelett. Er hatte einer älteren Dame, die an einem Krückstock ging, den Spitznamen Hexe mit bösem Blick gegeben. Als ich ihn fragte, weshalb er sie so nennt, sagte er, dass das daran liegt, wie sich diese Frau mit ihren Tischnachbarn unterhält: Herrisch und bösartig.

Besondere Aufmerksamkeit erregte ein junger Mann. Er sah dem Popstar Robbie Williams wie aus dem Gesicht geschnitten ähnlich. Auch hatte er die gleiche Größe und Figur, wie der durch seine Eskapaden bekannte Sänger. Dieser Mann hatte ein unglaubliches Lachen, das alle Leute in seiner unmittelbaren Umgebung ansteckte. Er war der Robbie Williams für die Landbevölkerung, wie mein Tischnachbar so treffend formulierte. Jeder wollte gerne, falls seine Lache mal Junge bekommt, gern einen Ableger davon haben.

Diese Typenstudie zu machen, ist natürlich eine sehr abwechslungsreiche Angelegenheit und macht große Freude. Sie ist aber keinesfalls bösartig gemeint, sondern dient vielmehr der allgemeinen Belustigung. Vor allem aber mobilisierte sie. Man sprach nicht mehr so viel von seinen Krankheiten und seiner Leidenssituation und das Allgemeinbefinden verbesserte sich automatisch.

Nachdem ich nun mehrfache Anwendungen hinter mich gebracht hatte, stellte ich fest, dass sich meine körperliche Verfassung sehr verbesserte. Als ich in der Klinik ankam, war ich kaum in der Lage, nach dem Sitzen mein Körpergewicht hochzustemmen. Nun ging dies mühelos vonstatten.

Ich hatte das Gefühl, mich rundum stabilisiert zu haben. Diesen Umstand habe ich den gymnastischen Übungen bei Frau Bostard zu verdanken. Sie hat mir in kürzester Zeit zu einer unglaublichen Mobilität verholfen.

Die täglichen Anwendungen waren aber dennoch sehr kräfteraubend. Jeden Tag nahm ich mir mit meiner Frau etwas vor und wir genossen es, uns die schöne Umgebung anzusehen. Wenn wir aber nach dem Abendessen auf unserem Zimmer waren, übermannte uns die Müdigkeit. Den Fernseher würdigten wir keines Blickes, sondern waren froh, unsere Ruhe zu haben. Wir fielen todmüde aufs Bett und schliefen ein.

In fast jedem Hause trifft man einen General. Egal, ob weiblichen oder männlichen Geschlechts, diese Person hat das Sagen. In Reinhardshöhe war es die Sekretärin einer der Chefärzte. Ihr Ton war mehr als gewöhnungsbedürftig. Wenn man täglich mit so vielen Personen zu tun hat, ist es sicherlich auch keine leichte Aufgabe, immer höflich und ausgeglichen zu sein.

Sie schien eine außerordentlich tüchtige Kraft zu sein. Ansonsten wäre sie sicherlich nicht die Chefsekretärin in einer so bedeutenden Institution, wie es das Klinikum Reinhardshöhe in Bad Wildungen ist.

Jeden Morgen wurde ich zur Morgendämmerung wach. Ich schaute dann aus dem Fenster und genoss das fantastische Panorama, das sich vor mir ergoss. Bei klarem Wetter hatte ich einen Ausblick von mindestens 1,5 bis 2 Kilometern. Rechts erstreckte sich das ansteigende Bergmassiv, das von einem riesigen Tannenwald umsäumt war. Unterhalb befand sich die sehr in die Breite gehende Dorflandschaft mit schmucken Häusern und Gehöften.

Vor meinem Fenster stand eine riesige Birke. Sie war schlank, kerzengerade gewachsen und hatte vielleicht eine Höhe von 25 Metern. Als wir am 27. März 2007 ankamen, war sie noch völlig kahl. Nun hingen ein paar Dolden herunter. Dies sind die ersten Anzeichen, das die Birke anfängt, grün zu werden. Für Allergiker sind jene allerdings ganz besonders unangenehm.

Es war ein entzückendes Bild, wenn die kleinen Finken, die gerade mal 20 Gramm wiegen, sich in den Ästen niederließen und an den Birkendolden pickten. Dass diese kleinen Artisten dabei nicht abstürzten, war geradezu abenteuerlich.

Nun, nach etwa 3 Wochen Aufenthalt, war die Birke wie ihr gesamtes Umfeld grün, und in ein blühendes Meer mit den verschiedensten Farben gehüllt. Bad Wildungen ist unter anderem dafür bekannt, dass es zu den sonnenreichsten Landstrichen Deutschlands zählt und ein mildes Klima mit einer fast staubfreien Luft hat.

Wehmütig stellte ich fest, dass bereits Sonntag, der 8. April war. In weniger als 10 Tagen würden wir von diesem wunderschönen, ausgesprochen ruhigen und friedlichen Ort Abschied nehmen müssen. Die Sonne begann, das ganze Tal in ein wundervolles Licht zu hüllen. Abschied nehmen zu müssen ist ein scharfes Schwert.

Wenn ich aus meinem Fenster blickte, sah ich aber auch die kleine Räucherhütte, in der sich zu jeder Tages- und Abendzeit die Unverbesserlichen einfanden. Als erster kam immer der Rollstuhlfahrer, dem man beide Beine amputiert hatte. Ob es sich um Raucherbeine gehandelt hatte? Ich weiß es nicht. Begleitet wurde er stets von dem schon zuvor beschriebenen Kap Hornier.

An diesem letzten Sonntag unseres Aufenthaltes beschlossen meine Frau und ich, eine etwa 20-minütige Autofahrt zu unternehmen, die uns an die wunderschöne Edertalsperre führen sollte. Dort sind wir bereits vor etwa 5 Jahren schon einmal gewesen und haben insbesondere die schöne Fahrt dorthin genossen. Mit ihrer Lage ist die Edertalsperre geradezu als paradiesisch zu bezeichnen.

Außerdem hatten wir einen Besuch im Bad Wildunger Museum geplant und wollten zudem anschließend im Kurzentrum spazieren gehen, von dem alle Besucher, die bereits dort gewesen waren, in den höchsten Tönen schwärmten. Dieser riesige Park erstreckt sich von Bad Wildungen bis nach Reinhardshagen. Es würde Tage dauern, ihn vollständig zu erkunden, denn mit seinem riesigen Flächenausmaß von etwa 5 Hektar ist er der größte Kurpark Europas.

Ein völlig unerwartetes Erlebnis setzte mich am 4. April 2007 gedanklich um fast fünfeinhalb Jahrzehnte in die Vergangenheit zurück. Ich kam gerade von einer Beckenbodenübung in der großen Gerätehalle zurück, als mich meine Frau am Hauseingang erwartete. In ihrer rechten Hand hielt sie einen Blumenstrauß, den sie aus selbstgepflückten blühenden Zweigen und Sträuchern zusammengestellt hatte, die im unmittelbar an die Klinik angrenzenden Wald wuchsen. Meine Frau sah mich mit einem gewinnenden Lächeln an und freute sich spitzbübisch darüber, dass sie mich wieder einmal an etwas erinnern musste, das ich permanent vergesse: An den 4. April 1953. Sie überreichte mir den Blumenstrauß und gratulierte mir.

Wie elektrisiert fiel mir nun ein, dass wir heute vor 54 Jahren in Hausbruch, einem Vorort von Hamburg, unsere Verlobung gefeiert hatten. Damals kannten wir uns erst ein paar Monate und begingen unser Eheversprechen mit einer wunderschönen Feier. In jener Zeit war zwar alles viel ärmlicher und sparsamer, aber dennoch war es ein Erlebnis, das mir für den Rest meiner Tage erinnerlich bleiben wird.

Etwas verlegen, aber freudig nahm ich den Blumenstrauß entgegen und sagte, wie schade ich es finde, dass sie mir schon wieder zuvor gekommen ist und dass ich sie doch zu einem schönen Mittagessen einladen wollte. Meine Frau konnte sich ein Lachen nicht verkneifen, und auch ich wusste, dass meine Ausrede alles andere als überzeugend war.

Dank meines wieder geschenkten Lebens verlebten wir einen sehr schönen Tag. Daran hatte ich am 21. September 2006 nach meiner schweren Krebs-Operation sicherlich nicht geglaubt. Um gesund zu bleiben, nehme ich deshalb jeden Morgen, Mittag und Abend mein Froximun zu mir, wie es mit meinem medizinischen Berater abgesprochen ist. Es ist sehr wichtig, dass ich das Froximun mit sehr viel Wasser zu mir nehme. Überhaupt merkte ich inzwischen, wie mein Körper nach einem guten, frischen Wasser verlangte.

Mittlerweile stand das Osterfest bevor. Am 7. April 2007, Ostersamstag, hatten wir uns mit unseren Tischnachbarn zum Mittagessen eingefunden und waren wie immer eine fröhliche Runde. Anschließend fuhren meine Frau und ich in die Bad Wildunger

Innenstadt. Nachdem wir unsere Besorgungen erledigt und uns anschließend ein bisschen ausgeruht hatten, fanden wir uns gegen 18.45 Uhr wie gewohnt zum Abendessen im Speisesaal ein, wo wir eine Überraschung erleben sollten:

Beide Hälften des Speisesaals waren abgedunkelt und auf jedem der hübsch dekorierten Tische stand eine brennende Kerze. Alle Patienten hatten bereits ihre Plätze eingenommen und richteten ihre zum Teil ungläubigen Blicke auf meine Frau und mich. Nun bemerkten wir, dass nur meine Frau und ich „Räuberzivil" trugen. Alle anderen waren elegant bis festlich gekleidet.

Es stellte sich nun heraus, dass wir während unserer Abwesenheit eine wichtige Durchsage von Frau Borchert verpasst hatten. Sie hatte über die Lautsprecheranlage verkündet, dass die Klinik alle Patienten um 18.30 Uhr zu einem schönen Candlelight-Dinner einlädt. Nicht genug damit, dass wir eine Viertelstunde zu spät kamen, wir waren darüber hinaus auch noch völlig unpassend angezogen und hätten vor Scham im Boden versinken mögen.

Frau Borchert empfand ich übrigens als die absolut angenehmste Erscheinung im gesamten Klinikum. Diese Dame war nicht nur von einer ausgesuchten Höflichkeit, sondern auch unglaublich hilfsbereit. Sie war eine großartige Dame, die gefühlvoll auf die Patienten einging und immer versuchte, deren Wünsche zu erfüllen.

Das Menu bestand aus mehreren Gängen und dazu wurde auch jedem Patienten ein halbes Glas Rotwein gereicht. Wein gehörte natürlich nicht zur Therapie und wurde auch nicht von den Krankenkassen verordnet. Dies war eine Idee der Klinikleitung und wurde von den Patienten als außerordentlich wohltuende Abwechslung empfunden. Bei meiner Frau leuchteten die Augen, hatte sie doch seit September 2006, als meine Krankheit begann, kein Glas Wein mehr angerührt. Es begann ein stimmungsvoller Abend, von dem ausnahmslos jeder Patient begeistert war. Selbst diejenigen, die man sonst nur mit unzufriedener oder sorgenvoller Miene sah, hatten nun ein Lächeln im Gesicht.

Für gewöhnlich leerte sich der Speisesaal immer nach etwa einer Dreiviertelstunde. Wenn alle gegessen hatten und gesättigt waren, gingen sie ihrer eigenen Betriebsamkeit nach. An diesem Abend aber, bei diesem festlichen Candlelight-Dinner, waren auch um 20.00 Uhr noch alle anwesend. Nun erschien ein Herr aus der Klinikleitung, hielt eine kleine Ansprache und ging dann von Tisch zu Tisch, um jeden Einzelnen persönlich zu begrüßen.

Gesundheitlich ging es mir gut bis sehr gut. Wie schon einmal erwähnt, kam ich mir vor, als sei ich in eine andere Haut geschlüpft. Ich fühlte mich gestärkt und war wieder voller Tatendrang und Elan. Deswegen hatte ich eigentlich gar nicht richtig wahrgenommen, dass ich die Ärzte relativ selten zu Gesicht bekommen hatte.

Nun hatte ich einen Termin bei Herrn Dr. Rieck zur Chefvisite. Als ich mich pünktlich einfand, wurde mir mitgeteilt, dass er einen sehr wichtigen Termin wahrnehmen musste und ich deshalb zu seiner Vertretung gehen sollte. Dessen Praxis befand sich in einem sehr schönen Bungalow in unmittelbarer Nähe der Klinik. Von dem vertretenden Arzt wurde ich sehr nett empfangen und nach meinem allgemeinen Wohlbefinden befragt. Ich umriss kurz mein Krankenbild, während er in meiner Akte blätterte.

Auf seine Frage, was er für mich tun könne, sprach ich ihn auf meine Inkontinenz an, weil ich noch immer unter den unangenehmen Begleiterscheinungen seit der Rückverlegung und der Reaktivierung meines Dickdarms litt. Der Arzt blickte kurz von seinem Schreibtisch hoch und sagte seiner anwesenden Assistentin, sie solle mir ein Rezept für Flohsamenschalen ausstellen.

Als ich das hörte, dachte ich, dass mich der liebe Doktor veräppeln wollte. Flohsamenschalen, so meine plausible Erklärung, sind doch das gleiche wie ein halbes Kilogramm Aalfüße, mit denen meine Frau unseren damals kleinen Sohn in den 1. April schickte.

Inzwischen war mir zwar ein ganzes Konvolut von Medikamenten bekannt, die mir von Heilpraktikern und Umweltärzten empfohlen worden waren. Von Flohsamenschalen hatte ich aber bei aller Liebe noch nie gehört. So sah ich den Arzt etwas entgeistert an und fragte dann spontan, ob das ein Scherz sein soll, für den ich jederzeit zu haben bin. Er meinte nur ganz trocken, dass wir nicht zum Spaß hier wären und dass ich mich schon auf seine Aussagen verlassen könnte.

Ein Abtasten meines Bauchraumes erfolgte nicht. Auch gab es keine anderen Untersuchungen. Über mein Blutbild erhielt ich ebenfalls keine Informationen. Das also war die so genannte Chefvisite. Etwas mehr Interesse hätte ich mir nun doch erhofft.

Deshalb sprach ich den Arzt auf meinen Heilungsprozess an, den ich meiner Meinung nach ausschließlich der Einnahme des Medikamentes Froximun zu verdanken habe. Nun war er derjenige, der entgeistert guckte, denn dieses Produkt war ihm nicht bekannt.

Daraufhin sah ich mich nun veranlasst, ihn etwas barsch im Ton aufzufordern, doch einmal zu lesen, was der medizinische Direktor des Israelitischen Krankenhauses, Herr Prof. Layer, über mich, meinen Gesundheitszustand und über das Froximun in meiner Akte vermerkt hatte. Der Doktor las sich die entsprechenden Passagen durch. Ein Achselzucken war seine einzige Reaktion.

Davon unbeeindruckt erlaubte ich mir den Bemerk, wie schön es doch wäre, mit Froximun auch anderen Patienten helfen zu können. Ich konnte allerdings mehr als deutlich erkennen, dass sein Interesse ziemlich bei Null lag. Dennoch überließ ich ihm ein Infoblatt und wissenschaftliche Auswertungen. Nach noch nicht einmal acht Minuten verabschiedete ich mich und verließ seine Praxis.

Erinnerungen kamen mir in den Sinn. Ende 2002, als wir schon einmal in Bad Wildungen waren und meine Frau nach einer schweren, aber gut überstandenen Halswirbeloperation einen 3-wöchigen Aufenthalt in einer Reha-Klinik verordnet bekam, war ich natürlich als Gast an ihrer Seite. Meine Frau hatte unter dieser schweren Operation sehr zu leiden. So haben wir seinerzeit nur ganz wenig unternommen, weil sie sich wirklich schonen musste.

Damals war es alles andere als einfach, meine Frau zu dieser wichtigen Operation zu bewegen. Dr. Ramm, unser Hamburger Neurologe, hatte ihr unmissverständlich klar machen müssen, dass ihr anderenfalls binnen kürzester Zeit eine Querschnittslähmung drohte. Darüber war meine Frau natürlich tief schockiert, und mir ging es bei dieser Aussage nicht anders.

Nach vielen Gesprächen innerhalb der Familie und des Freundeskreises stimmte meine Frau dann der Operation zu. Für den Eingriff entschieden wir uns für das Boberger Unfallkrankenhaus in Hamburg. Diese Klinik genießt deutschlandweit einen sehr guten Ruf und hat auch bei sämtlichen berufsgenossenschaftlichen Einrichtungen eine gute Reputation.

Es gab natürlich viele Tränen am Abend vor der Operation und am Tag danach. Abends musste ich meine Frau alleine lassen, damit sie sich auf den bevorstehenden Eingriff vorbereiten konnte. Später erzählte sie mir, dass sie aus dem Fenster im 4. Stock geschaut und ein halbes Dutzend Rollstuhlfahrer im Innenhof der Klinik gesehen hatte. In diesem Moment war sie so deprimiert, dass sie am liebsten das Fenster geöffnet und in die Tiefe gesprungen wäre. Nur die Angst, eventuell nicht sofort tot zu sein und ein noch schlimmeres Leiden ertragen zu müssen, hatte sie davon abgehalten. So kam dann der Tag der Operation. Dieser Eingriff am Halswirbel sollte sich als äußerst kompliziert herausstellen. Unser damaliger Aufenthalt in Bad Wildungen war also gekennzeichnet von kleinen, kurzen Spaziergängen innerhalb der dortigen Kureinrichtung.

Das war nun im Jahre 2007 ganz anders. Wann immer ich mit Freunden und Verwandten sprach, die schon einmal wie wir in Bad Wildungen waren, gab es nur ein einziges Thema: Den Kurpark. Der Kurpark soll einer der schönsten Europas sein, mit Sicherheit aber ist er der größte Europas.

Dieses Mal wollte ich mir diese schöne Einrichtung nicht entgehen lassen, und ich wollte sie mir unbedingt gemeinsam mit meiner Frau ansehen. Und das sollte ich wirklich nicht bereuen. Unweit der Ortschaft Reinhardshausen befand sich das Haus Fürstenhof, ein ehemaliges Hotel, das heute eine Klinik beherbergte. Das Haus war mindestens 120 Jahre alt und im Jugendstil erbaut. Hinter dem Gebäude führte eine etwa 500 Meter lange asphaltierte Straße in Richtung Maritim-Hotel, das ebenfalls zu einer besonders feinen und exklusiven Einrichtung zählt.

Ich stellte das Auto ab und ging mit meiner Frau zum Eingang des Kurparks. Ein großes Hinweisschild verkündete, dass wir nun den größten Kurpark Europas betreten würden. Und das war wirklich nicht übertrieben. Der Park übertraf alle unsere Erwartungen und Vorstellungen.

Als erstes sahen wir ein riesiges, langgestrecktes Gebäude. Es war etwa 5 Meter hoch und hatte ein Walmdach von ca. 10 Metern Länge. Auf weiteren 100 Metern schloss sich ein Flachdach an, auf dem sich schon wieder weitere Baumaßnahmen abzeichneten. Wie es hieß, sollte der Gebäudekomplex in seiner Größe verdoppelt werden. Bis zur Fertigstellung dürften aber wohl gut und gerne noch 2 ½ bis 3 Jahre vergehen.

Im Inneren des Gebäudes befand sich eine großzügige Wandelhalle. Hier gab es eine Vielzahl kleinerer Geschäfte und gemütlicher Cafés. Im schönen Innenhof gab es zudem eine Einrichtung für die Aufführung von Kurkonzerten.

Sowie wir diesen Gebäudekomplex hinter uns ließen und in den Park hinein wandelten, wurden wir förmlich von einer unbeschreiblichen Blumenpracht überwätigt. Die zahllosen schönen Düfte sollten eigentlich die Inspiration eines jeden Parfumherstellers sein.

Vor uns, auf einer satten grünen Wiese, waren in einer Art Gondel mehrere Blumenschalen bepflanzt. Davor sahen wir eine Konzertmuschel, die etwa 50 Musikern Platz bot. Seitwärts an der Außenfassade befand sich ein sehr schönes Kleinmosaik, in welches das Wappen von Bad Wildungen eingearbeitet war. Davor ein Blumenarrangement in den verschiedensten traumhaften Farben.

Vor unseren Augen tat sich ein Meer von Osterglocken und eine nicht zu schätzende Zahl von Narzissen in den verschiedensten Farben auf. Schließlich folgten rote und weiße Marmelblümchen. Entzückende Stiefmütterchen streckten ihre Gesichter bei zarten Klängen des Kurkonzerts der Sonne entgegen. Es war eine zauberhafte, idyllische Atmosphäre.

Alle Pflanzen waren fortlaufend ihrer Blütezeit arrangiert. Waren die ersten Osterglocken verblüht, traf man auf die Frühtulpen und danach auf die nächst späteren Sorten. Es war also ein ständiges Kommen und Gehen; eine Blütenpracht, die kein Ende nahm.

Die Art und Weise, wie man diesen Park angelegt hatte, setzte natürlich sehr viel Liebe zum Detail voraus. Unter einer mächtigen Kastanie, die sich auf einer sattgrünen Wiese in unmittelbarer Nähe eines bereits voll ausgeblühten weißen Kirschbaumes befand, hatte man ein Gerüst gebaut. Dieses Gerüst stand auf Pfählen und erinnerte in seiner Form an einen sich davon hebenden Schmetterling. Dieser Schmetterling war üppig mit gelben, roten, blauen und weißen Stiefmütterchen bepflanzt und zu einem einzigartigen und intensiv duftenden Blütenkelch vereint. In diesem Moment dachte ich an unsere liebe Freundin Hannelore „Loki" Schmidt. Bei dem Anblick hätte ihr Herz bestimmt vor Freude einen Sprung getan.

Ärzte und Patienten der verschiedensten umliegenden Kliniken lustwandelten in diesem Park. Schon von weitem bemerkte ich eine Gruppe, die an einer besonderen Stelle Halt gemacht hatte. Als ich näher kam, verstand ich, weshalb sich die Menschen an diesem herrlichen Anblick nicht satt sehen konnten. Hier waren einige herzförmige Beete angelegt, die so traumhaft schön waren, dass ich nicht umhin komme, sie ausführlich zu beschreiben.

Der äußere Rand eines der Herzen bestand aus großen, gelben Schweizer Riesen. In der Mitte befand sich ein richtig hübsches Gesicht, schwarz und leuchtend umrahmt von diesem großen gelben Kranz. Im Zentrum des Herzens waren blaue Stiefmütterchen mit winzigen, gelben Gesichtchen. Dieses tiefe Blau wurde nur noch von dem Himmel über mir übertroffen.

Am oberen Ende des Herzens befanden sich schätzungsweise an die 1.000 Tulpen, deren Blütenkelche schon in den Himmel hinein ragten. Diese Pflanzen waren je etwa 25 cm hoch. Ihre deutlich ausgebildeten Knospen würden bestimmt in den nächsten wenigen Tagen aufgehen. Herz an Herz reihten sich diese Beete in immer wieder anderen Farben. Es war ein Bild, das man so schnell nicht vergisst.

Gegenüber dieser märchenhaften Blütenpracht stand ich vor einem Baum, der aus 6 großen einzelnen Stämmen bestand, die sich keilförmig nach außen spreizten und Platz für ihre ausladenden Äste suchten. Jeder einzelne Stamm hatte einen Durchmesser von etwa 80 cm. Einen solchen Baum hatte ich noch nie zuvor gesehen. Landläufig ist er als Flügelnuss bekannt, sein lateinischer Name lautet Fraxinifolia. Ob dieser Baum einmal Früchte tragen wird, ist mir nicht bekannt.

Nun kam ich zu einem Teich, der als Fackelteich bezeichnet wurde. An lauen Sommerabenden wurde er rund um seine Uferböschung mit Fackeln bestückt, die die ohnehin ganz besondere Atmosphäre unterstrichen. Damit hatte ich das Ende des ersten Teils des Kurparks erreicht.

Auf keinen Fall wollte ich auf den zweiten und letzten Teil verzichten. Der Park war terrassenförmig angelegt und bildete mit seiner Pflanzenschule das Highlight.

Am Eingang zu diesem Bereich hat man den Eindruck, auf einer Art Tribüne zu stehen. Von hier oben erkannte man kleine eingegrenzte Felder, die aussahen, als hätte man kleine Ziergärten als Parzellen angelegt.

Stieg man die 50 Stufen hinab, befand man sich auf einer höchstens 2,50 Meter breiten Chaussee inmitten der entzückend angelegten Beete. An der linken Seite standen wunderbare Kandelaber, die das ganze beleuchteten. Um Rollstuhlfahrern und Radfahrern einen bequemen Zugang zu ermöglichen, führte neben der Treppe ein spiralförmig verlaufender Weg nach unten.

Auch dieser Teil des Kurparks war von unvergleichlicher Schönheit. Die Experten hatten auch hier ihre gesamte künstlerische Gabe in die landschaftliche Gestaltung einfließen lassen. Spielend könnte ich noch Stunden über diese herrliche Blütenpracht berichten und kann jedem nur empfehlen, einmal einen Ausflug nach Reinhardshausen zu machen, um meine Begeisterung nachvollziehen zu können.

Dass mir der Abschied von dieser wunderschönen Einrichtung schwer fiel, muss nicht besonders betont werden. Sollte mich mein Weg einmal wieder in Richtung Frankfurt oder München führen, wird mir kein Umweg für einen nochmaligen Besuch zu weit sein. Wie alle positiven Eindrücke, hatte auch dieser Besuch Anteil an meinem Gesundungsprozess.

Wo waren bloß diese 3 Wochen geblieben? Die Zeit war wie im Fluge vergangen. Meine Frau hatte die gleichen Empfindungen wie ich. Selten haben wir einen therapeutischen Aufenthalt, verbunden mit einem kleinen Erlebnisurlaub, so genossen. Auch Kuriositäten hatten wir erlebt. Von einer möchte ich berichten:

Auf der Rückfahrt vom Kurpark in unsere Klinik machten wir einen Abstecher nach Reitzenhagen. Man hatte uns erzählt, dass es dort ein einzigartiges Lokal gäbe, auf das wir nun sehr neugierig waren. Es handelte sich um das Waffelhaus der Waffelkönigin, wie sie von Insidern liebevoll genannt wurde.

Das Haus war schnell gefunden, denn es lag direkt an der Hauptstraße in Reitzenhagen. Die Fassade machte den Eindruck, eine Verjüngungskur verdient zu haben. Mit einem für dieses Fachwerkgebäude geeigneten Anstrich wäre eine kosmetische Korrektur kein großer Aufwand.

Als wir die Stufen zum Eingang herauf gingen, entdeckten wir an der Rückfront des Gebäudes eine riesige Glasterrasse. Von der Größe her war sie schwer einzuschätzen, sie dürfte aber etwa 600 bis 700 Quadratmeter groß gewesen sein und beherbergte üppige Topfpflanzen und Bäumchen. Es war ein richtig gemütliches und anheimelndes Ambiente.

Als der Ober an unseren Tisch kam, fragte ich ihn noch bevor er uns die Speisekarten überreicht hatte, ob er uns eine Waffel empfehlen könnte. Er sah mich sichtlich irritiert an und bat uns, doch lieber einmal einen Blick in die Karte zu werfen. Hier waren sage und schreibe 140 verschiedene Waffeln aufgeführt.

Meine Frau hatte sich für die gleiche Waffel entschieden wie ich. Eine Waffelspezialität nach Art des Hauses – mit verschiedenen Früchten, Vanille-Eis aus eigener Herstellung und einer leckeren Sauce. Der Ober nahm unsere Bestellung entgegen und bedachte uns mit einem etwas mitleidigen Blick.

Nun waren wir diejenigen, die etwas irritiert guckten, als der Ober uns mit einem Augenzwinkern verkündete, uns nur eine Waffel zu bringen und gleich darauf verschwand. Wir blieben sprachlos zurück. Dabei hatten wir uns so auf die Waffeln gefreut. Jeder sollte seine eigene haben, in der Hoffnung, dass sie nicht nur mundet, sondern auch ein bißchen sättigt.

Wenig später erschien der Ober erneut an unserem Tisch. Auf einem großen Teller, etwa 40 cm im Durchmesser, befand sich eine köstlich aussehende Waffel, die fast so groß war wie dieser. Uns wurde ein zweites Gedeck aufgelegt, so dass wir uns die riesige Waffel teilen konnten. Nun waren wir dem Ober doch sehr dankbar, denn selbst für zwei Personen war diese riesige Waffel fast schon zuviel. Sie schmeckte einfach großartig. Sollten wir noch einmal in die Nähe von Reitzenhagen kommen, werden wir auf jeden Fall noch einmal bei der Waffelkönigin einkehren. Dem Inhaber des Hauses habe ich übrigens ein Exemplar dieses Buches versprochen.

Am letzten Tag meines Klinikaufenthaltes erwarteten mich noch zwei Anwendungen. Zunächst hatte ich 20 Minuten Rückenmassage beim Nesthäkchen der Klinik, bei Frau Kiel. Sie war eine sehr nette, junge Masseurin, die sich immer sehr viel Mühe gab und sehr tüchtig war. Bei einem reizenden und interessanten Gespräch verging auch dieses Mal die Zeit wie im Fluge.

Meinen zweiten und letzten Therapietermin nahm ich bei Herrn Mehler wahr, der meines Erachtens zu den versiertesten Therapeuten seines Fachgebiets zählt. Wie schon vorab beschrieben, ist er unwahrscheinlich freundlich und auch immer zu einem Scherz aufgelegt. Heute allerdings musste ich mir einen kleinen Rüffel gefallen lassen.

Als ich am Sonntag mit meiner Frau im Bad Wildunger Kurpark war, hatte ich auch meine Umhängetasche dabei gehabt, die mich als Patient der Klinik Reinhardshöhe auswies. Darin befand sich meine Mappe mit den Anwendungen. Auf unerklärliche Weise aber war mir der Zettel abhanden gekommen, auf dem Herr Mehler die Anwendungstermine und Werte des Ergometertrainings vermerkt hatte.

Darüber war Herr Mehler natürlich etwas ungehalten, weil er nun alle Angaben für die Verwaltung und für die Ärzte neu schreiben musste. Meine obligatorischen 12 Minuten Radfahren erhöhte er deshalb zur Strafe um weitere 2 Minuten. Auf Wiedersehen, lieber Herr Mehler. Sollte ich noch einmal eine therapeutische Maßnahme in Bad Wildungen absolvieren müssen, werde ich mich gern und vertrauensvoll wieder in Ihre Hände begeben, denn Sie haben mir sehr geholfen.

Den Rest des Tages verbrachte ich auf dem zu unserem Zimmer gehörenden Balkon und genoss noch einmal das wirklich traumhaft schöne Panorama. Als ich nach unten sah, entdeckte ich Alfred, den netten Hausmeister, der am Tage unserer Ankunft das Gepäck in unser Zimmer getragen hatte. Er war damit beschäftigt, die Papierkörbe und die Standaschenbecher zu leeren. Diese 15 Liter-Eimer wiesen, wie ich von oben sehen konnte, einen etwa 10 cm hohen Zigarettenkippenbelag auf. Es war mir unbegreiflich, wie Schwerstkranke täglich 25 und mehr Zigaretten verschlingen konnten.

Am Abreisetag begegnete mir beim Frühstück Herr Dr. Geiger, den ich um einen Gefallen bat. Meinem Tischnachbarn Herrn Schönewald, meiner Frau und mir war es nämlich eine ganz besondere Aufgabe, uns ein bisschen um unseren Tischnachbarn Heinz Ross zu kümmern. Er war schwer krank und litt natürlich sehr darunter. So gut es uns möglich war, versuchten wir ihn ein wenig aufzumuntern.

Als ich Herrn Ross eines Tages nach einem Rückschlag in seinem Zimmer besuchte, war ich doch etwas erschreckt. Man hatte ihm ein Zimmer zugewiesen, das sich im Souterrain befand. Durch das kleine Fenster konnte er nicht den Himmel sehen, sondern blickte nur auf eine gegenüber liegende Wand. Davon erzählte ich Herrn Dr. Geiger, der sofort veranlaßte, dass Herr Ross ein anderes Zimmer bekam. Darüber hat er sich natürlich sehr gefreut.

Selbst am letzten Tag hatte ich mich noch nicht an Heinz' Dialekt und seine etwas knurrige Aussprache gewöhnt. Es war mir unmöglich, alles, was er mir mitteilte, zu verstehen. Ich wusste aber, dass er den eisernen Willen hatte, wieder gesund zu werden. Dass wir, seine Tischnachbarn, ihm dabei eine große Hilfe waren, hatte er mehrfach zum Ausdruck gebracht. Das hat mich ganz besonders gefreut. Eine gute Tat für einen echten Pfadfinder.

Ich kann mich nicht erinnern, jemals so viele Spaziergänge und Wanderungen unternommen zu haben, wie während unseres Aufenthaltes in Bad Wildungen. Mit einer Leichtigkeit hatten wir den Kurpark durchstreift und sind auch in die nähere Umgebung von Bad Wildungen gefahren, um dort zu wandern oder spazieren zu gehen.

Unvorstellbar, dass meine Frau noch im November, Dezember und Januar die allergrößte Mühe hatte, mich auch nur zu einem kleinsten Spaziergang zu bewegen. Zu der Zeit hätte ich mir nicht träumen lassen, dass ich im April 2007, diesem vorgezogenen Sommer, derart agil sein würde. Der Aufenthalt in Bad Wildungen stimmte in jeder Beziehung von A bis Z. Ununterbrochen hatte während dieses 3-wöchigen Reha-Aufenthaltes die Sonne geschienen, und es hatte nicht ein einziges Mal geregnet.

Da wir so viel Gutes für unsere Gesundheit getan hatten, beschlossen meine Frau und ich, uns auch einmal mit einem Kinobesuch zu belohnen. Es war mindestens 30 Jahre her, seit wir gemeinsam ein Lichtspieltheater besucht hatten. So fuhren wir zur Nachmittagsvorstellung in die nahegelegene Kleinstadt Fritzlar, wo der Film „Mr. Bean macht Ferien" lief. Da wir Mr. Bean, diesen einzigartigen Clown mit seinem englischen und teilweise idiotischen Humor sehr mögen und zudem gerne herzhaft lachen, war das genau das Richtige für uns.

Noch vor wenigen Wochen hätte ein solcher Kinobesuch überhaupt nicht mit meiner körperlichen Verfassung korrespondiert. Welch eine wunderbare Wandlung sich vollzogen hat, bleibt mir unerklärlich. Zwar ist meine Gesundheit auf einem eisernen Willen begründet, aber dennoch bleibt alles ein Wunder.

Auszug aus dem Abschlussbericht der Klinik Reinhardshöhe

Klinik Reinhardshöhe
34537 Bad Wildungen

Betr.: Buterfas, Ivar, geb. am 16.01.1933

9.2 **Bewertung durch den Arzt:**
Am Ende der Rehabilitation wirkte der Pat. erholt und gekräftigt. Aus der Kombination aus balneophysikalischen Maßnahmen, Aufklärungsgesprächen, Sphinkter-Elektrostimulation, Ernährungsberatung konnte eine gute Stabilisierung des Allgemeinzustandes erreicht werden. Die hier durchgeführten diagnostischen Maßnahmen wurden mit dem Pat. besprochen. Klinisch fand sich vor Entlassung reizlose Abdominalnarbe, Bauchdecke weich, lebhafte Peristaltik. Während des ges. Aufenthaltes war Herr B. sehr motiviert und für andere Patienten sehr hilfsbereit, so veranstaltete er nach eigener Initiative einen Selbsterfahrungsvortrag für die Mitpatienten. Die Anregung zu weiterem Prozedere wurde mit dem Pat. besprochen.

10. SOZIALMEDIZINISCHE EPIKRISE:

10.1 **Leistungsprofil:**
Herr B. ist 74 Jahre alt, bereits in Altersrente, die häusliche Selbstversorgungsfähigkeit und Alltagskompetenz sind gesichert.

10.2 **Positives und negatives Leistungsbild:**
Entfällt.

10.3 **Empfehlungen für berufsfördernde Maßnahmen:**
Entfällt.

10.4 **Einschätzung der Patientin/des Patienten:**
Entfällt.

11. NACHSORGE:

11.1 **Vorschläge für nachfolgende Eigenaktivitäten:**
Fortsetzung der hier erlernten hilfreichen gymnastischen Übungen in Eigenregie, sowie häusliche Verwendung des rezeptierten Sphinkter-Elektrostimulationsgerätes.

11.2 **Vorschläge für ambulante Therapien/Diagnostik:**
Weitere onkologische Nachsorge nach Plan.
Mittelfristige Laborverlaufskontrollen (BB, LDL-Cholesterin, CA 19.9).

11.3 **Medikation bei Entlassung:**
Perenterol forte 250 2-2-2, Infektor trimed 100 0-0-1, Foximmun nach Schema. Mucofalk 3 x tgl. 1 Btl..

11.4 **Entlassungsbericht-Verteiler:**
Dr. med. Holst, HA
DAK

Kapitel 11: Emil

Würde ich nicht durch einen reinen Zufall auf das Medikament Froximun gestoßen sein, hätte ich diese unglaublich schönen Wochen sicherlich nicht verleben dürfen. Das Froximun entfaltet bei mir eine schier unglaubliche Wirkung. Die Betonung liegt hierbei auf „bei mir", denn ich kann nur von mir sprechen. Die guten Erfahrungen, die andere mit Froximun gemacht haben, muss ich natürlich als Hören-Sagen einstufen.

Ich hege aber die große Hoffnung, dass das Froximun auch meinem lieben Freund Emil helfen wird, von dem ich abschließend kurz berichten möchte:

1970 gaben wir unsere Zusammenarbeit mit unserem Kompagnon auf, was das Ende der Firma Buterfas & Winkelmann bedeutete. Nun wagten meine Frau und ich den Weg in die wirkliche Selbständigkeit. Wir gründeten das Unternehmen Buterfas & Buterfas mit dem Kürzel B & B.

Die Geschäfte liefen bereits in den ersten 2 Jahren hervorragend. Viele Kunden, die mich noch aus der Kooperation mit der Firma Buterfas & Winkelmann kannten, suchten nun nach unserer Selbständigkeit den persönlichen Kontakt zu mir. Unser Unternehmen blühte auf, was allerdings auch mit fast pausenloser, harter Arbeit verbunden war.

Nach etwa 2 Jahren, die wir uns nur unserer Firma gewidmet hatten, war es nun an der Zeit, uns einmal unendlich lange 3 Wochen Urlaub zu gönnen. Um ganz sicher zu sein, dass in diesen 3 Wochen keinerlei geschäftliche Verpflichtungen an uns herangetragen werden, entschlossen wir uns, weit weg von zu Hause Urlaub zu machen. Wir wussten auch schon, wohin die Reise gehen sollte, nämlich nach Kenia.

In ihrer zuverlässigen Art hatte meine Frau alles Erforderliche organisiert. Das Hotel war gebucht und auch die Flugtickets lagen nun vor. Ich brauchte lediglich unsere Koffer ins Auto zu packen und ab ging es zum Flughafen. Im Januar 1972 traten wir unsere Erholungsreise an.

Schon die im Reiseprospekt abgedruckten Bilder waren sehr beeindruckend. Als wir ankamen, stellten wir fest, dass alles noch sehr viel schöner war. Die Landschaft zu beschreiben, ist gar nicht so einfach. Alles war so üppig und geradezu paradiesisch, es herrschte ein wunderbares, mildes Klima.

Unser Dolphin-Hotel befand sich in einer sehr schönen Anlage. Am Ende des großen Swimmingpools befand sich ein kleiner, schmaler Weg, über den man mit nur wenigen Schritten direkt zum Meer gelangte.

Die Zimmer waren sehr komfortabel eingerichtet und das Essen erstklassig. Man merkte gleich, dass die Engländer viele Jahre ihre Hand im Spiel hatten. Auch die Bedienungen, zumeist farbige, junge Männer, trugen englische Vornamen.

Im großen, äußerst eleganten Speisesaal saß eines Abends am Nebentisch ein Ehepaar, das mir sofort auffiel. Sie sprachen miteinander schwyzerdütsch. Dieses Deutsch klingt so, als hätte man eine Halskrankheit.

Es dauerte nicht lange, bis wir ins Gespräch kamen und uns regelmäßig zu den Mahlzeiten trafen. Dies war der wunderbare Beginn unserer inzwischen 34 Jahre bestehenden Freundschaft mit Emil und Thea Lang.

Thea stammte aus Duderstadt und Emil aus Südtirol. Beide lernten sich in einem Schweizer Hotel kennen, in dem sie im Management gearbeitet hatten. Nach ihrer Hochzeit gründete Emil einen großen Autohandel, der weit über die Grenzen der Schweiz bekannt war. Man konnte von ihm die teuersten und schönsten Fahrzeuge kaufen. Es ging um Ferraris, Bentleys, Rolls Royce, Mercedes, BMW und fast alle amerikanischen, großen Typen. Seine Fahrparade war eine einzige Augenweide. Er war sehr tüchtig in seinem Geschäft und so brachte er es schon in jungen Jahren, auch dank seiner tüchtigen Frau, zu Ansehen und Vermögen.

Wir haben uns fast jährlich 5, 6 Mal getroffen. Entweder fuhren wir in die Schweiz oder sie fuhren in Theas Heimat Duderstadt, nur etwa 250 km von Hamburg entfernt, wo wir uns dann trafen. Natürlich verbrachten wir auch noch viele gemeinsame Urlaube. Wir bereisten gemeinsam die Seychellen, dann waren wir zusammen auf Hawaii. Es war eine große, tiefe, enge Freundschaft.

Anfang des Jahres 2000 erhielt ich von Thea die Schreckensnachricht, dass ihr Mann – auf welche Weise auch immer – sein Gehör verloren hatte. Es deutete sich eine außergewöhnlich komplizierte Operation an, die man in dieser Art eigentlich in der Schweiz gar nicht durchführen wollte, weil sie nur in jungen Jahren an Jugendlichen vorgenommen werden konnte. Emil hatte schon seit vielen Jahren nicht mehr das Alter, dass man dieses Risiko bei ihm eingehen wollte.

Dennoch bestand Emil darauf, dass dieser Eingriff durchgeführt wurde. Die Operation war ungewöhnlich teuer, hat ihm aber leider nicht geholfen, was ich auf das Äußerste bedauerte. Ein Telefonat mit ihm ist mir bis heute leider nicht möglich.

Emil war ein Baum von einem Mann. Man könnte ihn fast als Naturburschen bezeichnen. Wenn ich nun sah, wie er dahinsiechte, krampfte sich mir das Herz zusammen. Sehr häufig habe ich mit Thea telefoniert, besonders in den vergangenen Tagen.

Und in den vergangenen Tagen erfuhr ich von ihr auch, dass ihr Mann nun auch noch zu allem Überfluss an der Parkinson'schen Krankheit leidet. Im Gegensatz zu mir, kämpfte er gegen dieses Schicksal nicht an, sondern ließ sich einfach treiben.

Darauf hin habe ich mit Herrn Frank Kuschel, dem medizinischen Berater der Froximun AG, ein ausführliches Gespräch geführt. Ich bat ihn, sich doch einmal liebenswürdigerweise mit unserer Freundin Thea Lang telefonisch in Verbindung zu setzen. Er versprach mir die sofortige Kontaktaufnahme.

Welcher Weg für meinen Freund Emil der richtige ist, kann ich nicht beurteilen. Ich hoffe aber inständig, dass ihm etwas helfen wird. Jetzt, da meine Frau und ich wesentlich mehr Zeit für uns haben – wir warten nur noch mit Spannung auf unser Urenkelkind – würde ich mich sehr freuen, auch noch viele gemeinsame Stunden mit Emil und Thea verbringen zu können. Emil, ich wünsche Dir alles Gute; toi, toi, toi!

Ich hoffe, noch viele Monate, aus denen Jahre werden, gemeinsam bei bester Gesundheit mit meiner lieben Ehefrau Dagmar genießen zu dürfen. Meinem gnädigen Schicksal sage ich Dank: Danke für alles!

Kapitel 12: Lübeck

Ich weiß nicht, wie häufig ich mir während meiner schweren Krankheit die Frage nach dem Sinn meiner anstrengenden Aufklärungsarbeit, die mich durch das gesamte deutschsprachige Europa geführt hat, gestellt habe. Häufig und immer wieder war für mich die wichtige und entscheidende Frage: Habe ich alles richtig gemacht? Im Nachhinein, wenn ich auf fast zwölf Jahre intensiver Aufklärungsarbeit in vielen deutschen und deutschsprachigen Städten Europas zurückblicke, kann ich dies nur bejahen.

Meine Arbeit hatte einen großen Sinn und war geprägt von dem Gedanken, unseren heranwachsenden Generationen zu vermitteln, welch eine Gefahr von dem Rechtsradikalismus ausgeht. Es war für mich absolut wichtig, ihnen deutlich zu machen, dass diese Szene auf keinen Fall zu verharmlosen ist. Man muss sie warnen damit die jungen Menschen begreifen, dass es nur ein ganz kleiner Schritt ist, um in Rassismus und Antisemitismus aufzugehen und Menschen zu diskriminieren, zu entwürdigen, sogar körperlich zu schädigen, weil sie einer anderen Religion oder einer anderen Rasse angehören und vor allen Dingen auch anders aussehen.

Niemand hätte nach den schweren Jahren des Wiederaufbaus und der völlig zerstörten Städte geglaubt, dass eine solche Aufklärungsarbeit überhaupt vonnöten sei – denn die Hinterlassenschaft der Nationalsozialisten war einfach verheerend: es gab kaum eine deutsche Stadt, die nicht von den Alliierten bombardiert und teilweise bis zu 80 % zerstört wurde. Ich denke hier speziell an meine Geburtsstadt Hamburg.

Ich habe mit meinen Geschwistern – während mein Vater im Konzentrationslager war – in einem zerstörten Wohnblock im Versteck gelebt, in Hamburg-Horn in der damaligen Wilhelm-Gustloff-Straße und in der heutigen Stengele-Straße. Der aufopferungsvollen Rolle einer Hamburgerin ist es überhaupt zu verdanken, dass wir diese schwere Zeit im Versteck überstehen konnten, bis dann schließlich am 4. Mai 1945 die britischen Panzer über die nicht gesprengten Elb-Brücken hereinrollten und der nationalsozialistische Spuk zu Ende war. Wir waren glücklich, dass wir überlebt hatten!

Trotz widrigster Umstände: Wir waren in den letzten Tagen des Zusammenbruchs des Dritten Reiches nicht in irgendeinem Konzentrationslager gelandet. Als der Krieg zu Ende war und das gesamtdeutsche ehemalige Große Reich dann am 8. Mai 1945 kapitulierte, war ich 12 Jahre alt, aber schon mit dem Verstand eines 18 Jährigen ausgestattet, geprägt von der Angst und den Qualen, die andere Glaubensgenossen – wie ich wusste – nicht überlebt hatten. Wir erfuhren zwischenzeitlich von dem nahe gelegenen Konzentrationslager Neuengamme, in das wir wohl, wenn man uns aufgespürt hätte, in den letzten Tagen des Krieges 1945 noch verbracht worden wären. Natürlich hätte dieses Lager auch für uns den Tod bedeutet.

Nach der Wannsee-Konferenz im Jahre 1942 – wir als Halbjuden verloren damals auch unsere deutsche Staatsbürgerschaft – war die Vernichtung der gesamten jüdischen Rasse in Europa beschlossen worden. Das bedeutete Deportationen ohne Wiederkehr. Es ging nach Theresienstadt, es ging nach Auschwitz; der Massenmord der nationalsozialistischen Schreckensherrschaft wurde professionell durchgeführt.

All das wurde nach dem Kriege 1945 der restlichen deutschen Bevölkerung, die die Schreckensherrschaft überlebt hatte, bekannt. Natürlich hatte jeder, der noch einmal davongekommen war, geglaubt, dass nun eine Zeit des Wiederaufbaus anbräche (vielleicht nach einer kurzen Phase des Nachdenkens über die Gräueltaten, die im Namen Adolf Hitlers in ganz Europa, das besetzt worden war, durchgeführt wurden, um dann aber gemeinsam die Ärmel aufzukrempeln und aus unseren deutschen zerstörten Städten wieder ein bewohnbares Land zu machen).

Das alles war uns wichtig – auf zu einer neuen Zukunft (Wiederaufbau unserer deutschen Städte, Aufbau einer Existenz, Schaffung von Grundlagen, Errichtung eines vernünftigen Schulsystems für unsere heranwachsenden Kinder, Bau von Krankenhäusern, Kindergärten und allem, was man zu einem erträglichen Leben, benötigt). Es kamen anstrengende Arbeiten auf uns zu, denn der Wiederaufbau gestaltete sich über mehrere Jahrzehnte äußerst schwierig und erforderte den Einsatz eines jeden Menschen, der willens war, in Frieden mit den Völkern Europas in der Zukunft zu leben. Niemand hatte zu diesem Zeitpunkt geglaubt, dass möglicherweise noch einmal nationalsozialistisches Gedankengut in dem neuen deutschen Staat, der sich später Bundesrepublik Deutschland nannte, enstehen könnte. Aber das war ein Trugschluss, sie sollten sich alle täuschen. Viel eher als man glaubte war dies der Fall. Die ewig Gestrigen gab es immer noch. Wie sagte doch mein Freund, der Schriftsteller Ralph Giordano: Adolf Hitler war geschlagen, aber nicht besiegt. Der Geist war immer noch unterschwellig spürbar.

Für uns stand damals nach dem Kriege die wichtige Frage an, ob wir in diesem Land, das den Menschen so viel Schreckliches angetan hat, bleiben wollten, wir hier versuchen sollten zu leben, hier, wo wir geboren sind, wo unsere Sprache, gesprochen wird, oder ob wir (wie viele andere) diesem Land den Rücken kehren und woanders, wo die Menschen eine andere Auffassung und anderen Respekt vor den Menschen haben, versuchen sollten eine neue Heimat zu finden. Wir entschlossen uns zu bleiben. Und im Nachhinein möchte ich auch ganz deutlich unterstreichen, dass dies eine kluge Entscheidung war. Natürlich gab es Schwierigkeiten, die so groß waren, dass man glaubte, sie seien nicht zu überwinden. Noch lange versagte mir der deutsche Staat die Wiedereinbürgerung als Deutscher, man versagte mir meine Staatsbürgerschaft. Es dauerte 16 Jahre bis ich (nachdem wir im Rahmen der Wannsee-Konferenz als staatenlos erklärt wurden) endlich meine deutsche Staatsbürgerschaft wiederbekam.

Dass es schließlich dazu kam, verdanke ich ausschließlich meiner Frau. Schon damals hätte ich mir denken müssen, dass im Deutschland der Nachkriegszeit noch der Ungeist in vielen Behörden herrschte. Der Mann, der uns die deutsche Staatsbürgerschaft mit einem einzigen Federstrich hätte wiedergeben müssen, weigerte sich – unter immer neuen Vorwänden schob er unsere Wiedereinbürgerung vor sich her. Ich war stigmatisiert. Ich musste mich mit einem Fremdenpass jedes Vierteljahr bei der Polizei melden, um mir meine Aufenthaltsgenehmigung bestätigen zu lassen. Das war eine weitere Entwürdigung. Gab es doch zwischenzeitlich schon in der Bundesrepublik Deutschland das Grundgesetz mit dem Artikel 1, in dem es heißt: Die Würde des Menschen ist unantastbar.

Doch hier wurde weiter diskriminiert. 16 Jahre lang ein dornenreicher Weg ohne die Wiedereingliederung als deutscher Staatsbürger – obwohl wir ja in Hamburg geboren waren, wir waren ja deutsche Staatsbürger. Wir wollten ja nichts haben, was uns nicht zustand. Wir wollten etwas zurück, was uns dieser Staat willkürlich genommen hatte. Der nationalsozialistische, verbrecherische Unrechtstaat. Durch das damalige Gleichberechtigungsgesetz, das in der Bundesrepublik eingeführt wurde, waren unsere beiden Kinder Andreas und Jasmin, weil sie dem Vater zugeordnet wurden, als Staatenlose in dieser Republik herangewachsen. Sie wurden erst gemeinsam mit mir im Jahre 1961 deutsche Staatsbürger.

Wenn ich mich an diesen schrecklichen Nachkriegsakt der deutschen Behörde erinnere, hätte ich mir eigentlich auch denken können, dass andere viel schrecklichere Dinge auch in diesem Nachkriegsdeutschland passieren können. Wie Recht ich doch haben sollte.

Natürlich hatte ich als Staatenloser nach 1945 nicht die gleichen Rechte und Privilegien, wie sie jeder andere Bundesbürger zu diesem Zeitpunkt schon hatte. Es war äußerst schwierig für mich, eine Lehrstelle zu bekommen, ich wurde immer wieder abgewiesen mit den fadenscheinigsten Begründungen. So musste ich mich auf den verschiedensten Feldern durchschlagen, was mich natürlich für den Rest meines Lebens geformt hat. Ohne diese harte Schule, die ich im Nachhinein zwangsläufig durchlaufen musste, wäre mir sicherlich manches im Leben, was ich hinterher mit Stolz rekapitulieren konnte, nicht geglückt.

Über all diese Widrigkeiten habe ich in der Phase meiner schweren Krankheit nachgedacht, habe immer wieder abgewogen – war es richtig, in diesem Land zu bleiben oder hätte man besser sein Glück woanders suchen sollen: in Amerika, Südamerika, Großbritannien oder wo auch immer. Nein. Es war richtig, in diesem Land zu bleiben. Und es ist richtig, für die Privilegien, die wir heute besitzen, zu kämpfen. Und es ist richtig und verantwortungsbewusst, die jungen Menschen, die heranwachsenden Generationen über eine Zeit aufzuklären, die sich nie wiederholen darf. Klären wir aber diese nicht auf, besteht die große Gefahr, dass sie, ohne es zu wollen, ohne sich dagegen wehren zu können, ohne das Wissen über eine Zeit, die zu den schrecklichsten in der deutschen Geschichte zählt, in eine Falle hineintappen, die sinniger Weise von unserem Verfassungsschutz in Köln die „Braune Falle" genannt wird.

Als geborener Hansestädter habe ich immer ein besonderes Gefühl und eine besondere Vorliebe für alle anderen deutschen Hansestädte, vor allem im norddeutschen Raum, und so galt meine Liebe (neben meiner Geburtsstadt Hamburg, und Hamburg ist und bleibt für mich der Mittelpunkt der Welt) der Freien und Hansestadt Lübeck.

Ich habe oft überlegt, warum diese Stadt, die sich natürlich durch ihre Größe ganz erheblich von meiner Geburtsstadt Hamburg unterscheidet, auf mich eine solche Faszination ausübt. Ist es der wunderschöne Weihnachtsmarkt, der sich jährlich entlang der Trave erstreckt (wenn man ihn einmal besucht hat, dann ist man geneigt, das mindestens jedes Jahr einmal mit einem Besuch in Lübeck zu wiederholen)? Sind es möglicherweise die fantastischen Leckereien, die ja Lübeck weltberühmt gemacht haben (das Lübecker Marzipan des Unternehmens Niederegger, auf deren äußeren Verpackungen das wunderschöne und sehr alte Holstentor prangt)? Sind es Lübecks Türme, der Dom oder dieses wunderschöne Rathaus, das in seiner Pracht nur zu vergleichen ist mit unserem Hamburger Rathaus oder mit dem Rathaus von Bremen? Oder ist es vielleicht auch die Geschichte der Familie Mann (Thomas Mann, weltberühmt mit seinen Romanen „Die Buddenbrooks" – es gibt kaum einen Deutschen, der dieses Buch nicht gelesen hat, kaum einen Bundesbürger, der nicht zumindest die Serie im Fernsehen gesehen hat –, „Der Zauberberg" oder „Die Bekenntnisse des Hochstablers Felix Krull", um nur einige wenige literarische Werke zu nennen)?

Oft bin ich durch die Altstadt Lübecks gewandelt, von der, Gott sei Dank, noch eine ganze Menge nachgeblieben ist und erhalten wurde, obwohl Lübeck zu einer sehr schwer zerstörten Stadt durch die alliierte Luftwaffe zählte. Lübeck war überhaupt eine der ersten Städte, die in den frühen 40er Jahren bombardiert wurde. Heute sieht man dieser schönen alten Stadt ihre damaligen Wunden nicht mehr an, und es soll so bleiben. Es darf sich nie wieder durch Gewalt etwas verändern.

Das ist eine Aufgabe, die wir, wenn wir was verändern wollen, nicht nur unserem Staat in die Schuhe schieben dürfen: Nicht nur er ist dafür zuständig, sondern es ist ein allgemeines gesellschaftliches Problem, dem wir uns zuzuwenden haben. Zuzuwenden schon aus eigenem Egoismus, denn wer möchte auf die heute so selbstverständlichen Privilegien des 21. Jahrhunderts verzichten, seine schöne Wohnung oder sein schönes Haus, sein schönes Auto, vielleicht sogar den Zweitwagen für die Ehefrau, die mehrmaligen Urlaube im Jahr? Alles Dinge, die man früher nicht kannte, alles Dinge, die wir uns als fleißiges Volk erarbeitet und verdient haben. Und das sollen wir einem Braunen Mob, ein paar ewig gestrigen Brunnenvergiftern einfach überlassen? Das sollen sie unseren nachrückenden Generationen einfach nehmen? Sie schüren Ausländerhass, Antisemitismus, sie praktizieren rohe Gewalt, die nicht zu überbieten ist, sie stellen sich äußerlich dar mit Glatzköpfen, mit Springerstiefeln, mit Bomberjacken, sie benutzen heute technische Einrichtungen wie das Internet und verbreiten damit ihre hässlichen Parolen, sie veranstalten Konzerte, auf denen sie die widerwärtigste Musik verbreiten, sie betrinken sich, und wenn sie da draußen herumkrakeelen und irgendwo jemanden antreffen, der anders aussieht als sie, von dem sie vermuten, dass er irgendwo aus dem Ausland stammt, dann schlagen sie ihm den Kopf ein.

Es ist nicht so, dass ich hier übertreibe. Wenn ich an die Vorfälle erinnere in den frühen 90er Jahren, an Mölln, wo eine türkische Familie bei lebendigem Leib verbrannt wurde, oder wenn ich an Solingen denke ... Ich habe dies alles einmal deutlich in einem Film gezeigt, den wir gedreht haben und der sich nannte: Wer Wind sät, wird Sturm ernten.

Deutlich konnte man die verzweifelten Schreie der Menschen hören, die ihre Liebsten im Feuer verloren hatten, die in unser Land kamen, um unseren Reichtum zu mehren und uns zu unserem Wohlstand, den wir heute hinnehmen, verholfen haben. Menschen, die Arbeiten übernommen hatten, zu denen kein Deutscher mehr bereit war. Ob es sich um Straßenfegen oder Müllbeseitigen handelte – heute sind es andere Arbeiten. Heute sind wir auf einem anderen Stand, weil wir in den letzten Jahren mit sehr hoher Arbeitslosigkeit zu kämpfen hatten. Da ist natürlich bei vielen ein bisschen die Besinnung eingekehrt. Aber wenn man einmal genau hinschaut, sieht man doch, wie sehr wir auf unsere ausländischen Freunde angewiesen sind, die uns zum Beispiel zu dem schönen Spargel verhelfen oder in der Erdbeerernte heute gar nicht mehr wegzudenken sind (alles Arbeiten, zu denen die Deutschen leider nicht mehr – auch wenn sie arbeitslos sind – zu bewegen sind).

Nun, nachdem mir meine Ärzte bescheinigt haben, dass ich wieder so gut wie gesund bin, nehme ich selbstverständlich meine Arbeit dort wieder auf, wo ich sie am 19. September 2006 zwangsläufig durch die Diagnose Krebs erst einmal einstellen musste. Dass ich wieder so gesund bin, verdanke ich natürlich auch der unglaublichen Stärke meiner Frau und ihrer Hilfe. Sie war mir eine große Stütze. Ohne sie hätte ich es wahrscheinlich gar nicht geschafft.

Heute nehme ich wieder Anteil am Leben, heute kann ich es mir erlauben, mich wieder mit Dingen auseinanderzusetzen, die doch weitestgehend mein Leben bestimmt haben. So gibt es schon wieder feste Planungen, wo ich in Kürze mit jungen Menschen zusammentreffe, um das zu tun, was für meine Begriffe das Wichtigste überhaupt ist: den jungen Menschen deutlich zu machen, dass sie auf keinen Fall den braunen Einflüssen unterliegen dürfen.

Durch einen Zufall habe ich am Montag, dem 21. Mai 2007, einen sehr interessanten Bericht im NDR 1 gehört, einem lokalen Sender, der von Schleswig-Holstein aus ausgestrahlt wird. Im Rahmen der Musiksendung hörte ich auch, dass am 21. Mai 2007 im Rathaus der Freien und Hansestadt Lübeck eine Ausstellung über die rechtsradikale Szene zu sehen sei. Längst war wieder ein Besuch in Lübeck, meiner zweiten Liebe fällig. Erinnere ich mich doch noch ganz besonders an das Jahr 1998, an den 22. Juni, als ich im Rathaus von Lübeck auf Einladung des damaligen Bürgermeisters eine Veranstaltung durchführte, an der 300 Jugendliche teilnahmen, die aus den verschiedensten Gymnasien und Realschulen der Freien und Hansestadt Lübeck eingeladen worden waren. Bei dieser Gelegenheit trug sich auch der Bürgermeister in das Goldene Buch von St. Nikolai ein, und ich habe erfreulicherweise noch ein paar sehr schöne Fotos von dieser damaligen Veranstaltung.

Ivar Buterfas beim Vortrag im Lübecker Rathaus am 22. Juni 1998

Eintragung in das Goldene Buch der Stadt Lübeck (v. links: Ivar Buterfas, Bürgermeister und Sekretär)

Bis heute bleibt mir auch die Schönheit dieses wunderschönen Rathauses unvergessen. Und ich weiß, wenn ich mich weiterhin so gut fühle, wie das jetzt der Fall ist, werde ich sicherlich in der Freien und Hansestadt Lübeck und sicherlich wieder am gleichen Ort im Rathaus oder vielleicht in der Synagoge, die wieder mit viel Leben erfüllt ist, einen Vortrag halten. Meine Zuhörer werden wieder die letzten Stufen der Realschulen und Gymnasien sein, und ich freue mich schon, wenn ich mit diesen jungen Menschen zusammentreffe, und ich freue mich auf die Diskussion mit ihnen, und darauf, dass es mir dann wieder gelingen wird, diese jungen Menschen zu warnen, damit ihnen möglicherweise nicht das Leben verbaut wird. Denn wie kompliziert, schwierig und oft genug schrecklich es für einen jungen Menschen ist, der sich zeitweilig zur braunen Szene hingezogen fühlte, danach wieder auszusteigen, darüber muss dringend aufgeklärt werden.

Die Lübecker Synagoge heute

Ich danke von ganzem Herzen dem Verfassungsschutz in Köln, mit dem ich ungeteilter Meinung bin, dass auf jeden Fall Aufklärung die sicherste Methode ist, diesen braunen Horden Einhalt zu gebieten. Es sind nicht sehr viele und es werden weniger – aber es ist sehr schön, wenn wir gemeinsam alle Anstrengungen unternehmen, um diesen braunen Sumpf restlos trocken zu legen. Teilweise sind es die brutalsten Schlägertrupps, die man sich vorstellen kann. Und ich kann nur in aller Deutlichkeit unterstreichen und jeden jungen Menschen warnen, sich nicht darauf einzulassen, wenn er sieht, dass irgendwo Menschen bedrängt sind, dazwischen zu gehen und versuchen zu helfen. Er ist diesen zweibeinigen mordenden Kettenhunden nicht gewachsen. Aber er kann zu den modernsten Mitteln greifen, die wir heute besitzen, fast jeder Jugendliche hat ein solches technisches Mittel in der Hand. Er greift zum Handy, ruft die Polizei und die wird schon dafür sorgen, dass mit diesen Leuten richtig umgegangen wird.

Aber verteufeln wir nicht alle. Es sind viele, die versucht haben, aus der braunen Szene wieder auszusteigen. Denen muss man die Hand reichen, und es ist auch wichtig, dass man alles unternimmt, um junge Menschen, die auf Abwege gekommen sind, wieder in die Gesellschaft einzugliedern. Eine große Aufgabe, aber eine Aufgabe, die unerlässlich ist – nur so können wir unsere Demokratie, die zu den schönsten Einrichtungen gehört, die das deutsche Volk jemals zu verzeichnen hatte, erhalten. Wir müssen alles unternehmen, dass diese braunen Horden keine Chance haben, auf unseren parlamentarischen Bänken, Rathäusern oder anderswo in der Regierung Platz zu nehmen. Dort haben sie nichts zu suchen!

Mit meiner Frau habe ich mir dann am 22. Mai 2007, einen Tag nach der Eröffnung, die besagte Ausstellung im Rathaus in Lübeck angesehen. Wir haben unser Auto in einem nahe gelegenen Parkhaus untergebracht, und es war eine große Freude, die Wege zum Rathaus durch die Altstadt zurückzulegen. Die Schönheit dieser kleinen Stadt hatte mich wieder in ihren Bann geschlagen.

Meine Frau und ich waren gemeinsam mit einem jungen Mann um 11 Uhr vormittags in der Lübecker Rathausdiele die einzigen Besucher der Ausstellung. Bis dato war noch keine Schulklasse da und die Frequenz war äußerst schwach. Ich kann den Ausstellern nur wünschen, dass sich viele Bürgerinnen und Bürger aus Lübeck diese so wichtige aufklärende Ausstellung ansehen, denn für mich ist es eine Selbstverständlichkeit, dass nicht allein der Staat gefordert ist, wenn es darum geht, Extremismus zu ächten und die Demokratie zu achten. Alle gesellschaftlichen Kräfte sind aufgerufen, und wer sich engagieren will, der braucht einfach Kenntnis.

Ich bin sehr glücklich, dass das Bundesamt für Verfassungsschutz sich diesen gewachsenen Herausforderungen und Problemen in seiner Ausstellung, die die zeitgemäßen didaktischen Kriterien erfüllt, stellt. Oft landen junge Menschen nur auf der Suche nach Halt und Orientierung (weil es ihnen im Elternhaus nicht möglich ist, ihre Orientierung zu finden, und sie den Halt, den sie brauchen, in zerrütteten Familienverhältnissen vergebens suchen) bei diesen braunen Horden, ohne die Gefahr zu erkennen.

„Ich wollte dann einfach mal dazu gehören, zu den Stärkeren, zu der Masse, mir gefällt die Musik, mir gefällt auch mal so ein Saufgelage und mir gefällt natürlich auch die Parole ‚Deutschland den Deutschen', die Musik ist klasse und die Leute sind da auch echt cool." Das ist so die landläufige Meinung, bis sie dann merken, dass hier etwas schief läuft, wenn sie irgendwo sinnlos einen anderen Menschen fast totschlagen (und hinterher zur Besinnung kommen: „Was haben wir da eigentlich gemacht?") oder widerliche Videospiele sehen, die es heute schon im Internet gibt (wo es heißt „Juden abknallen" und „mit Ariern flirten"). Das alles darf man doch nicht hinnehmen. Dagegen müssen wir etwas unternehmen. Und so ist es einfach unsere Pflicht, dass wir diesen jungen Menschen durch Aufklärung das nötige Rüstzeug für ihr kommendes Leben mitgeben.

Bei dieser Ausstellung kam mir dann auch gleichzeitig die schreckliche Geschichte, die die ganze Welt erschüttert hatte, ganz deutlich vor Augen: das Drama in Hoyerswerda.

Bei der so lange ersehnten Wiedervereinigung zweier deutscher Staaten Ende der 80er Jahre war in ungeahntem Ausmaß ganz Deutschland im Freudentaumel. Die Menschen, die die Bilder im Fernsehen sahen oder selber nach Berlin gereist sind, als die Mauer fiel, lagen sich in den Armen, sie hatten Freudentränen in den Augen. Es waren unglaubliche Szenen, die sich damals abspielten. Kein Mensch hatte geglaubt, dass dies einmal möglich werden würde. Viele Staatsmänner in Europa hatten auch gegen einen solchen Plan, aus zwei deutschen Staaten wieder einen werden zu lassen, große Bedenken. An der Spitze dieser Menschen, die Verantwortung trugen, war die damalige Premierministerin Margaret Thatcher aus Großbritannien. Ich erinnere mich auch an den damaligen jüdischen Botschafter in Bonn, der einen wunderbaren Satz formulierte, als er befragt wurde, was er denn von der Wiedervereinigung der deutschen Nation halte. Er sagte damals, und das ist für mich unvergessen: „Ich liebe Deutschland. Ich liebe Deutschland vor allem deshalb, weil es zwei davon gibt." In diesem tieferen Sinn mag man erkennen, was er gemeint hat.

Dass sich in dem Teil der ehemaligen DDR noch schreckliche Dinge abspielen würden, deren Bilder die Welt in Atem halten sollten, konnte zu diesem Zeitpunkt niemand ahnen.

Der Ausländerhass, den es damals schon durch rechtsradikale Gruppen gab, breitete sich auch sehr schnell in der ehemaligen Deutschen Demokratischen Republik aus. Eine ganz besonders traurige Berühmtheit erreichte die Stadt Hoyerswerda. In Hoyerswerda gab es einen großen Wohnblock, in dem sehr viele ausländische, in Deutschland verbliebene Menschen mit ihren Familien lebten, die früher – zu DDR-Zeiten – schon dort gelebt hatten und auch nicht beabsichtigten, in ihre Heimat zurückzugehen, weil sie sich in Deutschland wohl fühlten und sich auch als integriert betrachteten.

Dieser Wohnblock wurde nun angezündet. Die Menschen, die eine höllische Angst vor dem Verbrennen hatten, schrieen und bangten um ihr Leben. Es gab keine Hilfe. Ganz im Gegenteil. Bilder, die um die Welt gingen, zeigten ein Deutschland, das nicht stimmte, weil es nur von einer kleinen Gruppe in dieser hässlichen Art und Weise repräsentiert wurde. Sie zeigten johlende und tanzende Menschen. Und einen Polizisten, der daneben stand und zu feige war, seine Waffe zu ziehen und in die Luft zu schießen, um diesen tanzenden, entfesselten Mob zur Raison zu bringen. Es gab dann aber doch einige Menschen, die hilfreich waren und diesen Menschen dann aus ihrer Not halfen und aus dem Feuer herausholten. Szenen, die sich nicht wiederholen dürfen, weil Deutschland den Kredit verlieren dürfte, den es heute im großen europäischen Haus hat, in das es integriert ist. Das Risiko, das, was wir aufs Spiel setzen, ist einfach zu hoch!

Mittlerweile sind aus Feinden Freunde geworden. Mittlerweile gibt es 27 Nationen, die zur Europäischen Gemeinschaft gehören. Niemals hat Antisemitismus, niemals hat Ausländerfeindlichkeit, Rassismus eine Chance, sich so weiter zu entwickeln, wie es in den Jahren von 1933 bis 1945 der Fall war und im Holocaust endete.

Aber entscheidend ist die Frage, wie wir uns dagegen wehren, und damit komme ich wieder zum Ausgangspunkt zurück: Wir müssen uns die Mühe machen, unsere jungen Menschen auf die Gefahren hinzuweisen, die der braune Mob mit sich bringt.

Mein letzter Besuch in Lübeck galt der Synagoge, wie ich schon eingangs erwähnte. Sie wurde im Jahr 1880 unter den denkbar schwierigsten Bedingungen gebaut. Es war ein sehr schöner Kuppelbau, und die jüdische Gemeinde war stolz darauf, nun endlich ein eigenes schönes Gotteshaus in Lübeck in der St.-Annenstraße zu besitzen.

Lübeck wurde am 11. November 1911 mit 100.000 Einwohnern zur Großstadt erklärt. Es gab eine bescheidene, kleine jüdische Gemeinde. Von 1914 bis 1918 nahmen am ersten Weltkrieg 106 Lübecker Juden teil. 17 fielen an der Front, hauptsächlich im Westen. Zwei starben in der Etappe. Am 14. Dezember 1930 feierte die Synagoge in Lübeck ihr 50jähriges Bestehen mit einem Festgottesdienst und einem Hanukka - Abend in der Schiffergesellschaft mit Aufführung des Kulturfilms „Frühling in Palästina" sowie einer Festnummer ihrer Mitteilungen aus der israelischen Gemeinde in Lübeck. 1933 am 6. März übernahmen die Nazis auch in Lübeck die Macht. 1933 bis 1934 wurde eine heizbare Vorhalle in der Synagoge als Winterschule für eine kleine Synagoge verwendet. In der Nacht vom 9. auf den 10. November 1938, während der Reichspogromnacht, raubte die Gestapo aus der Synagoge sämtliche Wertsachen – Ritualien, Geräte und das Gemeindearchiv. Anschließend verwüsteten SA-Männer mit Beilen, Äxten und Brechstangen sowohl die Synagoge als auch die Wohn- und Schulräume des Hauses. Da man auch einen Brand erwartete, rückte die Feuerwehr an. Die Feuerwehr hatte den Auftrag zu löschen – aber nicht eventuell die brennende Synagoge, sondern die sich in unmittelbarer Nähe befindlichen angrenzenden Gebäude in der St.-Annenstraße.

1939, am 23. Februar, kaufte die Freie und Hansestadt Lübeck für 50.000 Mark die Synagoge und das Grundstück St.-Annenstraße 13. Die Synagoge erhielt den Namen „Ritterhof", wurde zwischen 1939 und 1941 sowohl im Inneren als auch außen umgebaut und bis zur Befreiung 1945 als Turnhalle, Kindergarten, Schulwerkstätte und Requisitenkammer der Städtischen Bühnen genutzt. Man darf also davon ausgehen, dass die Synagoge in Lübeck eine der ganz wenigen war, die nicht vollständig abgerissen und zerstört wurde. 1941 wurden dann am 6. Dezember 1942 Lübecker Jüdinnen und Juden in das Lager Jungfernhof bei Riga nach Lettland verbracht, wo sie auch verstarben.

Am 8. Mai 1945, also nach der Kapitulation des Großdeutschen Reiches, waren 800 Juden in der Lübecker Synagoge. Sie stammten hauptsächlich aus Tschechien und Polen und auch einige wenige Deutsche waren dabei. 1945, am 1. Juni, war in Lübeck die erste Synagoge, die nach dem Kriege mit einem Gottesdienst ihre Arbeit, nachdem die Stadtverwaltung sie geräumt hatte, wieder aufnahm. 1946 im Sommer wurden etwa 600 Juden aus Polen und der Sowjetunion, die über die Ostsee gekommen waren, in dieser Synagoge in der St.-Annenstraße in Lübeck einquartiert. 1947, am 3. und 4. April, war der erste Übergriff von Rechtsradikalen auf eine letzte jüdische Einrichtung: Die Schändung des Jüdischen Friedhofs in Lübeck – 30 Grabsteine wurden zerstört.

1947, wie bereits auch schon von mir erwähnt, gab es nächtliches antisemitisches Geschrei vor der Synagoge „Jude verrecke" bzw. „Nieder mit den Juden". Im Jahre 1949 im Sommer lebten noch 70 jüdische Mitbürger in Lübeck. 1942 zählte die jüdische Gemeinde nur noch 30 Seelen. Am 1. April 1968 übernahm die jüdische Gemeinde Hamburg die Betreuung der Schleswig-holsteinischen Juden. Eine sehr erfreuliche Mitteilung, die man auf keinen Fall verschweigen darf: am 17. September 1987 verlieh die Stadt Lübeck Felix F. Carlebach, Rabbiner in Manchester, die Ehrenbürgerschaft der Freien und Hansestadt Lübeck. Am 1. Januar 1994 zählte dann die Lübecker Jüdische Gemeinde nur noch 21 Mitglieder. Fast alle so genannte Kontingentflüchtlinge aus der ehemaligen Sowjetunion. Am 25. und 26. März 1994 verübten dann vier Jugendliche aus Lübeck den ersten Brandanschlag auf die Lübecker Synagoge. 1995 am 6. Mai wurde der zweite hässliche Anschlag auf die Lübecker Synagoge ausgeführt. Über diese feigen Anschläge waren die Lübecker sehr empört, und es wurden alle Anstrengungen unternommen, dass sich Derartiges nicht wiederholt.

Wenn wir es für alle Zeiten wünschen, dass solch feige Anschläge – ob es sich um jüdische Einrichtungen oder um ausländische Mitbürger gleich welcher Nation und Religion handelt – der Vergangenheit angehören, dann verbindet sich damit, dass sie das Recht haben, mit uns in Frieden zu leben. Und das ist meine Botschaft: In Frieden leben mit den Völkern der Welt. Wir haben aus unserer Geschichte gelernt. Geben wir unserer jungen heranwachsenden Generation, die einmal Kinder und Kindeskinder haben wird, geben wir ihr die Möglichkeit, durch eine vernünftige Aufklärung das entsprechende Rüstzeug zu haben, um alldem, was einen Angriff auf unsere Demokratie, auf unsere Menschenrechte startet, entsprechend mit den richtigen Waffen entgegenzutreten. Wir wollen keine Gewalt, wir wollen friedlich miteinander leben. Das ist meine Botschaft. Dafür habe ich mein halbes Leben geopfert und bin auch gerne bereit, auf diesem Pfad weiterzumachen. Ich möchte meinen Anteil dazu beitragen, dass Aufklärung das einzige und richtige vernünftige Mittel und die einzig vernünftige Antwort auf alles das ist, was wir als absolut verbrecherisch bezeichnen dürfen. Wir lassen uns von diesen Braunen, von diesen ewig Gestrigen unser schönes Leben, das wir heute in unserem Lande genießen können, nicht verderben.

In Frieden leben mit den Völkern Welt!

„Braune Fallen": Verfassungsschutz zeigt Ausstellung im Rathaus

Mario ist ein Außenseiter. Seine Noten sind nicht die besten, seine Eltern haben kaum Zeit für ihn. Er fühlt sich allein, sucht Anschluss – und findet ihn bei einem Konzert. Dass die Bands auf der Bühne gegen Ausländer hetzen und Nationalstolz predigen, stört ihn nicht. Er gehört jetzt ja dazu. Mario sitzt in der „braunen Falle", aus der es nur schwer einen Ausweg gibt.

Die rechtsextremistische „Karriere" der fiktiven Figur Mario – darum geht es in der Wanderausstellung „Die braune Falle", die seit gestern im Börsensaal des Lübecker Rathauses zu sehen ist. Das Bundesamt für Verfassungsschutz (BfV) will mit der Schau die Propaganda der Rechten entlarven. Das erklärte Ziel: „Nur wer die Tricks der Neonazis kennt, wird nicht in ihre Falle gehen", sagte Bürgermeister Bernd Saxe zur Ausstellungseröffnung.

Sowohl Saxe als auch Horst Eger, Leiter der Abteilung Verfassungsschutz im Kieler Innenministerium, warnte davor, die Gefahr von rechts außen zu unterschätzen: „Die Szene ist nach wie vor lebendig. Vor allem in Dithmarschen und im Großraum Lübeck", so Eger vor den gut 100 Gäste, zu denen auch Polizeichef Heiko Hüttmann, der Leitende Oberstaatsanwalt Heinrich Wille sowie Vertreter aus der Politik und der Justiz zählten. „Die Neonazis wollen nach wie vor ein Viertes Reich – auch wenn sie im Moment Kreide gefressen zu haben scheinen", warnte Eger. Dem Appell zur Wachsamkeit schloss sich auch Artur Hertwig an. Er leitet die Abteilung Rechts- und Linksextremismus im BfV: Martialisches Auftreten sei für die Nazis mittlerweile tabu. „Sie geben sich nett und bürgerlich."

Die Ausstellung ist noch bis zum 4. Juni montags bis mittwochs von 8.30 bis 16 Uhr, donnerstags von 8.30 bis 18 Uhr sowie freitags von 8.30 bis 13 Uhr geöffnet. Anmeldungen für Schulklassen nimmt die Stadt entgegen (Telefon: 04 51/122 10 88). am

Artur Hertwig, Leiter der Abteilung Rechts- und Linksextremismus im Bundesamt für Verfassungsschutz, eröffnet die Ausstellung über rechte Propaganda. Foto: U.-K. NEELSEN

Lübecker Nachrichten vom 22.06.2007

Kapitel 13: Die „Braune Falle" – Eine rechtsextremistische „Karriere"

Eine Ausstellung des Bundesamtes für Verfassungsschutz

Ich bin dem Verfassungsschutz in Köln sehr dankbar, dass er mir die Möglichkeit eingeräumt hat, Einblick in ein gegenwärtiges Problem zu gestatten. Unsere heranwachsende Jugend vor der „Braunen Gefahr" zu schützen, vor dauerhaftem Schaden zu bewahren, liegt nicht nur in der Verantwortung unseres Staates, sondern ist ein gesellschaftliches Problem, für das jeder einzelne von uns die Verantwortung trägt. Nachfolgend die Geschichte eines Aussteigers (Auszüge aus der Broschüre „Die Braune Falle" des Bundesverfassungsschutzes):

1. Der Suchende – „Niemand interessierte sich für das, was ich tat."

Mario S. ist ein Jugendlicher wie viele andere auch. Neuerdings stellt er sich immer öfter die Fragen „Wer bin ich?", „Wo gehöre ich hin?", „Wer gibt mir Halt?". Seine Eltern interessieren sich nicht wirklich für seine Probleme und Sorgen, er hat nur wenige Freunde, und die Schule langweilt ihn. Immer die gleichen Sprüche: Dass es so schlimm war im „Dritten Reich" und mit der Judenverfolgung. All das nervt Mario S.

In einer Phase des Protestes und der Orientierungslosigkeit sind Jugendliche besonders anfällig für die rechtsextremistische Szene. Sie sind grundsätzlich auf der Suche nach dem eigenen Weg, nach ihrem Platz in der Gesellschaft. Diese Schwachstelle macht sich die Szene zunutze, um immer mehr junge Anhänger zu finden. So werden die Weichen gestellt. Weichen für den Weg in die braune Falle.

Auf der Suche nach Halt und Orientierung

Als Jugendlicher sucht man seinen Platz in der Gesellschaft, versucht auf viele Fragen Antworten zu finden, Berufswahl, Zukunftsplanung und vor allem die Entwicklung der eigenen Persönlichkeit – all das ist allein schon schwierig genug. Kommen dann noch Probleme im privaten und sozialen Umfeld dazu – keine Aussichten auf eine Lehrstelle, Ärger in der Familie und in der Schule, finanzielle Nöte –, sind viele Jugendliche mit ihrer Situation überfordert. Sie suchen nach Hilfe, nach Nestwärme, nach einem Ausweg aus der Misere.

Das Erlebnis von Zusammengehörigkeit
Rechtsextremistische Subkulturen und Organisationen bieten zunächst einmal genau das, was Jugendliche in einer schwierigen Lebenssituation brauchen: Sie vermitteln Anerkennung, Halt, Geborgenheit und vor allem „Coolness" und Stärke. Die neue Clique gibt den nötigen Rahmen und die Möglichkeit, Protest und Auflehnung gegen die Gesellschaft und gegen die Welt der Erwachsenen auszuleben. Mit Glatze und Springerstiefeln herumzulaufen, provoziert genauso wie das Grölen von Parolen und Diffamierung.

Wo beginnt rechtsextremistisches Denken?
Der aufgestaute Protest sucht nach Richtung und Ziel. Von einzelnen negativen Erfahrungen genährt, verfestigt sich die Abneigung gegen Ausländer, Asylbewerber, Juden, Andersdenkende und Andersartige. Rechtsextremisten greifen solche Ängste und Vorurteile auf. Mit plumpen Hetzparolen schüren sie Fremdenfeindlichkeit und Hass. Ein gemeinsames Feindbild, das verbindet.

2. Der Verführte – „Die Musik war klasse und die Leute echt cool."

Musik, Spaß und Alkohol: Ein Klassenkamerad nimmt Mario S. zu einem Skinhead-Konzert ganz in der Nähe mit. So ist der erste Kontakt zur rechtsextremistischen Szene geknüpft.

Rechtsextremismus stellt für viele Jugendliche ein verführerisches Angebot dar. Über rechtsextremistische Musik und den Besuch von Konzerten werden sie Schritt für Schritt an die Szene herangeführt. Anfangs steht immer der Spaß im Vordergrund – weniger die politische Überzeugung. Die Texte der rechtsextremistischen Lieder werden meist unkritisch mitgesungen. Den Hass gegen Ausländer, Juden und Andersdenkende nimmt man gerne in Kauf, um dazuzugehören. Auch das Internet trägt zur Verführung bei. Neben Unterhaltung bietet es eine kommerzielle Plattform für rechtsextremistische Konsumgüter aller Art: von szenetypischer Kleidung und Musik bis hin zu einschlägiger Literatur und vielem mehr. Außerdem ist es ein bequemes Medium, um Propaganda zu verbreiten, auf Veranstaltungen hinzuweisen und über Strategien zu diskutieren.

Auf Konzerten trifft sich die Skinhead-Szene

Musik und Konzerte sind wichtige Elemente der Skinhead-Subkultur. Die Musik mit ihren provozierenden Inhalten spricht vor allem Jugendliche an. Die Veranstaltungen stärken den Zusammenhalt und das Gemeinschaftsgefühl in der Szene. Auch die aufgeheizte Atmosphäre und der starke Alkoholkonsum üben eine große Faszination auf die Konzertbesucher aus. Die Musik spricht mehr als jedes andere Propagandamittel Emotionen an und vermittelt dabei rechtsextremistische Feindbilder. Sie transportiert Hass, Rassismus, Ausländerfeindlichkeit und Antisemitismus. Zudem verherrlicht sie häufig Gewalt oder ruft sogar dazu auf. So verankert sich rechtsextremistisches Gedankengut in den Köpfen junger Leute, die vielleicht ursprünglich nur auf der Suche nach Spaß und Anerkennung waren.

Rechtsextremistisches Gedankengut kultig verpackt

Musik ist für Rechtsextremisten ein geeigneter Weg, die Seelen von Menschen zu erreichen – nicht nur von Rockfans, sondern auch von Leuten, die auf sanftere Klänge stehen. Neben einigen Barden gibt es in Deutschland rund 100 Bands in den unterschiedlichsten Stilrichtungen – vom Rechtsrock über NS-Black-Metal bis hin zu Dark Wave.

Wie die Szene das Internet nutzt

Das Internet bietet Rechtsextremisten die Möglichkeit, eine breite Masse zu erreichen – auch Außenstehende, die mit Rechtsextremismus bislang nichts zu tun haben. In Chaträumen und virtuellen Foren besteht die Möglichkeit, sich ungehindert auszutauschen. Man kann mit Gleichgesinnten über Politik diskutieren, Neulingen zweifelhafte Infos zur Geschichte und rechtsextremistischen Weltanschauung liefern und zu Demos und konspirativen Treffen aufrufen. Online-Vertriebe bieten rechtsextremistische Musik und Szene-Kleidung an.

Juden abknallen und mit Ariern flirten

Auch brutale antisemitische und rassistische PC-Spiele finden sich im Internet. Damit können Rechtsextremisten ihre Gewaltfantasien gegen Feindbilder wie Ausländer und Juden virtuell ausleben. Doch aus dem zweifelhaften Spaß kann schnell blutiger Ernst werden: Anleitungen zum Bombenbau auf privaten Homepages von fanatischen Rechtsextremisten machen deren Gefährlichkeit und potenzielle Gewaltbereitschaft deutlich. Das andere Ende des Spektrums: Kontaktbörsen wie „Germania Flirt". Hier suchen Skinheads und Neonazis „doitsche" Partner fürs Leben.

3. Der Kamerad – „Da gab es endlich Leute, wo ich dazu gehörte."

Mario S. ist inzwischen Mitglied einer rechtsextremistischen Clique. Fast seine gesamte Freizeit verbringt er jetzt mit seinen neuen Freunden. Er schätzt die Kameradschaft, das tolle Erlebnis in der Gruppe, den Spaß bei gemeinsamen Zeltlagern, Sonnwendfeiern, Stammtischen und Konzertbesuchen. Was bei Konzerten meist harmlos anfängt, manifestiert sich bei Aufmärschen und Demos. An diesem Punkt wird deutlich, worum es eigentlich geht: Hier werden die extremistischen politischen Ansichten offen und lautstark zum Ausdruck gebracht. Und je mehr der Neuling in die Gruppe hineinwächst, desto intensiver nimmt er auch – meist ohne groß nachzudenken – das gefährliche rechtsextremistische Gedankengut seiner neuen Freunde und Weggefährten an.

Mit Glatze gegen alles „Fremde" – die Skinheads

Rechtsextremistische Skinheads fallen allein schon durch ihr äußeres Erscheinungsbild auf. Ihre Erkennungszeichen sind: rasierter Schädel, Springerstiefel, Bomberjacke, oft mit einschlägigen Aufnähern und Tätowierungen. Mit ihrer Aufmachung wollen sie provozieren, zeigen, dass sie anders sind. Als subkulturelle Protestbewegung haben sie in der Regel wenig Interesse an einer ernsthaften politischen Auseinandersetzung. Sie sind nur lose organisiert und wollen in erster Linie einfach Spaß haben: laute Skinhead-Musik hören, Pogo tanzen, saufen, Randale machen.

Politische Aktivisten auf den Spuren der Vergangenheit – die Neonazis

Während die Skinhead-Szene eher subkulturellen Charakter aufweist, lassen sich die Neonazis als eine politisch motivierte Bewegung bezeichnen. Sie verfügen über eine ideologische Basis, dabei orientieren sie sich am historischen Nationalsozialismus. Um sich vor Strafverfolgung und eventuellen Verboten zu schützen, schließen sich Neonazis überwiegend zu eher losen Gruppierungen, so genannten Kameradschaften, zusammen. Der derben Skinhead-Kultur stehen sie meist kritisch gegenüber, obwohl hier die Grenzen manchmal fließend sind. Wenn es ihren politischen Zielen dienlich ist, benutzen sie die Skinheads gerne als Fußvolk, z. B. bei Demos und Aufmärschen.

Kampf für ein „Deutsches Reich" – die NPD

Mit fremdenfeindlicher und antisemitischer Propaganda sowie der Beschönigung der national-sozialistischen Diktatur kämpft die NPD für ein „Deutsches Reich". Die Partei, mit Udo Voigt an der Spitze, hält weiterhin an der Feindschaft gegenüber der parlamentarischen Demokratie fest und nutzt dabei auch die Unterstützung von Neonazis. Um Einfluss zu gewinnen, versucht sie, über Wahlen in die Parlamente einzuziehen.

„Deutschland uns Deutschen" – die DVU
Überbetonung deutscher Volksinteressen, Fremdenfeindlichkeit, unterschwelliger Antisemitismus und die Verharmlosung der Verbrechen im „Dritten Reich" sind Bestandteil der DVU-Agitation. Die Partei wird vom Münchner Verleger Dr. Gerhard Frey autoritär geführt. Dessen Presseorgan, die „National-Zeitung", schürt Angst vor Fremden und beschwört das Gefühl, als „Deutscher benachteiligt" zu werden.

„Deutsche Interessen zuerst!" – die Republikaner
Mit unterschwellig fremdenfeindlichen Losungen schüren die Republikaner Ängste vor Ausländern. Auch wegen ihrer herabwürdigenden Angriffe auf die freiheitliche Demokratie zählt die Partei um Dr. Rolf Schlierer zu den rechtsextremistischen Parteien Deutschlands.

4. Der Anstifter – „Ich hämmerte es in ihre Köpfe. Wieder und wieder."

Vom Verführten zum Verführer: Mario S. ist inzwischen fester Bestandteil der Szene. Durch ideologische Schulung wurde das rechtsextremistische Gedankengut fest in seinem Kopf verankert. Und diese Ansichten gibt er jetzt an andere weiter.

Rechtsextremisten besitzen kein geschlossenes Ideologiegebäude. Ihre Gedankenwelt ist entscheidend von Nationalismus und Rassismus geprägt. Die eigene Nation wird dabei über alle anderen gestellt, die eigene „Rasse" als höherwertig angesehen. Der Wert eines Menschen richtet sich für sie nach seiner Zuordnung zu einer Nation oder Rasse. Damit wird deutlich: Rechtsextremismus ist gegen unsere verfassungsmäßige Ordnung gerichtet. Seine nationalistischen Positionen stellen die Wertordnung des Grundgesetzes in Frage. Die Rechte des Einzelnen treten demnach hinter die Interessen eines nationalen Ganzen zurück.

Der Rassismus ist zudem mit dem grundgesetzlich verbürgten Schutz der Menschenwürde unvereinbar und widerspricht dem Grundsatz, dass alle Menschen vor dem Gesetz gleich sind.

Für Rassisten sind nicht alle Menschen gleich

Die Rassenlehre des Nationalsozialismus hat bis heute weit reichende Folgen. Rassismus bedeutet die Herabsetzung anderer Menschen aufgrund unterschiedlicher körperlicher Merkmale oder ihrer ethnischen Herkunft. Rassismus ist also eine besondere Form der Fremdenfeindlichkeit. Rassisten berufen sich darauf, dass es eine naturgegebene Einteilung der Menschen in wertvolle und minderwertige „Rassen" gibt.

Die lange Tradition des Antisemitismus

Das Judentum wurde im „Dritten Reich" nicht als Religion, sondern Rasse deklariert. Die „Nürnberger Gesetze" von 1935 schafften die rechtliche Basis, um Juden als „Volksfeinde" zu betrachten und zu verfolgen. Das Ergebnis war an Grausamkeit nicht zu überbieten. Der Holocaust kostete sechs Millionen Menschen jüdischen Glaubens oder Herkunft das Leben. Damit sich die Geschichte nicht wiederholt, dürfen solche Ideologien nicht toleriert werden Die Rassisten und Antisemiten von heute könnten sonst die Täter von morgen werden.

Nationalismus und seine Folgen

Rechtsextremisten haben ein stark ausgeprägtes nationalistisches Weltbild: Die eigene Nation wird über alles gestellt, das Interesse des Einzelnen soll sich dem Wohle der Nation unterordnen. Im „Dritten Reich" lautete Hitlers Motto: Du bist nichts, Dein Volk ist alles!" Die Ideen von gestern sind in der rechtsextremistischen Szene nach wie vor hoch im Kurs.

Der Führerstaat und seine Methoden

„Führer befiehl, wir folgen Dir!", hieß es im „Dritten Reich". Auch für die Rechtsextremisten von heute spielen „Führer" oft eine wichtige Rolle. Teile der Szene streben einen „autoritären Führerstaat" an. Sie betrachten ihn als ideale Staatsform. Dieses Führerprinzip ist jedoch zutiefst undemokratisch und als Kampfansage gegen unsere parlamentarische Demokratie zu verstehen.

Wie Revisionisten die Geschichte umdeuten

Viele Rechtsextremisten leugnen oder verharmlosen die Verbrechen des „Dritten Reiches". Der Holocaust habe nicht stattgefunden und Deutschland trage keine Schuld am Ausbruch des Zweiten Weltkrieges – solche und andere Unwahrheiten sind gängige Überzeugungen heutiger Rechtsextremisten.

Um ihre Theorien zu belegen, beziehen sie sich immer wieder auf falsche und pseudowissenschaftliche Gutachten, wie beispielsweise den „Leuchter-Report", der die technische Durchführbarkeit von Vergasungen in den Konzentrationslagern verneint.

5. Der Täter – „Wir wollten das Pack endlich loshaben!"

Mario S. wird zum Täter: Nach einem Kameradschaftsabend begegnet er mit seinen Kameraden drei Ausländern auf der Straße. Aufgeheizt von blindem Hass und Alkohol schlagen sie die drei ohne Grund krankenhausreif.

Dass rassistische und antisemitische Gewalt ein Bestandteil des nationalsozialistischen Weltbildes war, ist bekannt. Doch auch bei den gewaltbereiten Rechtsextremisten von heute entlädt sich immer wieder der Hass auf „Sündenböcke". Gewalttaten werden meist in der Gruppe verübt, aus einem spontanen Affekt heraus. Zu Beginn der 90er Jahre hatten rechtsextremistische Gewalttaten ihren bisherigen Höhepunkt erreicht. Rostock-Lichtenhagen, Mölln und Solingen sind seither wohl jedem ein Begriff.

Was ist ein Menschenleben?

Rechtsextremistische Gewalt kann viele Formen annehmen. Ob Brandanschläge oder Körperverletzungen – immer sind unschuldige Menschen die Leidtragenden. Menschen, die aufgrund ihres Aussehens, ihrer Herkunft oder Religion zur Zielscheibe des rechtsextremistischen Hasses werden. Diejenigen, die mit dem Leben davonkommen, haben seelische und körperliche Narben – oft ein Leben lang.

Die Täter – Typen wie du und ich?

Wer sind die Täter in der rechtsextremistischen Szene? Rechtsextremistische Skinheads bilden die weitaus größte Gruppe unter den gewaltbereiten Rechtsextremisten. Neonazis dagegen lehnen militante Aktionen überwiegend ab. Sie sprechen lieber von „systematischer" Gewalt, um ihre Ziele zu erreichen. Sie machen sich die Gewaltbereitschaft anderer Gruppierungen zunutze, schon allein, um bei Aufmärschen Masse und Stärke zu demonstrieren. Immer wieder jedoch findet die Polizei größere Mengen Sprengstoff bei neonazistischen Kameradschaften.

6. Der Aussteiger – „Dann kam der Punkt, als ich aussteigen wollte. Von da an lebte ich in Angst."

Mario S. gerät in eine Krise. Erschrocken von seiner eigenen Brutalität kommen ihm Zweifel an der Richtigkeit seiner Denkweise. Sein bislang so fest gefügtes Weltbild fängt an zu bröckeln und bricht schließlich zusammen.

Was von dem, was vorher gültig war, hat jetzt noch Bedeutung? Er muss umdenken und sich selbst neu kennen lernen. Das bisherige Umfeld ist nicht mehr sein Zuhause und seine Kameraden sind nicht mehr seine Kameraden. Er ist für sie zum Feind geworden.

Die Gründe, die einen Rechtsextremisten dazu bewegen, aus der Szene auszusteigen, sind vielfältig. Manchmal ist es der Schock über die eigene Gewalttat, der den Anstoß gibt. Meist aber sind persönliche Probleme wie Alkohol, Jobverlust, Schulden oder Konflikte mit Polizei und Justiz der Auslöser.

Für viele ist der Entschluss auszusteigen – weg von den alten Kameraden, weg vom alten Wohnort – zugleich der Einstieg in ein neues Leben.

Wenn das Weltbild zerbricht

Wenn man sich der eigenen Vergangenheit stellt und aus der rechtsextremistischen Szene aussteigen will, gilt es, einige Hürden zu überwinden. Denkschemata, die sich über Jahre im Kopf verankert haben, sind nicht so leicht aufzugeben. Wenn das Weltbild zerbricht, zerbröckelt auch erst einmal die Persönlichkeit. Und oft lassen die ehemaligen Kameraden einen Aussteiger nicht ungestraft davonkommen. Zumindest nicht, ohne ihn zu bedrohen und als Verräter zu beschimpfen.

Ein neues Leben beginnen ...

Um ein neues Leben beginnen zu können, müssen Betroffene häufig das alte Umfeld verlassen und Freunde, Wohnort und Arbeitsplatz wechseln. Da dies nicht immer allein zu bewerkstelligen ist, gibt es mittlerweile Hilfen. Das Aussteigerprogramm des Bundesamtes für Verfassungsschutz beispielsweise begleitet Ausstiegswillige, hilft ihnen bei der Wohnungs- und Arbeitssuche und vermittelt darüber hinaus Therapien bei Alkohol- oder Aggressionsproblemen. Aussteigerprogramme gibt es mittlerweile in fast jedem Bundesland.

Kapitel 14: Epilog

Ich habe mir in den letzten Wochen immer wieder die Frage gestellt, ob ich mein Leben, wenn ich die Wahl hätte, noch einmal so leben würde. Diese Frage konnte ich nur bejahen, weil alles, was ich bisher mit der Hilfe meiner Frau unternommen hatte, geglückt war.

In persönlichen Dingen war ich eigentlich immer recht anspruchslos. Das mag daran liegen, dass uns der Nationalsozialismus alles genommen hatte und für meine schrecklichen Kindheits- und Jugendjahre verantwortlich war.

Als ich 12 Jahre alt war, ging der Krieg zu Ende, und kurz darauf ließen meine Eltern sich scheiden. Eine vernünftige Schul- und Berufsausbildung wurde mir verweigert, weil die Nazis uns 1942 aufgrund unserer jüdischen Abstammung als staatenlos erklärt hatten. Dieses Stigma bereitete mir noch viele Jahre nach Kriegsende allergrößte Schwierigkeiten. Wie ich schon in meiner Autobiographie „Sunny Goj" berichtete, dauerte es 16 Jahre, bis wir endlich unseren Fremdenpass mit dem Vermerk „Staatenlos" loswurden und die deutsche Staatsbürgerschaft erhielten. Nur dem unbeugsamen Willen meiner Frau ist dies zu verdanken. Unermüdlich setzte sie sich wieder und wieder mit den verbohrten, ehemaligen Nazis auf den Behörden auseinander.

Dann folgte die Gründung unseres ersten eigenen Unternehmens, das wir 7 Jahre lang mit einem Kompagnon betrieben. Trotz vielem toleranten Entgegenkommen meinerseits verlief diese Partnerschaft aber nicht so glücklich, wie ich sie mir vorgestellt hatte. Gemeinsam mit meiner Frau gründete ich darauf hin unsere eigene Firma.

Viel Freude bereitete mir meine Arbeit im Sport. Hier entstanden Freundschaften in der ganzen Welt, denn Sport verbindet. Meine Arbeit für St. Nikolai brachte mich europaweit mit den interessantesten Persönlichkeiten zusammen, so dass sich viele wunderbare Freundschaften ergeben haben.

Es folgte auch die Gründung der Internationalen Felix-Mendelssohn-Bartholdy-Gesellschaft zum Gedenken an diesen großen Sohn Hamburgs. Er hatte ebenfalls ein hartes jüdisches Schicksal auf sich nehmen müssen.

Meine Frau und ich hatten auf der wunderschönen Insel Irland unser zweites Zuhause gefunden.

Bei all meinen Aktivitäten war immer meine Frau an meiner Seite. Nur deswegen funktioniert unsere Ehe so gut. Auch im Haushalt haben wir uns die Arbeiten immer geteilt. Es war immer ein gutes und harmonisches Miteinander; bis auf Kleinigkeiten, über die es auch mal Krach gab.

Auch habe ich eine doch relativ groß gewordene Familie. Dazu zählen unsere Tochter Jasmin und unser Schwiegersohn Jens, der unser Unternehmen weiterführt. Unser Sohn Andreas und unser Enkel Mario und die Enkelin Ivy, die Tochter von Jasmin. Dann gibt es auch noch Luzy, den kleinen Nachzügler meines Sohnes Andreas. Also auch in dieser Hinsicht sind die Weichen positiv gestellt für eine große und vor allem glückliche Familie.

Ich bin dankbar, dass ich nun sogar meine große, schwere Krankheit überwunden habe. Wenn ich all das Revue passieren lasse, dann blicke ich voller Zuversicht einem glücklichen und geruhsamen Lebensabend entgegen.

Trotz dieses bunten und teilweise auch sehr aufregenden Lebens bleibt die Frage offen, ob ich alles richtig gemacht habe. Meine Jugendaufklärungsarbeit in der gesamten Bundesrepublik und im benachbarten europäischen Ausland wurde über viele Jahre zu meinem Lebensinhalt. Ich informierte die Jugendlichen über eine schreckliche Zeit, die von vielen verdrängt wird, aber immer wieder dann auftaucht, wenn über ehemalige Nationalsozialisten berichtet wird oder im Fernsehen jetzige NPD-Mitglieder durch die Straßen marschieren und mit ihren hässlichen Parolen die Menschen provozieren, die an unserer Demokratie hängen. Dann gibt es für mich nur eine einzige Antwort: Ja, es war alles richtig!

Es war auch richtig, dass meine Geschwister und ich – bis auf eine Ausnahme – dieses Land nach dem Zusammenbruch des Dritten Reiches nicht verlassen haben. Wir hätten jederzeit nach Amerika gehen können, wie es meine zweitälteste Schwester Alice getan hat. Wir aber blieben hier. Wir sind in diesem Land geboren, wir sprechen die deutsche Sprache und wir lieben dieses Land, trotz der unglaublich schrecklichen Erlebnisse, die uns aufgedrängt wurden. Damals, am Ende des Krieges, konnte ich als 12 Jähriger nicht ahnen, was das Schicksal für mich bereithielt. Fast 60 Jahre danach konnte ich miterleben, was ich niemals für möglich gehalten hätte. Ich komme nicht umhin, diese Geschichte zu erzählen, die meinen Epilog abschließen wird.

Von der damaligen Oberbürgermeisterin der Stadt Verden an der Aller wurde ich gebeten, in Verden einen Vortrag und eine Lesung durchzuführen. Sämtliche schulischen Einrichtungen hätten bereits ihr Interesse bekundet, im Falle meiner Zusage an dieser Veranstaltung teilzunehmen. Aus dem nahegelegenen Rotenburg habe sich nämlich herumgesprochen, mit welcher Begeisterung die Jugendlichen dort meinen Besuch aufgenommen haben. Natürlich sagte ich sofort zu.

Der in Verden ansässige Franchisenehmer von McDonald's, Herr Andreas Amend, und die Stadtsparkasse erklärten sich spontan bereit, den schulischen Einrichtungen mehrere hundert Exemplare meiner Autobiographie „Sunny Goj" zur Verfügung zu stellen.

Am Veranstaltungstag war die Stadthalle bis auf den letzten Platz gefüllt. Man hatte die Bühne sehr geschmackvoll mit Blumen dekoriert und alles sehr liebevoll für mein Erscheinen vorbereitet. Es war eine gelungene Veranstaltung. Die Schülerinnen und Schüler hörten aufmerksam zu. Die anschließende Diskussion gestaltete sich sehr lebendig mit höchst interessanten Fragestellungen. Sie hätte gerne noch 1 Stunde länger gehen können, wurde aber zu meiner Entlastung dann durch ein Schlusswort der Oberbürgermeisterin beendet. Zu diesem Zeitpunkt ahnte ich noch nicht, dass ich noch ein zweites Mal nach Verden fahren würde.

In Hamburg gab es einen Rechtsanwalt, der schon mehrfach durch sein rechtsradikales Gedankengut aufgefallen war. Er hatte sich wohl auch einmal in einem Ort von Niedersachsen mit einer sog. Wehrsportgruppe niedergelassen, wurde aus diesem Ort aber irgendwie vertrieben. Danach siedelte er sich in einem Vorort von Verden, in Dörverden, an.

Dort hatte er offenbar über Mittelsmänner, wie man sagte aus England, ein ehemaliges Kasernengelände erworben. Hier wollte er einen neuen arischen Herrenmenschen züchten und ein Schulungszentrum einrichten. Das war eine ganz neue Dimension des Rechtsradikalismus.

Ich ahnte nicht, was sich daraus entwickeln würde und hatte keine Vorstellung, mit welch einer Vehemenz sich der Ort Dörverden gegen diesen rechtsradikalen Ruck zur Wehr setzen würde. Unglaublichen Respekt nötigte mir ein Abiturient ab, der einen Verein gegen Rechts gründete und große Veranstaltungen und Aufmärsche gegen die Einrichtung des Rechtsanwalts inszenierte. Es war keinesfalls so, dass sich nur kleine vereinzelte Gruppen gegen die Niederlassung dieses Herrn zur Wehr setzten. Im Gegenteil: Selbst aus den Nachbargemeinden kamen Demonstranten und Tausende von Gegnern machten ihm klar, dass sie ihn nicht in ihrer Mitte wissen wollten. Ihre Parole war unmissverständlich: Nazis raus!

REGION VERDEN *1. Juni 2004*

Links gegen Rechts in Borstel

„Vortragsveranstaltung" war Anlass für spontane Demontration / Starke Polizei-Präsenz

VERDEN (nie) • Starke Polizeipräsenz hat am Wochenende in Verden das Aufeinandertreffen verschiedener rechts- beziehungsweise linksorientierter Parteien und Gruppen im Vorfeld der Europawahl verhindert.

In Verden hatten am Freitagabend rund 70 Personen der linken Szene aus Verden und Rotenburg gegen eine öffentliche Vortrags- und Diskussionsveranstaltung der konservativen „unabhängigen Wählergemeinschaft Achim/Verden" zum Thema „Stalinistische Gewalt im Baltikum und der DDR" vor der Gaststätte Lührs in Verden-Borstel demonstriert.

Transparente, Sprechchöre und „Sit-Ins" vor der Gaststätte erinnerten an demonstrationsfreudigere Zeiten. Als

Veranstalter des Widerstands trat ein „Bündnis unterschiedlicher gesellschaftlicher Institutionen" auf, die im Gasthaus eine als bürgerliche Diskussionsveranstaltung „getarnte" Zusammenkunft der regionalen rechten Szene, der sogenannten Bürgergemeinschaft Verden/Achim, vermutete. Eine Sprecherin der Protestler erklärte, dass die öffentlich angekündigte Diskussionsveranstaltung zum Thema Stalinismus reine Makulatur sei. „Seit zwei Jahren werden durch die „unabhängige Bürgergemeinschaft, deren Führungsleute bekannte Köpfe in der regionalen rechten Szene sind, derlei Vorträge organisiert." Unter dem

Starke Polizeipräsenz verhinderte eine direkte Konfrontation der Gruppen. *Foto: Niemann*

Deckmantel bürgerlicher Diskussionskultur werde versucht, nach außen seriös zu wirken, um das eindeutig rechte Gedankengut unters Volk zu bringen. „Im Tenor wird immer wieder festgestellt, dass es die Judenvernichtung, die Greueltaten der Nazi-Diktatur nie gab, sondern dass die Deutschen sich in einer Opferrolle befunden haben und niemals Täter waren", so die junge Frau, die namentlich ungenannt bleiben wollte.

Etwa eine Stunde vor Beginn der geplanten Veranstaltung hatten sich zunächst rund 50 Personen der linken Szene aus Verden und Rotenburg vor der Gaststätte versammelt und eine spontane Gegendemonstration initiiert. Es wurden Transparente entrollt und Flugblätter an vorbeigehende Passanten verteilt. Durch entsprechende Unterstützung aus Bremen wuchs die Zahl der Gegendemonstranten im weiteren Verlauf an. Um ein Ein-

dringen dieser Personen in den Versammlungsraum zu unterbinden, zeigte die Polizei rund um den Borsteler Hof offene Präsenz – mit Erfolg: Es kam weder zu Gewalttätigkeiten und Provokationen noch zu akustischen Störungen der rechtsgerichteten Veranstaltung, an der rund 20 Zuhörer teilnahmen. In einem Fall musste die Polizei einen Platzverweis aussprechen, weil ein Angehöriger der Verdener NPD-Szene provozierend aufgetreten war. Ansonsten gab es nach Angaben der Polizei keinerlei Komplikationen. Eine halbe Stunde nach Veranstaltungsbeginn zogen die Teilnehmer der Gegendemonstrationen geschlossen und unter Polizeibegleitung zum Verdener Bahnhof, wo sich die Demo auflöste.

Diese Form der Wehrhaftigkeit stimmte mich mehr als glücklich. Sicherlich wird es ewig nationalsozialistisches Gedankengut geben, aber dass es auch so engagiert bekämpft wurde, war ein ganz neues Verhalten.

Die hohen Gemeindevertreter fanden dann heraus, dass das von besagtem Anwalt erworbene Kasernengelände unter Denkmalschutz stand, und so mussten er und sein Gefolge dort ausziehen und verschwinden. Allerdings hatte dieser gleich darauf etwas Neues vor, und dieses Mal konnte es sehr ernst werden. Ich wurde gebeten, eine weitere Veranstaltung in Verden durchzuführen. Wieder wurde sie in der Stadthalle durchgeführt und wieder waren alle 700 Plätze restlos besetzt. Hier spielte sich dann aber Folgendes ab:

Während meiner Lesung erhob sich in einer der obersten Reihen ein Zuhörer und rief zur mir hinunter auf die Bühne, er sei Neonazi. Ich erwiderte darauf hin, dass, wenn er sich weiterhin friedlich benimmt, ich mich freuen würde, wenn er auch das Ende ohne zu stören anhören würde. Der junge Mann antwortete nun mit noch lauterer Stimme und es stellte sich heraus, dass das zuvor Gesagte akustisch nicht richtig angekommen war. Er war kein Neonazi, sondern machte darauf aufmerksam, dass sich vor der Tür eine Gruppe von Neonazis versammelt hatte. Offenbar gehörten sie dem Haufen des besagten Rechtsanwalts an und wollten die Veranstaltung stören. Nun hatten es auch die 700 Anwesenden richtig verstanden. Wie auf Kommando riefen sie „Nazis raus, Nazis raus!". Wenig später war auch die Polizei vor Ort und verwies die Neonazis des Platzes, während sie einige auch in Gewahrsam nahm.

Der große Widerstand der Bevölkerung aus Verden, Dörverden und allen umliegenden Gemeinden dürfte sicherlich auch den Herrn Rechtsanwalt beeindruckt, um nicht zu sagen, extrem genervt haben. Etwa drei Wochen nach der Veranstaltung erfuhr ich, dass er den Ort Dörverden verlassen musste. Dies war ein großartiger Sieg der Demokratie.

Weitere drei Wochen später rief mich der Bürgermeister von Dörverden an. Zwischen uns hatte sich inzwischen ein sehr enger Kontakt entwickelt. Nun teilte er mir mit, dass bedauerlicherweise die Stadthalle Verden zum Verkauf steht, weil der aktuelle Betreiber Konkurs gemacht hatte. Das Schreckliche an der Geschichte sei aber, dass dieser Anwalt diese Halle gern kaufen möchte. Selbstverständlich war ich an der weiteren Entwicklung interessiert und bat den Herrn Bürgermeister, mich auf dem Laufenden zu halten. Das geschah schon wenige Tage später.

Ich erfuhr durch Presseberichte, die er mir zugeschickt hatte, dass die Verdener Bürger auf keinen Fall zulassen wollten, dass dieser Herr die Stadthalle kauft, um sich dort mit seinem nationalsozialistischen Unrat niederzulassen. Nach wie vor ist es ein Rätsel, wie jener, der selbst bekannter Weise über kein Vermögen verfügt, immer wieder an die erforderlichen Gelder herankommt. Er muss wohl von einer ganz beachtlichen Sympathisantengruppe bei all seinen üblen Aktivitäten unterstützt werden.

Die gesamte Verdener Bevölkerung aber stand wie ein Mann gegen diesen Menschen und seine Truppe. Jeder einzelne Bürger leistete seinen Beitrag und spendete einen Obolus. Die Stadt Verden konnte nun von ihrem Vorkaufsrecht Gebrauch machen, erwarb die Halle und führte sie somit weiterhin einer anständigen Verwendung zu. Für den Anwalt und seine Nazi-Truppe war dies bereits die 2. große Schlappe innerhalb kürzester Zeit. Das heißt aber nicht, dass er aufgab.

Er war weiter auf der Suche nach einem Domizil, wo er dann mit einem Schulungszentrum sein Unwesen treiben könnte. In der niedersächsischen Stadt Delmenhorst entwickelte sich eine Situation, welche die gesamte Weltöffentlichkeit aufrüttelte.

„Nicht alles für bare Münze nehmen"

Verfassungsschützerin beurteilt Jürgen Rieger als Rassisten, der in die Medien drängt

Von unserer Redakteurin
Christine Kröger

Hannover. Auf dem Heisenhof in Dörverden will Jürgen Rieger „Fruchtbarkeitsforschung" treiben, in einem ehemaligen Kino in Hameln plant er „nationale Tagungen" und braune Liederabende: Der Hamburger Rechtsextremist ist zurzeit gefährlich aktiv. Doch das niedersächsische Landesamt für Verfassungsschutz bewahrt Ruhe. Abwarten heißt die Devise für Behördensprecherin Maren Brandenburger.

Frau Brandenburger, müssen angesichts der Pläne Riegers in Ihrer Behörde nicht sämtliche Alarmglocken schrillen?

Wir beobachten Jürgen Rieger bereits seit Anfang der 70er Jahre sehr sorgfältig. Natürlich werden wir auch seine aktuellen rechtsextremistischen Aktivitäten aufmerksam verfolgen. Für „Alarm" sehen wir aber keinen Anlass.

Nehmen Sie die Pläne denn nicht ernst?

Doch. Aber in Hameln haben wir bislang keinerlei Anhaltspunkte für rechtsextremistische Aktivitäten. Es gibt nur die Äußerung Riegers gegenüber einer einzelnen Journalistin. Sonst nichts. Man sollte solche Absichtserklärungen nicht immer für bare Münze nehmen – Riegers Worten folgen oft keine Taten.

Ein Aufschneider?

So könnte man sagen. Jürgen Rieger steht gerne im Rampenlicht, zurzeit sonnt er sich offenbar besonders in der Aufmerksamkeit der Medien...

...das klingt aber doch, als würden Sie ihn nicht sonderlich ernst nehmen.

Maren Brandenburger

Das tun wir sehr wohl. Ganz deutlich: Rieger ist nicht nur ein rechter Populist, er ist auch ein gefährlicher und fanatischer Rassist, der eine „nordische Rasse" retten will.

Woher wissen Sie das?

Aus der Fülle von Publikationen, die er herausgegeben hat. Die strotzen vor übelsten fremdenfeindlichen und hetzerischen Thesen.

Warum legen Sie Rieger dann nicht das Handwerk?

Jürgen Rieger musste bereits empfindliche Niederlagen hinnehmen. Allen voran vor sechs Jahren das Verbot der „Hetendorfer Tagungswoche". „Heide-Heim", der Trägerverein der Veranstaltung, wurde verboten, das Vereinsvermögen eingezogen und seine Immobilie nutzlos.

Seit dem Verbot der „Hetendorfer Tagungswoche" gibt es immer mal wieder Gerüchte über eine „Ersatzveranstaltung"...

...die Rieger oft selbst füttert, wie jetzt in Hameln. Bislang gibt es für so etwas aber auch keine ernst zu nehmenden Anhaltspunkte. Weder in Hameln noch anderswo.

Auch nicht in Dörverden?

Das Projekt Heisenhof beobachten wir aufmerksam. Allerdings befürchten wir gegenwärtig weniger, dass dort eine Art Nachfolgeveranstaltung für Hetendorf geplant ist. Rieger hat ja nicht angekündigt, dort zu agitieren. Er will angeblich irgendwelche Pseudoforschungen treiben.

Seinem Rassenwahn fröhnen?

Ich gebe Ihnen ja recht. Der Gedanke ist schier unerträglich, dass ein Rassist wie Rieger „Fruchtbarkeitsforschung" betreibt.

Rieger ist bereits als Volksverhetzer verurteilt.

Er musste 2003 eine Geldstrafe zahlen, weil er öffentlich den Massenmord an Juden in Auschwitz in Frage gestellt hat.

Und warum darf er seine Thesen immer weiter publizieren?

Wir prüfen ständig, ob es Verbotsmöglichkeiten gibt und schöpfen dabei alles rechtlich Mögliche aus. Aber zurzeit fehlt uns die Handhabe. Und auch wenn Rieger ein Vielschreiber ist: Er ist nur einer von vielen. Sie ahnen ja nicht, wie viele rechtsextreme Pamphlete übelsten Inhaltes wir lesen müssen.

Ein Hotelier bot sein Haus zum Verkauf an, weil er es nicht mehr unterhalten und betreiben konnte. Der Herr Anwalt nahm Kontakt zu ihm auf und stand auch schon kurz vor Abschluss der Verhandlungen, als die Delmenhorster Bevölkerung davon erfuhr. Die Stadt weigerte sich leider, das Hotel zu erwerben und so leisteten die Delmenhorster erbitterten Widerstand. Eine Armee von Gerechten stand auf und machte Front gegen das Ansinnen. Sie brachten deutlich zum Ausdruck, dass sie mit solch verblendeten Menschen nichts zu tun haben wollten und dass auch ihre Kinder nicht mit derartigem Gedankengut konfrontiert werden sollen.

Was der uns bekannte Herr vorher in Dörverden und dann auch in Verden erlebt hatte, schien sich auch hier abzuzeichnen. Auch dieser Deal platzte und auch hier musste er das Feld räumen. Deutlicher kann man in Deutschland nicht zum Ausdruck bringen, was man von Leuten wie ihm hält und wie man sich auch in der Zukunft gegen sie zur Wehr setzt.

Der Mann ist hartnäckig und wird es weiter probieren. In Deutschland aber wird er weiterhin auf eine ablehnende Haltung treffen, die ihm verdeutlicht, dass man ihn nicht will.

Anfang März sah ich im Zweiten Deutschen Fernsehen einen Bericht, in dem eine aufgebrachte Menge lautstark und mit Transparenten ihrem Unmut Luft machte. Ort des Geschehens war Morbach an der Mosel, wo besagter Anwalt ein altes ehemaliges Schulgebäude käuflich erwerben und für die NPD nutzen wollte.

Ich bin mir ziemlich sicher, dass die Bevölkerung hartnäckig bleibt, und es nicht zulassen wird, dass sich dieser Mensch hier niederlässt und den Ort und die benachbarten Gemeinden in Verruf bringt.

Deutschland hat eine starke Demokratie, auf die wir stolz sein können. Die Bürgerinnen und Bürger unseres Landes werden Probleme dieser Art weitgehend selbst zum Wohle ihrer nachrückenden Generationen bewältigen.

Menschen wie der erwähnte Herr, mit Gedankengut von gestern und der damit verbundenen schrecklichen Hypothek von 55 Millionen Toten aus dem Zweiten Weltkrieg belastet, haben bei uns keine Chance mehr.

Wir wollen in Frieden leben, und wir wollen, dass unsere Demokratie nach fast 70 Jahren Waffenstillstand auch für unsere Enkelkinder so friedlich und so lebenswert bleibt, wie wir sie heute vorfinden.

DR. JÜRGEN RÜTTGERS
MINISTERPRÄSIDENT
DES LANDES NORDRHEIN-WESTFALEN

31. Januar 2007

Lieber Herr Buterfas,

wie ich erfahren habe, konnten Sie Ihre schwere Operation erfolgreich hinter sich bringen und stehen kurz davor, Ihre Tätigkeit als Aufklärer und Mahner wieder aufzunehmen. Gerne erinnere ich mich an Ihren Besuch hier in der Staatskanzlei in Düsseldorf zurück. Ich wünsche Ihnen von Herzen eine rasche und vollständige Genesung, und dass Sie Ihre Reisen durch die Republik alsbald wieder mit dem alten Elan antreten können. Es gibt noch viele junge Menschen in Deutschland, die Sie, lieber Herr Buterfas, treffen sollten, um das schreckliche Geschehen von damals von einem Zeitzeugen erzählt zu bekommen.

Ihnen und Ihrer Frau wünsche ich alles Gute für die Zukunft und verbleibe

mit herzlichen Grüßen
Ihr

Kapitel 15: Danksagung

Auch im Namen meiner Ehefrau Dagmar möchte ich mich hiermit bei allen bedanken, die mir bei der Wiedererlangung meiner Gesundheit behilflich waren. Auch allen, die mich bei der Erstellung dieses Buches unterstützt haben, sage ich hiermit meinen herzlichen Dank. Danke sage ich

- Herrn Professor Layer, dem medizinischen Direktor des Israelitischen Krankenhauses in Hamburg.

- Herrn Professor Dr. Zornig, ebenfalls vom Israelitischen Krankenhaus in Hamburg. Hätte er chirurgisch nicht so präzise gearbeitet, würde ich wohl nicht mehr unter den Lebenden weilen.

- Herrn Dr. Weiland und dem gesamten Pflegepersonal des Israelitischen Krankenhauses in Hamburg.

- den Mitarbeitern meines ambulanten Pflegedienstes in Jesteburg, die mich über Monate betreuten, als ich einen künstlichen Darmausgang hatte.

- Herrn Dr. Becker aus der onkologischen Praxis im Ärztehaus am Lerchenfeld in Hamburg. In dieser Praxis haben sich sicherlich schon viele menschliche Tragödien abgespielt. Ihm und seinem zuvorkommenden Praxisteam danke ich für sein Verständnis während meiner Chemotherapie.

- meinen Kindern, Jasmin und Andreas, für ihre ständige Anwesenheit bei ihrem Vater, meinem Schwiegersohn Jens für seine tatkräftige Unterstützung und meinen Enkelkindern Mario und Iva-Charlene, die sich ständig nach dem Wohlbefinden ihres Großvaters erkundigten und jedes Mal fragten, wann wieder einmal ein Besuch möglich sei.

- Herrn Andreas Wieck, der schon zu Zeiten, in denen meine Frau und ich noch das Unternehmen Buterfas & Buterfas GmbH & Co. KG führten, als Lohnbuchhalter und Büroleiter in unserem Hause beschäftigt war. Lieber Herr Wieck, vielen Dank für Ihre intensive und aktive Mithilfe beim Erstellen dieses Buches.

- Herrn Ex-Senator Eugen Wagner und seiner lieben Frau, die mir das Produkt Froximun benannten und nicht eher Ruhe gaben, bis ich es endlich ausprobierte. Ihnen verdanke ich, dass ich nach kürzester Zeit nach erstmaliger Einnahme dieses Medikamentes wieder essen konnte und sich mein Gesundheitszustand wieder stabilisierte.

- dem medizinischen Berater der Froximun AG, Herrn Frank Kuschel, und seiner lieben Frau. Beide waren fast ständig in meiner Nähe, fragten nach meinem Befinden und holten stets neue Informationen ein, welches Froximun-Produkt in welcher Krankheitsphase das richtige war.

- den engagierten Therapeuten und Ärzten der Klinik Reinhardshöhe in Bad Wildungen.

- allen meinen Freunden für ihre aufrichtige Anteilnahme und Unterstützung.

Zum Schluss noch ein ganz persönlicher Dank an meine Freunde, die Familie Buhk vom Blumengroßmarkt in Hamburg. Durch Eure wunderbaren Rosen, die in diesem Jahr besonders schön blühten, ist die gesamte Gartenanlage von St. Nikolai fantastisch gestaltet worden.

Mein besonderer Dank gilt meinem Freund Stefan Buhk, der mir in den dunklen Tagen meiner schweren Krankheit in gewissen Abständen Blumengrüße gesendet hat. Auch das hat zu meiner Heilung beigetragen. Dafür vielen Dank!

Zuletzt aber, und das ist mir ein besonderer Herzenswunsch, bedanke ich mich bei meiner lieben, verständnisvollen Ehefrau, mit der ich am 4. April 2007 in Bad Wildungen unseren 54. Verlobungstag begehen konnte. Alles in allem danke ich auch dem lieben Gott, dass er mich verschont hat, dass er mir geholfen hat und dass mein Glaube, wie man sagt, Berge versetzt hat. Nur wer sich aufgibt, hat verloren.

Kapitel 16: Anhang

I. Internationale und nationale Stimmen von Persönlichkeiten aus Politik, Wirtschaft und Kultur

DER PRÄSIDENT DES SENATS
DER FREIEN UND HANSESTADT HAMBURG

30. November 1995

Sehr geehrter Herr Präsident,

für den Senat der Freien und Hansestadt Hamburg ist es eine besondere Ehre, daß die CALL FOR THE PEACE OF THE WORLD ASSOCIATION beabsichtigt, einen Bürger dieser Stadt, Herrn Ivar Buterfas, den Ehrenpräsidenten des Förderkreises "Rettet die Nikolaikirche", mit dem FRIEDENS- UND TOLERANZPREIS auszuzeichnen.

Ich habe mit besonderer Freude zur Kenntnis genommen, daß damit der unermüdliche Einsatz von Herrn Buterfas für Versöhnung, Toleranz und Frieden auch international Anerkennung findet. Sein Engagement für die weltweite Beachtung des Hamburger Mahnmals St. Nikolai und die sich durch die Preisverleihung ergebende Verknüpfung mit den Ursprüngen des Heiligen St. Nikolaus, lassen diese hohe Auszeichnung in besonderem Licht erscheinen.

Mit freundlichen Grüßen

Dr. Henning Voscherau
Erster Bürgermeister

DER PRÄSIDENT DES SENATS
DER FREIEN UND HANSESTADT HAMBURG

30. Dezember 1998

Sehr geehrter Herr Buterfas,

die größer werdende zeitliche Distanz bedingt, daß es zunehmend schwieriger wird, die junge Generation mit den Geschehnissen der nationalsozialistischen Vergangenheit vertraut zu machen. Und dabei ist das mahnende Erinnern notwendiger denn je, damit es im Konsens bei einem lauten „Nie wieder!“ bleibt.

Sie haben mit Ihren Lesungen in nun schon mehr als vierzig Orten der Bundesrepublik Deutschland in diesem Sinne wichtige Aufklärungsarbeit geleistet und ich bewundere Ihren Einsatz. Ich weiß, welche Bürde Sie dabei auf sich nehmen, wenn Sie sich als Zeitzeuge wieder und wieder der Diskussion mit Jugendlichen stellen. Ich hoffe sehr, daß Sie die überaus positive Resonanz sowohl bei den Schülerinnen und Schülern wie auch in den Medien veranlaßt, in Ihrem Engagement nicht nachzulassen.

Ich wünsche Ihnen die Kraft und den Mut, auf diesem Wege auch in Zukunft fortzufahren und im Dialog mit jungen Menschen für die Vermittlung und Aufarbeitung der Zeit des nationalsozialistischen Unrechts zu sorgen.

Mit freundlichen Grüßen

Ortwin Runde
Erster Bürgermeister

Herrn Ivar Buterfas

HELMUT SCHMIDT

To Mr. Buterfas
383

Herrn
Ivar Buterfas
Förderkreis „Rettet die Nikolaikirche" e.V.

P 1 of 3

20. Januar 1999

Lieber Herr Buterfas,

mir liegt am Herzen, Ihnen einmal zu danken für Ihr vielfältiges Engagement für das öffentliche Wohl und besonders für Ihre große Anstrengung zur Rettung des Turmes und der Überreste der Nikolaikirche. Dieser Dank kommt von einem privaten Mitbürger und richtet sich an einen privaten Mitbürger. Wir sind beide ohne öffentliches Amt, gleichwohl versuchen wir beide, zum Wohlergehen der Deutschen und der Bundesrepublik beizutragen.

Ich wünsche Ihnen weiterhin Erfolg bei Ihrer Arbeit.

Stets Ihr
Helmut Schmidt

Sigmar Gabriel Niedersächsischer
Ministerpräsident

Herrn
Ivar Buterfas
Präsident des
Förderkreises "Rettet die Nikolaikirche" e.V.

24. Oktober 2000

Sehr geehrter Herr Buterfas,

im Jahre 1995 hat der damalige Bundespräsident Roman Herzog in Bergen-Belsen eine Lehre aus der Entrechtung, der Ausgrenzung und Verfolgung während der Zeit des Nationalsozialismus formuliert, die ich zitieren möchte: Man ist nicht nur verantwortlich für das, was man tut, sondern auch für das, was man geschehen lässt. Wer es zulässt, dass anderen die Freiheit geraubt wird, verliert am Ende die eigene Freiheit. Wer es zulässt, dass anderen die Würde genommen wird, verliert die eigene Würde.

Diese Aussagen unterstütze ich uneingeschränkt.

Angesichts des zu Tage tretenden Ausmaßes von Fremdenfeindlichkeit und ausländerfeindlichen Übergriffen hier bei uns in Deutschland wird uns eindringlich vor Augen geführt, wie wichtig einerseits die stete Erinnerung an die Opfer ist, wie zwingend notwendig aber auch Aufklärung und Dokumentation der nationalsozialistischen Geschichte dieses Landes sind. Uns allen muss klar sein, dass es für unsere Gegenwart und Zukunft unumgänglich ist, Schlussfolgerungen aus unserer Vergangenheit zu ziehen.

Die unermüdliche Aufklärungsarbeit, die Sie und der Förderkreis "Rettet die Nikolaikirche" dabei leisten, Ihr nicht erlahmendes Engagement, die erforderlichen Diskussionen zu führen, und Ihre Bereitschaft, sich auch unangenehmen Fragen zu stellen — all dies beeindruckt mich tief.

Es muss Sie oftmals viel Kraft kosten, immer wieder mit den eigenen schmerzvollen Erfahrungen konfrontiert zu werden. Ich bin aber zutiefst davon überzeugt, dass wir Menschen brauchen, die sich gegen das Vergessen, das Verdrängen stellen, die aber auch bereit sind zu vermitteln und die Hand zur Verständigung auszustrecken.

Nur wer den Holocaust selbst erlebt hat, kann ermessen, was Unterdrückung und Verfolgung wirklich bedeuten. Zeitzeugen wie Sie, lieber Herr Buterfas, und Initiativen wie der Förderkreis sind das Fundament des Wissens aus eigenem Erleben, auf das wir uns heute stützen können.

Für Ihre Arbeit wünsche ich Ihnen weiterhin viel Beharrungsvermögen, Stärke und allen erdenklichen Erfolg.

Mit herzlichem Gruß

Sigmar Gabriel

Joachim Erwin
Oberbürgermeister

EINGEGANGEN

Erl............

Landeshauptstadt
Düsseldorf

Telefon
Telefax
OBJoachimErwin(

www.duesseldorf.de

18. Januar 2001 kr

An den Präsidenten des
Förderkreises „Rettet die Nikolaikirche" e.V.
Herrn Ivar Buterfas

Sehr geehrter Herr Buterfas,

ich beziehe mich auf Ihr freundliches Schreiben vom 12. Januar 2001 und bedanke mich zunächst einmal recht herzlich für die guten Wünsche zum neuen Jahr 2001, die ich gerne erwidere.

Ebenso gerne erinnere auch ich mich an unsere persönliche Begegnung bei dem Empfang im Düsseldorfer Rathaus am 13. November 2000, bei der ich 200 von der McDonald's Company Deutschland gestiftete Exemplare Ihrer Biografie „Sunny Goj" stellvertretend für schulische Einrichtungen, Jugendorganisationen und Bibliotheken in Düsseldorf entgegennehmen durfte.

Mit dieser begrüßenswerten Aktion dürften Sie Ihrem Ziel, als Holocaust-Überlebender und Zeitzeuge jungen Menschen über das nationalsozialistische Unrechtsregime und seine Folgen zu berichten, nun auch in der Landeshauptstadt Düsseldorf ein gutes Stück näher gekommen sein.

- 2 -

Für Ihr großartiges Engagement und Ihre gerade in der heutigen Zeit so wichtige Aufklärungsarbeit möchte ich Ihnen an dieser Stelle nochmals Respekt und Dank bekunden. Ihre eindrucksvollen und lebendigen Erinnerungen an die damalige Zeit sind ein wertvoller Beitrag, um aus der Geschichte für die Zukunft zu lernen und meines Erachtens gerade für junge Menschen besonders prädestiniert, sich einer gründlichen Aufarbeitung der Zeit von 1933 bis 1945 zu widmen.

Auch für Ihre künftige Aufklärungs- und Friedensarbeit wünsche ich Ihnen nun weiterhin recht viel Erfolg und eine breite Resonanz. Dies gilt gleichermaßen für Ihre hiermit verbundenen intensiven Bemühungen um den Erhalt der Kriegsruine „Nikolaikirche" in Hamburg, für deren Ausbau als Mahnmal gegen das Nazi-Regime Sie einen Teil des Verkaufserlöses Ihres Buches verwenden.

Für die weitere Zukunft wünsche ich Ihnen auch im persönlichen Bereich recht viel Glück und Erfolg, eine stabile Gesundheit und die Erhaltung Ihres Engagements und Ihrer beeindruckenden Tatkraft.

Mit freundlichen Grüßen

Joachim Erwin

DER BÜRGERMEISTER
DER STADT PINNEBERG

Förderkreis
„Rettet die Nicolaikirche" e.V.
z.H. Herrn Ivar Buterfas

Sehr geehrter Herr Buterfas,

zu Beginn des neuen Jahres möchte ich Ihnen vorab Gesundheit, Glück und persönliches Wohlergehen wünschen. Gleichzeitig möchte ich Sie ermutigen, Ihren so beeindruckenden und erfolgreichen Weg fortzusetzen.

Sehr gerne denke ich an Ihre beiden Veranstaltungen im Rathaus der Stadt Pinneberg zurück. Diese beiden Veranstaltungen haben nicht nur bei mir, sondern vor allem bei den Schülerinnen und Schülern einen so nachhaltigen Eindruck hinterlassen, daß ich heute noch oft deswegen angesprochen werde. Dies hängt nicht nur damit zusammen, daß zwei meiner Söhne derzeit das Gymnasium besuchen, sondern liegt vor allem an meiner Präsenz bei Veranstaltungen, die von Jugendlichen oder für Jugendliche durchgeführt werden. Immer wieder wird dabei auch hervorgehoben, daß Sie, sehr geehrter Herr Buterfas, die außergewöhnliche Begabung besitzen, die schrecklichen Ereignisse der damaligen Zeit so anschaulich wiederzugeben, daß einem noch heute ein Schaudern überfällt. Als ich vor wenigen Tagen die Wehrmachtsausstellung in Kiel besucht habe, traf ich eine ganze Reihe von Jugendlichen, die den Bogen von Ihrem Auftreten bis zu der aktuellen Veranstaltung in Kiel spannten und sich wiederum außergewöhnlich beeindruckt zeigten.

Ich möchte Ihnen daher nochmals meinen Dank für Ihr Engagement abstatten und Ihnen meine allergrößte Hochachtung aussprechen. Sie leisten mit Ihrer Arbeit einen unschätzbaren und unverzichtbaren Dienst und beweisen dies auch jeden Tag aufs neue.

Ich darf Ihnen jegliche Unterstützung für Ihre Aufgabe zusagen, hoffe, daß wir uns bei mehreren Veranstaltungen im neuen Jahr wiedersehen und verbleibe mit den besten Grüßen auch an Ihre Ehefrau

Ihr

LANDESHAUPTSTADT
WIESBADEN

EINLADUNG

Herr Ivar Buterfas, Präsident des Förderkreises "RETTET DIE NIKOLAIKIRCHE" e.V. (Hamburg) und als Holocaust-Überlebender gleichzeitig ein wichtiger Zeitzeuge, reist nach Wiesbaden, um die Bürgerinnen und Bürger, insbesondere aber junge Menschen, über das nationalsozialistische Unrechtsregime und dessen Folgen aufzuklären.

Im Rahmen seines Besuches wird Herr Buterfas einen Vortrag über seine Erlebnisse während des Holocaust halten, 200 Freiexemplare seiner Autobiografie "SUNNY GOJ" an Wiesbadener Schulen übergeben und dem Oberbürgermeister der hessischen Landeshauptstadt Gelegenheit geben, sich in das "Goldene Buch von St. Nikolai" einzutragen, das an das letzte Hamburger Mahnmal gegen die Schrecken des Zweiten Weltkrieges erinnert.

Ich erlaube mir daher, Sie für

Mittwoch, den 8. November 2000, 17.00 Uhr,

in den Festsaal des Rathauses

herzlich einzuladen.

Über Ihr Kommen würde ich mich freuen.

D i e h l
Oberbürgermeister

U.A.w.g. auf beiliegender Rückantwortkarte bis spätestens 2. November 2000

Stadt Leverkusen

Der Oberbürgermeister

Stadtverwaltung · Postfach 10 11 40 · 51311 Leverkusen

Herrn
Ivar Buterfas
Ehrenpräsident des Förderkreises
"Rettet die Nikolaikirche" e. V.

EINGEGANGEN
22. April 2002
Erl.............

Fachbereich oder Dienststelle	.
Dienstgebäude	. Fr.-Ebert-Platz 1
Sachbearbeitung	.
Tel.	.
Durchwahl 406	.
Telefax 406	.
Ihr Zeichen/vom	.
Mein Zeichen	. OB hb-sl
Tag	. 11.04.02

Unsere Begegnung am 11. April 2002 um 15.00 Uhr im Kasino der Sparkasse Leverkusen

Sehr geehrter Herr Buterfas,

im Anschluss an unsere Begegnung ist es mir ein aufrichtiges Anliegen, Ihnen noch einmal sehr herzlich zu danken für Ihre bewegenden Worte, die Sie gegenüber den Menschen in Leverkusen bei der Vorstellung Ihres Buches gefunden haben.

Ich stimme mit Ihnen völlig darin überein, dass wir keine Gelegenheit auslassen dürfen, den jungen Menschen in unserem Land Geschichtsbewusstsein zu vermitteln und dafür zu sorgen, dass Sie aktiv daran mitwirken, aus unserer Geschichte die notwendigen Lehren zu ziehen.

Ein Volk, das seine Geschichte nicht kennt, lebt in der Gefahr sie zu wiederholen, auch insofern müssen wir vor dem Hintergrund vieler rechtsradikaler Aktivitäten in unserem Lande sehr wachsam sein.

Nochmals vielen herzlichen Dank für Ihren Einsatz.

Mit freundlichen Grüßen

Ihr

Paul Hebbel

TEAM H.M. GmbH

EINGEGANGEN

Erl............

Herrn
Ivar Buterfas
Ehrenpräsident des Förderkreises
„Rettet die Nikolaikirche“ e.V.

2002-04-23

Sehr geehrter, lieber Ivar Buterfas,

ich möchte mich recht herzlich für Ihr Arrangement während unserer Veranstaltung am 11.April 2002 in Leverkusen bedanken. Jeder der Anwesenden, die im Vorfeld noch nicht genau wussten, was auf sie zukommen würde, waren beeindruckt. Beeindruckt von Ihrem bemerkenswerten Auftreten, von diesem glaubwürdigen und anschaulichen Vortrag. Ich kann Ihnen versichern, nicht nur das Thema, sondern Sie ganz persönlich haben große Wirkung hinterlassen. Die Wichtigkeit über diese schreckliche Vergangenheit noch 60 Jahre danach zu völlig Unbeteiligten zu sprechen, wurde spätestens nach all Ihren interessanten Ausführungen und Berichten nicht mehr in Frage gestellt. Das Gegenteil war der Fall. Und genau das ist es, was Sie erreichen wollten. Wir können alle nur einhellig sagen, es ist Ihnen auch in Leverkusen gelungen.

Dafür nochmals ein herzliches Dankeschön. Bitte, werden Sie nicht müde.
„Vergangenheit ist Zukunft“.

Auf diesem Wege möchte ich es nicht versäumen, Ihnen, natürlich auch Ihrer liebenswerten Gattin, alles erdenklich Gute zu wünschen und verbleibe

mit freundlichen Grüßen

Henry Maske

STADT RHEINBACH

Der Bürgermeister
Amt für Schulen, Kultur und Sport

Hausadresse: Stadtverwaltung · Schweigelstr. 23 · **53359** Rheinbach
Postfachadresse: Stadtverwaltung · Postfach 1128 · **53348** Rheinbach

Herrn
Ivar Buterfas
Fa. Buterfas & buterfas

06. Juni 2002

Sprechstunden:	Mo.–Do.	8^{00}-12^{00} Uhr
	Fr.	8^{00}-11^{30} Uhr
Bürgerinfothek	Mo.-Mi.	8^{00}-17^{00} Uhr
	Do.	8^{00}-18^{00} Uhr
	Fr.	8^{00}-12^{00} Uhr

und nach Vereinbarung

Ihr Schreiben vom / Zeichen	Mein Zeichen	Sachbearbeiter/in	Zimmer-Nr.	Durchwahl	E-Mail
	AL/21Ko	Wolfgang Rösner			

Lesung und Buchpräsentation
Ihr Schreiben vom 20.05.2002

Sehr geehrter Herr Buterfas,

ich freue mich außerordentlich, dass Sie Ihre Lesung und Buchpräsentation im Dezember 2002 in Rheinbach durchführen möchten.

Auch ich bin insbesondere in Anbetracht der derzeitigen Diskussionen der Meinung, dass das Thema Antisemitismus und Holocaust nicht in Vergessenheit geraten darf.

Ihre Lesung könnte im Ratssaal des Bürger- und Kulturzentrums „Himmeroder Hof" -hierbei handelt es sich um eine ehemalige fränkische Hofanlage- stattfinden. Ich wäre Ihnen dankbar, wenn Sie mir zwei Terminvorschläge unterbreiten würden.

Ihrer Antwort entgegensehend verbleibe ich

Mit freundlichen Grüßen

Stefan Raetz

Bürgermeister
der Landeshauptstadt Graz
Alfred Stingl

8011 Graz-Rathaus 2.7.2002
GZ.: SSA 14 - KU/Ph
Tel.:
Bitte bei Antwortschreiben obige GZ anführen

Sehr geehrter Herr Buterfas!

Ich darf mich vorweg für Ihr Schreiben vom 6. Juni 2002, betreffend die Möglichkeit einer Lesung samt Buchpräsentation in der Landeshauptstadt Graz herzlich bedanken.

Gerne darf ich diese bemerkenswerte Initiative unterstützen und würde mich sehr freuen, Sie zum vorgeschlagenen Termin 5. Dezember 2002 in Graz begrüßen zu dürfen.

Ich habe mit der zuständigen Stadträtin für Jugend und Familie, Frau Tatjana Kaltenbeck-Michl, folgenden Programmablauf vorbesprochen und ersuche ich um Ihre Zustimmung zu dieser Programmablaufmöglichkeit:

Donnerstag, 5. Dezember 2002, 10.00 Uhr:

Einleitung von Bürgermeister Alfred Stingl, Stadträtin Tatjana Kaltenbeck-Michl, Ivar Buterfas, N.N. im Gemeinderatssitzungssaal der Stadt Graz, Rathaus, 2. Stock, in Anwesenheit von ca. 70 Schülerinnen und Schülern, welche ein breites Spektrum der Grazer Schulen repräsentieren sollen. Presse wird eingeladen.

Im Anschluss an die Begrüßung soll durch die ARGE Jugend gegen Gewalt und Rassismus, welche eine Moderator-Funktion einnehmen könnte, übergeleitet werden zur Lesung.

Anschließend Möglichkeit für Fragen der SchülerInnen.

Eintragung in das Goldene Buch von St. Nikolai, ebenfalls im Gemeinderatssitzungssaal.

Zum Ausklang der Lesung darf zu einem Empfang seitens der Stadt Graz in den Stadtsenatssitzungssaal, 2. Stock, Rathaus, herzlich eingeladen werden.

Ich darf höflich um Ihre Zustimmung zu dieser Vorgangsweise ersuchen und steht Ihnen in meinem Sekretariat für allfällige weitere Fragen gerne meine Mitarbeiterin, Frau Mag. Martina Koch-Uitz unter der Telefonnummer zur Verfügung bzw. im Büro von Frau Stadträtin Tatjana Kaltenbeck-Michl ihre Mitarbeiterin, Frau Vasiliki Argyropoulos

GRAZ ZWEITAUSENDDREI
KULTURHAUPTSTADT EUROPAS

STADT LEIPZIG
DER OBERBÜRGERMEISTER

Postanschrift: Stadt Leipzig · 04092 Leipzig

Förderkreis "Rettet die Nikolaikirche" e. V.
Herrn Buterfas

per FAX -

Ihre Zeichen/Ihre Nachricht vom | Unsere Zeichen | Telefon/Telefax | E-mail | Datum

6. September 2002

Sehr geehrter Herr Buterfas,

vielen Dank für Ihren Brief an den Oberbürgermeister.

Zudem möchte ich die Gelegenheit nutzen, Ihnen für die beiden zum Inhalt des Briefes geführten Telefonate zu danken; diese Zusatzinformationen waren sehr hilfreich.

Zum Stand der Dinge gibt es folgendes zu sagen:

Der Oberbürgermeister freut sich sehr, Sie demnächst in Leipzig begrüßen zu können. Jetzt wird es schlicht und ergreifend darauf ankommen, Ihre Reisetermine und seinen Terminkalender miteinander "kompatibel" zu machen. Daher bitte ich Sie, uns Ihre möglichen Zeitkorridore zukommen zu lassen. Wir werden mit ca. 45 Minuten disponieren können.

Im Übrigen war für Herrn Tiefensee sehr interessant, dass Sie Gründungsmitglied der Leipziger Vereins Internationale Mendelssohn-Stiftung und auf diese Weise der Stadt bereits verbunden sind. - Erst vor wenigen Tagen, und noch rechtzeitig vor der offiziellen Geburtstagsfeier für Herrn Masur, wurde - wie Sie vielleicht schon wissen - dieser gemeinnützige Verein in eine privatrechtliche Stiftung umgewandelt.

Ich gehe davon aus, dass Sie dieser Tage aus Irland zurückkehren und wir uns zügig über den Termin verständigen können.

Einen freundlichen Gruß nach Hamburg!

Heumann

Dr. Heumann
Persönliche Referentin
des Oberbürgermeisters

MAGISTRAT DER STADT WIENER NEUSTADT
Magistratsabteilung 12, Öffentlichkeitsarbeit

EINGEGANGEN

Erl.............

Betreff: Ivar Buterfas

Bezug: ---

Zahl: --- Bearbeiter: DL Mag. Dr. Spenger DW: 390 Datum: 9.12.2002

Herrn
Ivar Buterfas

EINGEGANGEN
10. Jan. 2003
Erl.............

Sehr geehrter Herr Buterfas!

Ich möchte mich recht herzlich für Ihr Schreiben bedanken und kann das Kompliment nur zurückgeben. Ihr Vortrag war sensationell, wir alle, inklusive der Frau Bürgermeister, waren restlos begeistert über die Art und Weise, wie Sie gesprochen haben, vor allem aber auch darüber, was Sie den Schülerinnen und Schülern vermittelt haben. Aus diesem Grund hätten wir auch den Wunsch, dass Sie noch einmal zu einer Veranstaltung nach Wiener Neustadt kommen. Konkret planen wir, Sie als Referent für unsere traditionelle Veranstaltung anlässlich des Österreichischen Nationalfeiertages zu gewinnen. Voraussichtlich wird diese am Freitag, den 24. Oktober 2003 im Stadttheater Wiener Neustadt stattfinden, und damit in einem bedeutend größeren Rahmen als heuer. Wegen der näheren Details erlauben wir uns, Sie noch zeitgerecht zu kontaktieren.

In diesem Sinne wünsche ich Ihnen und Ihrer lieben Gattin wunderschöne Weihnachtsfeiertage sowie alles erdenklich Gute für 2003.

Mit freundlichen Grüßen

Mag. Dr. Rainer Spenger

http://www.wiener-neustadt.at
DVR:0076031

WIENER NEUSTADT

DER BÜRGERMEISTER
UND LANDESHAUPTMANN
VON WIEN

EINGEGANGEN
10 Jan. [illegible]
Erl. ....

Wien, 12. Dezember 2002

Geschätzter Herr Buterfas!

Beeindruckt von Ihrem Besuch hier in Wien möchte ich mich auf diesem Wege nochmals sehr herzlich bedanken für Ihr großartiges Engagement um die Aufarbeitung unserer Geschichte und den stets nach vorne gerichteten Blick in eine vertrauenserweckende Zukunft. Die vielen jungen Menschen, die Ihre Lebenserinnerungen gespannt verfolgen, werden es Ihnen zu danken wissen. Die beigeschlossenen Fotos sollen Sie noch oft an Ihren Besuch im Wiener Rathaus erinnern: ich hoffe, Sie haben Freude daran!

Mit nochmaligem Dank, allen guten Wünschen zum bevorstehenden Weihnachtsfest und zum Neuen Jahr und recht herzlichem Gruß an Ihre liebe Frau verbleibe ich

Ihr ergebener
Michael Häupl
Dr. Michael Häupl

Herrn
Ivar Buterfas
Förderkreis „Rettet die Nikolaikirche" e.V.

Dr. Franz Dobusch
Bürgermeister

LINZ

Zl.: 720076304, bitte bei
Antwort anführen

Linz, 17. Dezember 2002

Herrn Präsident
Ivar Buterfas
Förderkreis „Rettet die
Nikolaikirche" e.V.

EINGEGANGEN
10. Jan. 2003
Erl.............

Sehr geehrter Herr Präsident!

Die beiliegenden Fotos überreiche ich Ihnen zur Erinnerung an Ihren Besuch in meinem Büro am 6. Dezember d. J.

Es hat mich sehr gefreut, dass Sie im Rahmen Ihrer Vortragsreihe in Österreich auch die Stadt Linz besucht haben. Die Stadt Linz hat sehr viel getan, ihre nationalsozialistische Vergangenheit aufzuarbeiten. Ich durfte Ihnen die Dokumentation über das vom Linzer Gemeinderat dazu in Auftrag gegebene wissenschaftliche Projekt überreichen.

Ihrem Besuch in Linz und Ihrem Vortrag als Zeitzeuge vor der Linzer Schuljugend habe ich in diesem Zusammenhang sehr große Bedeutung beigemessen.

Ich wünsche Ihnen ein frohes Weihnachtsfest und ein herzliches „Glück auf" für 2003.

Mit freundlichen Grüßen

Beilage:

Fotos

GYULA TREBITSCH PRODUKTION & CONSULTING

KOMMANDITGESELLSCHAFT

Herrn
Ivor Buterfas

17. Januar 2003

Lieber Herr Buterfas,

zu Ihrem 70. Geburtstag möchte ich Ihnen auf diesem Wege herzlich gratulieren und weiterhin alles erdenklich Gute wünschen.

Nur Ihren Aktivitäten verdankt es Hamburg, dass Sankt Nikolai Mahnmal des Friedens ist und damit Besuchern aus aller Welt deutlich macht, dass es ein Mahnmal gegen Krieg, Gewalt und Ausländerfeindlichkeit ist.

Mit freundlichen Grüßen
stets Ihr

Prof. Gyula Trebitsch

Bitte entschuldigen Sie meine
Stempel-Unterschrift solange, bis ich wieder
mit der rechten Hand schreiben kann.

FREISTAAT THÜRINGEN
DER MINISTERPRÄSIDENT

Herrn
Ivar Buterfas
Ehrenpräsident des Förderkreises
"Rettet die Nikoleikirche e. V."

EINGEGANGEN

Erl.............

EINGEGANGEN

Erl.............

8. Dezember 2003

Sehr geehrter Herr Buterfas,

vielen Dank für Ihren Brief vom 2. Dezember diesen Jahres, die sehr aufschlussreichen Unterlagen und das Buch über Ihre „Lebenserinnerungen".

Ihr Engagement ist unverzichtbar und ich möchte Ihnen ganz herzlich für Ihre Aufklärungsarbeit an den Schulen danken und ich freue mich, dass Sie in dieser Mission auch nach Erfurt kommen. Sie sind uns in der Thüringer Staatskanzlei herzlich willkommen und ich bin sehr gerne bereit, mich in das Goldene Buch von St. Nikolai einzutragen.

Ich schlage vor, dass Sie sich bezüglich eines geeigneten Termins mit meinem Büroleiter, Herrn Schlichting, Telefon , abstimmen.

Zu Ihrer beeindruckenden Autobiografie „Sunny Goj" gratuliere ich Ihnen und verbinde dies mit meinem aufrichtigen Dank, dass Sie sich der Herausforderung stellen, gegen „das Vergessen" zu wirken, in dem Sie als Zeitzeuge den Kontakt zur jungen Generation in Deutschland suchen.

Ich freue mich auf unsere Begegnung und verbleibe

mit freundlichen Grüßen

Dieter Althaus

DER BÜRGERMEISTER
DER STATUTARSTADT WIENER NEUSTADT

EINGEGANGEN

Erl. ....

Herrn
Ivar Buterfas
Fa. Buterfas & Buterfas

10. Februar 2003

Sehr geehrter Herr Buterfas!

Zunächst möchte ich Ihnen auf diesem Wege recht herzlich zum 70. Geburtstag gratulieren, den Sie ja vor kurzem begangen haben. Gleichzeitig bedanke ich mich für die netten Grüße, die Sie mir zukommen haben lassen, und darf Ihnen und Ihrer lieben Gattin für die Zukunft weiterhin viel Gesundheit und Schaffenskraft wünschen. Alles Gute!

Nun aber zum eigentlichen Grund meines Schreibens. Ich erlaube mir hiermit nämlich jene Bitte zu wiederholen, die wir schon letztes Jahr an Sie gerichtet haben. Und zwar geht es dabei um unsere traditionelle Veranstaltung anlässlich des Österreichischen Nationalfeiertages am 26. Oktober, für die wir Sie sehr gerne als Referenten gewinnen würden.

Voraussichtlich wird die Feier am Freitag, den 24. Oktober 2003 um 11 Uhr im Stadttheater Wiener Neustadt stattfinden und damit in einem bedeutend größeren Rahmen als im Vorjahr. So planen wir einerseits wieder Wiener Neustädter Schülerinnen und Schüler einzuladen, andererseits aber auch viele Persönlichkeiten aus Politik, Wirtschaft, Kultur und Gesellschaftsleben. In Summe erwarten wir zwischen 500 und 600 Personen. Der Ablauf wird in etwa so sein, dass ich als Bürgermeister zunächst ein paar Grußworte spreche und danach Sie wieder Ihren eindrucksvollen Zeitzeugenbericht samt Lesung bringen. All dies soll natürlich musikalisch würdig umrahmt und mit der österreichischen Bundeshymne sowie mit

http://www.wiener-neustadt.at
DVR: 0076031
WIENER NEUSTADT

- 2 -

einem Buffet abgeschlossen werden. Um alle weiteren Details zu klären, wird Sie mein Pressesprecher, Mag. Dr. Rainer Spenger, zeitgerecht kontaktieren.

In diesem Sinne hoffe ich, dass Sie unserer Einladung Folge leisten können, freue mich schon darauf, Sie wieder zu sehen und verbleibe

mit freundlichen Grüßen

Traude Dierdorf

HALLE (SAALE) *Die Oberbürgermeisterin*

Stadt Halle (Saale), Marktplatz 1, 06100 Halle

Herrn
Ivar Buterfas
Fa. Buterfas & Buterfas

EINGEGANGEN
13. Jan. 2004
Erl.............

Dienstgebäude:

Auskunft erteilt:
Telefon:
Telefax:
Sprechzeiten:

Sie erreichen uns: Haltestelle Marktplatz

Internet:
E-Mail:

Halle (Saale), 8. Januar 2004

Sehr geehrter Herr Buterfas,

seit Ihrer überaus ergreifenden Vorstellung Ihrer Autobiografie „Sunny Goy" sind nun auch schon wieder mehrere Wochen vergangen. Ich möchte mich dafür nochmals bei Ihnen bedanken.

Nicht nur ich persönlich, sondern ich glaube auch alle Anwesenden waren sehr bewegt von den Schilderungen Ihres Lebens. Es liegt an Ihrer Ausstrahlung und Vitalität, mit der Sie das Erlebte anderen vermitteln. Ihre Darstellung der damaligen Ereignisse war für mich sachlich fundiert und überzeugend interpretiert. Die ergreifende Ruhe im Raum war Zeugnis dafür.

Ihre wohldurchdachte Vortragsweise verbunden mit Ihrer persönlichen Ausstrahlung haben in mir die Überzeugung geweckt, dass Sie, Herr Buterfas, auch ein ausgezeichneter Festredner aus Anlass des Tages der Deutschen Einheit wären. Unsere „Festliche Stunde" findet traditionell am 2. Oktober eines jeden Jahres in der Konzerthalle Ulrichkirche, Leipziger Straße, statt.
Ich würde mich persönlich sehr freuen, wenn ich Sie für den Festvortrag anlässlich der 15. Wiederkehr des Tages der Deutschen Einheit im Jahre 2005 gewinnen könnte. Mein Büro wird sich zu gegebener Zeit mit Ihnen in Verbindung setzen.
Vielleicht könnte man in diesem Zusammenhang am Vortag eine erneute Veranstaltung an den Gymnasien und Realschulen einplanen. Wir würden in diesem Fall mit den Vorbereitungen schon im Frühjahr 2005 beginnen, um den gewünschten Erfolg zu erzielen.

Ich wünsche Ihnen und Ihrer Gattin ein gesundes neues Jahr, Wohlergehen und weiterhin viel Schaffenskraft und verbleibe in der Hoffnung eines Wiedersehens

mit freundlichen Grüßen

Ingrid Häußler
Oberbürgermeisterin

Freie und Hansestadt Hamburg
Kulturbehörde

Kulturbehörde, Postfach 30 30 81, D - 20310 Hamburg

Referent der Senatorin

Herrn
Ivar Buterfas

Christian Seyfert

Az.: R

12. Januar 2004

Sehr geehrter Herr Buterfas!

Zu der Auszeichnung mit der Medaille für treue Arbeit im Dienste des Volkes gratuliere ich Ihnen herzlich!
Frau Senatorin Dr. Horáková möchte Ihnen diese nun gerne aushändigen. In ihrem Auftrag schlage ich Ihnen hierfür als Termin

Mittwoch, den 4. Februar 2004

vor. Stattfinden könnte die Aushändigung zwischen 11:00 und 13:30; die Zeremonie selbst dauert üblicherweise ca. 30 Minuten.
Bitte teilen Sie mir in den nächsten Tagen mit, ob Sie mit diesem Vorschlag einverstanden sind bzw. welche Uhrzeit Sie sich genau wünschen, ich werde dann gerne alles Weitere veranlassen. Auch für weitere Fragen stehe ich Ihnen selbstverständlich gerne zur Verfügung.

Mit freundlichen Grüßen

Christian Seyfert

Freie und Hansestadt Hamburg
Kulturbehörde

Präses Dr. Dana Horáková

Herrn
Dr. Ralph Giordano

2. Februar 2004

Sehr geehrter, lieber Herr Giordano!

Vielen Dank für Ihre freundlichen Zeilen anlässlich der bevorstehenden Ehrung von Ivar Buterfas mit der Medaille für treue Arbeit im Dienste des Volkes der Freien und Hansestadt Hamburg.
Die Medaille ist eine der wichtigsten Auszeichnung, die Hamburg zu vergeben hat, und ich denke wie Sie, dass Ivar Buterfas sie angesichts seines jahrelangen und aufopfernden Einsatzes nicht nur für St. Nikolai vollauf verdient hat.

Ich hatte mich auch gerade erst in der vergangenen Woche gefreut, Sie im Rahmen der Verleihung des Bertini-Preises wieder einmal persönlich sehen zu können. Ihre sehr persönlichen Worte gegen Ende der Preisverleihung haben mich beeindruckt und bewegt.

Mit freundlichen Grüßen

Dr. Dana Horáková
- Senatorin -

Der Regierende Bürgermeister von Berlin

Berlin

Berliner Rathaus, 10871 Berlin

Berlin, den 28. September 2004

Sehr geehrter Herr Buterfas,

anlässlich Ihres Besuches im Roten Rathaus übermittle ich Ihnen im Namen des Senats von Berlin sehr herzlich Grüße.

Ihr Besuch im Roten Rathaus steht ebenso wie all Ihre vielen Gespräche mit Schülerinnen und Schülern, die Sie über die Jahre geführt haben, unter einem Motto, das in seiner prägnanten Kürze sehr viel sagt: „Vergeben ja, vergessen nein!".

Berlin bietet mit seinen vielen Erinnerungsstätten und Gedenkorten hervorragende Bedingungen für eine ernste Auseinandersetzung mit der Vergangenheit. Aber sie alle ersetzen nicht das unmittelbare Gespräch mit Menschen, die Geschichte aus erster Hand und persönlicher Erfahrung erzählen können. Und zu diesen engagierten Zeitzeugen gehören gewiss auch Sie mit Ihrer Mission, Erfahrungen an die junge Generation weiterzugeben.

Ich freue mich sehr, dass Sie bei Ihrem Besuch im Rathaus Berliner Schülerinnen und Schülern Gelegenheit geben, etwas über Ihr Leben zu erfahren und mit Ihnen darüber zu sprechen, wie es gemeinsam gelingen kann, den Gedanken der gegenseitigen Achtung von Unterschieden, der Toleranz und der Weltoffenheit zu stärken. Denn: Für eine menschlichere Gesellschaft sind wir alle verantwortlich.

Herzlichen Dank noch einmal für Ihr Kommen.
Mit freundlichen Grüßen

Klaus Wowereit

HALLE (SAALE) ✶ *Die Oberbürgermeisterin*

Stadt Halle (Saale), Marktplatz 1, 06100 Halle

Herrn
Ivar Buterfas

22081 Hamburg

12. April

Dienstgebäude: Marktplatz 1

Auskunft erteilt: Frau Linkersdörfer
Telefon:
Telefax:
Sprechzeiten:

Sie erreichen uns:

Internet:
E-Mail:

Halle (Saale), 7. April 2005

Tag der Deutschen Einheit

Sehr geehrter Herr Buterfas,

wie ich bereits telefonisch zum Ausdruck brachte, freue ich mich, dass Sie anlässlich des Festaktes zum Tag der Deutschen Einheit am 3. Oktober 2005 unsere halleschen Bürgerinnen und Bürger mit einem Festvortrag erfreuen.

Die Veranstaltung wird wie in den vergangenen Jahren in der Konzerthalle Ulrichskirche, Kleine Brauhausstraße 26, stattfinden. Die Konzerthalle verfügt über ca. 450 Plätze. Gern kommen wir Ihrem Wunsch nach, und laden Schüler aus Gymnasien und Sekundarschulen zu dem Festakt ein. Nach der Veranstaltung möchte ich Sie und weitere Ehrengäste zu einem gemeinsamen Abendessen einladen.

Mein Team Protokoll wird zu gegebener Zeit für Ihre Frau und Sie ein Hotelzimmer im Kempinski-Hotel Rotes Ross reservieren. Ich möchte Sie bitten, sich bei weiteren Absprachen zwecks Anreise etc. mit meiner Mitarbeiterin Frau Linkersdörfer unter der Telefon-Nummer in Verbindung zu setzen.

Sehr geehrter Herr Buterfas, ich wäre Ihnen sehr dankbar, wenn Sie mir zeitnah das Thema Ihres Vortrages, welches 45 Minuten nicht überschreiten sollte, benennen.

Ich wünsche Ihnen bis zum Herbst alles Gute und verbleibe

mit freundlichen Grüßen

Ingrid Häußler
Oberbürgermeisterin

EINGANG

18. OKT. 2005

Herrn
Ivar Buterfas
Fa. Buterfas & Buterfas

Sehr geehrter Herr Buterfas,

ich war sehr erfreut als ich im Januar 2004 Ihre schriftliche Zusage erhielt, dass Sie in diesem Jahr die Festrede zu der Veranstaltung zum Tag der Deutschen Einheit am 3. Oktober in Halle (Saale) halten werden.

Mit Ihrem engagierten Beitrag haben Sie die Bürgerinnen und Bürger unserer Stadt und der näheren Umgebung an diesem Abend beeindruckt. Ich möchte mich auf diesem Wege nochmals bei Ihnen bedanken. Ihre Ansprache war sowohl für mich, als auch für unsere Gäste von hohem Interesse. Selbst eine Schulklasse aus dem Johann-Gottfried-Herder-Gymnasium hat sich per E-Mail für die gelungene Veranstaltung und ergreifenden Reden bedankt und bat mich, Ihnen die herzlichsten Grüße auszurichten.

Gestatten Sie mir, Ihnen als Dankeschön das Buch „Halle – Wir zeigen den Wandel" zu übersenden. Der Bildband zeigt unsere Stadt mit all ihren Veränderungen in einem Zeitraum von etwa 15 bis 20 Jahren. Die Bilder sind ein gelungenes Zeugnis einer Metamorphose, die mit dem gesellschaftlichen Wandlungsprozess begann.

Den Zeitungsbericht der Mitteldeutschen Zeitung vom 5. Oktober 2005 über Sie, lege ich Ihnen ebenso zur Information bei.

Ich hoffe, Sie und Ihre Frau werden den Aufenthalt in unserer Stadt in angenehmer Erinnerung behalten. Mich selbst hat es gefreut, Sie hier begrüßen zu dürfen und ich bin zuversichtlich, dass wir uns in naher Zukunft wieder sehen. Meinen kleinen Beitrag über die Begegnung mit Ihnen werde ich Ihnen rechtzeitig mit getrennter Post übermitteln.

Mit freundlichen Grüßen auch an Ihre Gattin

S. H.

Ingrid Häußler
Oberbürgermeisterin

Halle, 11. Oktober 2005

Anlage
Bildband
MZ-Bericht

Mut ist nicht Leichtsinn

LEONBERG
GROSSE KREISSTADT

DER OBERBÜRGERMEISTER

Stadtverwaltung, 71226 Leonberg

Herrn
Ivar Buterfas

5. Dezember 2005
A/shu/we

Sehr geehrter, lieber Herr Buterfas,

noch einmal gratuliere ich Ihnen ganz herzlich zu Ihrem Vortrag in Leonberg. Ihre Prognose war zutreffend. Man hätte eine Stecknadel fallen hören. Die Standing Ovations der Schüler sagten mehr wie tausend Worte.

Ich hatte Ihnen versprochen, Ihnen das Werk von Dr. Eberhard Röhm zum KZ in Leonberg zu übersenden. Dieses Versprechen möchte ich gerne erfüllen und darf es Ihnen in der Anlage zusenden, ergänzt um die Berichterstattung über Ihren Vortrag.

Bitte grüßen Sie auch Ihre geschätzte Gattin herzlich von mir.

Mit freundlichen Grüßen

Bernhard Schuler

PS: Wenn Sie damit einverstanden sind, würde ich Herrn Dr. Röhm darüber informieren, dass Sie an einem Zusammentreffen mit ihm interessiert.

II. Internationale und nationale Presse

Berichte über meine Tätigkeit im Rahmen der Jugendaufklärung und meine Tätigkeit als Gründer und Präsident des Förderkreises „Rettet das Mahnmal St. Nikolai Hamburg" (siehe auch Fotos).

Das „Goldene Buch"

Buterfas – er kriegt sie alle

ST. NIKOLAI Vom Bundespräsidenten bis zum Papst – 25 000 Unterschriften im Goldenen Buch der Kirche.

Ivar Buterfas und Bundespräsident Johannes Rau (71, r.), der sich in Schloss Bellevue ins Goldene Buch eintrug.

Auch der damalige Bundeskanzler Helmut Kohl (72, r.) verewigte sich 1990 auf den Seiten des St.-Nikolai-Buchs.

Papst Johannes Paul II. (82, l.) empfing Ivar Buterfas 1993 im Vatikan, segnete dort die Glocken von St. Nikolai.

Nataly Bombeck

Auf 300 Seiten mit Fotos, persönlichen Widmungen oder Wappenstempeln haben sie sich verewigt. Es sind rund 25 000 Unterschriften von Persönlichkeiten aus der ganzen Welt. Der erste Eintrag 1989 stammt von Richard von Weizsäcker (82). Der letzte von vor zwei Wochen vom Wiener Landeshauptmann Michael Häupel. Willy Brandt, Michail Gorbatschow (71), Helmut Kohl (72), Gerhard Schröder (58), Loki (83) und Helmut Schmidt (83), Henning Voscherau (61), Vaclav Havel (66), Gyula Horn (70) und auch Papst Johannes Paul II. (82) haben sich eingetragen.

Stolz hält Ivar Buterfas (69) das dicke „Goldene Buch von St. Nikolai" in seinen Händen. „Jetzt ist es voll. Alle Bundeskanzler und Ministerpräsidenten Deutschlands, Landeshauptmänner Österreichs und die internationale Politprominenz haben für den Gedanken des Friedens hier unterschrieben", sagt der rührige Ehrenpräsident des Förderkreises „Rettet St. Nikolai".

Für den Sohn einer Christin und eines Juden geht damit eine fünfzehnjährige Mission zu Ende, in der er ganz nebenbei auch mehr als 15 Millionen Euro Spendengelder zur Rettung für Hamburgs Mahnmal St. Nikolai gesammelt hat. „Ich habe in dieser Zeit Aufklärung über die NS-Herrschaft für die heutige Jugend und Generation betrieben. Dabei war es mir immer wichtig zu vermitteln, dass die heutige Generation nicht verantwortlich ist für die Geschehnisse der Vergangenheit. Aber sie ist verantwortlich für ein Weiterbestehen der Demokratie und die Bekämpfung des braunen Gedankengutes mit humanen Mitteln", erklärt Ivar Buterfas.

Der Hamburger wurde im Alter von sechs Jahren von der Schule verwiesen, weil er Halbjude war. Seine Familie mit neun Kindern floh vor den Nazis zwei Jahre nach Polen, versteckte sich nach ihrer Rückkehr 1943 in einem Hamburger Kellerloch bei Verwandten. Ivar Buterfas hat diese Erlebnisse nie vergessen.

Dagmar (68) und Ivar Buterfas (69) im Partykeller ihres Hauses in Bendestorf. Die beiden sind Rotweinliebhaber, treffen sich oft mit Freunden in gemütlicher Runde. FOTO/REPROS: MELDEPRESS/ A. OTT

In mehr als 800 Vorträgen vor Schülern und Politikern aus ganz Deutschland und allen deutschsprachigen Ländern hat er immer wieder aufgeklärt, die Botschaft des Friedens vermittelt – stets ohne erhobenen Zeigefinger.

Ivar Buterfas besuchte 297 Städte auf seiner Friedens- und Aussöhnungsmission. „Der größte Lohn ist, dass mir so viele junge Menschen zugehört haben. Anschließend habe ich die unglaublichsten Dankesbriefe erhalten", ist Ivar Buterfas gerührt.

Jetzt, da das Goldene Buch von St. Nikolai vollständig ist, möchte der „Sunny Goj" (Glücklicher Goj, wobei Goj die jüdische Bezeichnung für einen Nicht-Juden bedeutet), wie er sich in seiner Autobiografie nennt, seine Reiseerlebnisse dokumentieren.

„Ich werde eine Deutschland-Studie schreiben. Dafür ziehe ich mich im kommenden Jahr in unser Haus nach Irland zurück. Südlich von Dublin haben wir unsere zweite Heimat gefunden, gehen dort zum Angeln und Wandern", erzählt Ivar Buterfas in seinem Haus in Bendestorf. Dort wohnt er sechs Monate im Jahr mit seiner Frau Dagmar (68).

Die gebürtige Dresdnerin ist die wichtigste Person im Leben des ehemaligen Gebäude- und Fassaden-Sanierers. In zwei Jahren feiert das Unternehmerpaar goldene Hochzeit. „Ohne meine Frau mache ich nichts. Sie kennt meine Arbeit, jedes Dokument, war auf allen Reisen dabei", sagt Ivar Buterfas, der am 16. Januar seinen 70. Geburtstag feiert.

Und Dagmar Buterfas pflegt auch die Auszeichnungen, die Ivar Buterfas in einer Glasvitrine aufbewahrt. Darunter das Bundesverdienstkreuz, den Portugaleser, die Medaille für Menschenrechte der Stadt Graz und den Weltfriedenspreis, der seit 1995 alle fünf Jahre verliehen wird. Auch der Dalai Lama hat einen.

Ivar Buterfas und Willy Brandt, Bonn

Ivar Buterfas und Michail S. Gorbatschow, Rathaus Hamburg

„Ich danke dem Förderkreis ‚Rettet die Nikolai-Kirche' für sein Engagement für den Frieden in der Welt". Mit diesen Worten hatte sich Gerhard Schröder (rechts, mit Ivar Buterfas) 1999 ins Goldene Buch der Nikolai-Gedenkstätte eingetragen. Foto: ein

Ivar Buterfas und Dr. Franz Dobusch, Linz

Ivar Buterfas, Edmund Stoiber und Dagmar Buterfas, München

Freund und Vorbild seit Jahrzehnten: Ivar Buterfas beim deutschen Sportidol Max Schmeling; die beiden sind Fast-Nachbarn FOTO: REWER

Ivar Buterfas, Helmut Kohl und Dagmar Buterfas

Ivar Buterfas und Johannes Rau

Goldene Hochzeit

„Ein Propagandist des Friedens“

Dagmar und Ivar Buterfas feiern goldene Hochzeit

Von Gabriele Malik

Hamburg/Bendestorf. Normalerweise ist eine goldene Hochzeit ein typisches Familienfest. Wenn der Goldbräutigam jedoch **Ivar Buterfas** heißt, dann feiert die ganze Stadt mit. Nach einem halben Jahrhundert wiederholten die Eheleute **Dagmar** (71) und Ivar Buterfas (72) in der Krypta der Hamburger Nikolaikirche ihren Treueschwur.

Die beiden sind untrennbar mit der Geschichte Hamburgs und Deutschlands verbunden und haben sich unermüdlich dafür eingesetzt, daß das Gedenken an die Opfer des Zweiten Weltkriegs stets wachgehalten wird. Durch ihre jüdischen Väter haben die Eheleute ähnliche Erfahrungen gemacht und setzen alles daran, das Unrecht in der deutschen Geschichte jungen Menschen fühlbar zu vermitteln.

Das größte Projekt von Ivar Buterfas ist der Förderkreis „Rettet die Nikolaikirche“, dessen Gründer und Erster Vorsitzender er ist. Seinem Engagement ist es zu verdanken, daß die im Krieg zerstörte Kirche der Stadt als Gedenkstätte erhalten geblieben ist. Pastor **Wolfgang Weißbach** fand bewegende Worte für die erneute Einsegnung des Ehepaars Buterfas.

„Als vor 50 Jahren die Ehe zwischen dem ‚Propagandisten‘ Ivar Buterfas und der Telefonistin Dagmar Frankenthal geschlossen wurde, galten beide noch als staatenlos.“ Obwohl gebürtiger Hamburger, brauchte der Bräutigam zur Ausübung einer Tätigkeit als Uhrenverkäufer einen „Reisegewerbeschein für Ausländer“.

„Dabei war Ivar Buterfas immer ein wort- und stimmgewaltiger Propagandist des Friedens und der Toleranz“, fuhr Pastor Weißbach fort. Nur durch seine Beharrlichkeit war die Ehe zustande gekommen.

Die Braut hatte sich zunächst geziert. Als der junge Ivar 1953 bei ihrem Stiefvater wegen einer Arbeitsstelle vorsprach, öffnete sie die Tür. Er griff ihr blitzschnell ins Haar und verkündete: „Na du kleiner Lockenkopf, wir werden auch noch zusammen ins Kino gehen.“ Sie fand dieses Benehmen einfach nur empörend, doch er ließ nicht locker. „Ich kann dich auch zum Tanzen einladen“, setzte er einige Tage später nach. Sie ließ sich überreden, war aber noch nicht überzeugt.

Als im Tanzlokal der Kellner dem jungen Mann die Nachricht überbrachte, daß seine Schwester ihr erstes Kind bekommen habe, wendete sich das Blatt. „Wie ich ihn so strahlen sah, als wäre es sein eigenes Kind, da habe ich mich unsterblich in ihn verliebt“, erinnert sich die Braut. Die Eheleute wurden zweimal eingesegnet – mit einer christlichen und einer jüdischen Zeremonie.

Es wäre nicht die Feier des Ivar Buterfas gewesen, wenn nicht noch ein großes Ereignis auf dem Fuß gefolgt wäre. Nach der zweiten Hochzeitsfeier wurde der Panoramalift auf den Turm der Nikolaikirche feierlich eröffnet – eine Herzensangelegenheit des Ehepaars.

Gemeinsam mit Bezirksamtsleiter Markus Schreiber schnitten sie das Band durch, das den Lift von der Öffentlichkeit trennte. „Mit diesem Lift ist es gelungen, ein Mahnmal mit Leben zu füllen“, bemerkte Schreiber.

Das Ehepaar Buterfas eröffnet den Panoramalift. Mit dabei: Pastor Weißbach (von links), Peggy Parnass, Markus Schreiber und Fahrstuhl-Bauunternehmer Hans-Jürgen Lutz.

Ivar **Buterfas (rechts) begrüßt seinen langjährigen Freund Ralph Giordano.**

Sohn Andy (links) und Schwiegersohn Jens geleiten die Braut.

Pastor Wolfgang Weißbach segnet die Eheleute Dagmar und Ivar zum zweitenmal ein.

Fotos: ma

Dagmar und Ivar Buterfas feierten ihre Goldene Hochzeit mit Kindern, Enkeln, Familie und Freunden

Goldene Hochzeit mit Programm

Das Paar fuhr stilgerecht im 50 Jahre alten Bentley am Restaurant Randel in Poppenbüttel vor: **Dagmar** und **Ivar Buterfas** feierten Goldene Hochzeit. Tochter **Jasmin** hatte mit Unterstützung von Künstler-Kollegen ein Programm der Kontraste komponiert – mit nachdenklichen, inspirierenden und außerordentlich komischen Momenten. Buterfas-Freund **Ralph Giordano** ließ Familiengeschichte anklingen, mit jüdischer Herkunft und schwierigen Aufbaujahren. **Witta Pohl** las, **Walter Plathe** sang Couplets von Otto Reuter, Sängerin **Colby**, langjährige „Christine" im Phantom der Oper, sang. **Aale-Dieter** jubelte den Gästen zwei Kartons Fisch für über 400 Euro unter – zugunsten des Förderkreises St. Nikolai. Derweil wurden Wetten abgeschlossen, ob Ivar Buterfas es denn nun, wie angekündigt, würde ruhiger angehen lassen. Die Quote für Ruhestand war denkbar schlecht.

Marina Jakob mit Buterfas-Freund Ralph Giordano und Schriftstellerin Peggy Parnass im Restaurant Randel

„Landarzt" Walter Plathe sang Reuter-Couplets

FOTOS: JÜRGEN JOOST

Buterfas-Tochter Jasmin Thomsen mit Witta Pohl

Lesungen

„Ohne Erinnerung töten wir die Ermordeten noch einmal"

Ivar Buterfas übergab Exemplare seiner Autobiographie

Von Carola Alge

Meppen
„Das sind die Starken im Lande, die unter Tränen lachen, ihr eigenes Leid vergessen und anderen Freude machen." Mit diesen Zeilen schließt das Vorwort von Boxlegende Max Schmeling zu den Lebenserinnerungen „Sunny Goj", die Weltfriedenspreisträger Ivar Buterfas 1995 zu Papier gebracht hat. 110 Exemplare des Buches übergab der Mitbegründer und Präsident des Mahnmalförderkreises „Rettet die Nikolaikirche" gestern im Sitzungszimmer des Emsländischen Heimatbundes für die hiesigen Schulen, Jugendeinrichtungen und Büchereien.

In den Hamburger Schulen ist die Autobiographie des Holocaust-Überlebenden seit 1996 Pflichtlektüre. Mit ihr wie auch mit seinen Lesungen und Vorträgen möchte Ivar Buterfas an die Schreckenstaten des Naziregimes gegenüber der jüdischen Bevölkerung erinnern. „Wenn wir nicht daran erinnern, töten wir die Ermordeten noch einmal", sagt der Hanseate, dessen Vater Jude war und der die Zeit der Verfolgung miterlebt hat. Für ihn, so Buterfas, sei es noch immer nicht zu begreifen, „wie Menschen mit dem Ziel, die Juden wie Ungeziefer auszurotten, fast ein ganzes Volk verblenden konnten".

Insbesondere die Jugend will der 66jährige wachrütteln, der durch seinen Freund, den Liedermacher Wolf Biermann, auf die Idee für den Titel seines Buches, „Sunny Goj", gebracht wurde. Er hatte anläßlich der Feierlichkeiten zum 60. Geburtstag Buterfas' eine Ballade gesungen, in der es an einer Stelle heißt": „Halb Judenbalg und halb ein Goj." Dieses Lied habe ihn fasziniert, erzählt der Hamburger, habe doch vieles aus dem Text auf sein eigenes Leben gepaßt. „Meine Mutter war Christin, mein Vater Jude. Und halb ein Goj, denn ich wurde kurz vor der unsäglichen Machtübernahme Adolf Hitlers am 30. Januar 1933 geboren."

Reise durch eine turbulente Lebensgeschichte

In „Sunny Goj" nimmt Buterfas die Leser mit auf eine Reise durch seine turbulente Lebensgeschichte, in der der Mai 1945 eine zentrale Rolle spielt. Karl Kaufmann war es seinerzeit, der Hamburg zur freien Stadt erklärte und alle Bürger der völlig zerstörten Metropole aufgefordert hatte: „Hängt weiße Tücher aus den Fenstern und Kellerlöchern, zeigt den britischen Truppen, daß wir keinen Krieg mehr wollen. Für uns ist er zu Ende, ich übergebe Hamburg – wir kapitulieren." Das war das Ende einer Schreckensherrschaft, die 55 Millionen Menschen das Leben kostete.

Ivar Buterfas, da gerade zwölf Jahre alt, war am 3. Mai 1945 einer der ersten, der aus einem Kellerloch in der Wilhelm-Gustloff-Straße kroch und mit einem weißen Tuch in der Hand auf der nahe gelegenen Washingtonallee den britischen Panzern entgegenlief. „Ich war unbeschreiblich glücklich, mit meinen Geschwistern dem Naziterror entronnen und nicht noch ein paar Tage vor der deutschen Kapitulation in einem der Vernichtungslager rund um Hamburg krepiert zu sein", erinnert sich der Weltfriedenspreisträger. Der Begriff „Sunny" stimme also schon, „denn meine Geschwister und ich haben nicht zuletzt Dank unserer wunderbaren Mutter überlebt".

In seiner Autobiographie berichtet der Bundesverdienstkreuzträger von seinem „Weg durch das Dasein mit all seinen Stationen, mit Spannung, Dramatik, Absurditäten, mit Höhen und Tiefen, Liebe und Haß, mit unzähligen Stunden abgrundtiefer Verzweiflung, aber auch voller Glückseligkeit und mit mancher verrückten, humorvollen Begebenheit". Bis heute sei er ein „Sunny Goj" geblieben, versichert Buterfas, für den ein Wort Schopenhauers zur Lebensmaxime geworden ist: „Wer nicht vergeben kann, verlängert seine Kerkerzeit." Er habe längst vergeben, wolle keine Schuld zuweisen. Aber vergessen habe er nicht.

110 EXEMPLARE seiner Autobiographie übergab Ivar Buterfas (Mitte) gestern mittag im Beisein einiger Schülervertreter an Meppens Bürgermeister Heinz Jansen (2. v. r.) und Stadtdirektor Franz Quatmann. Foto: -cw-

Als einen „Botschafter gegen das Vergessen und für ein besseres Miteinander" bezeichnete Bürgermeister Heinz Jansen den Gast aus Hamburg. Auch heute in einer Zeit, in der Aussiedler bzw. ausländische Mitbürger abgelehnt und beleidigt würden, in der Skinheads auf Menschen einschlügen, weil sie anderer Hautfarbe seien, dürfe die Vergangenheit nicht vergessen werden, müsse der Diskriminierung Einhalt geboten werden. Jansen warnte davor, gleichgültig gegenüber dem zu werden, was um uns herum passiert. „Vielleicht", zitierte er den Buchautor Vladislav Bartoschewski, ist die Gleichgültigkeit der Grund dafür, warum durch zu starke Anpassungsfähigkeit so viel Leid in der Welt ist."

Erfreut zeigte sich der Ratsvorsitzende darüber, daß alle Schulen die Autobiographie Buterfas' erhielten. In diesem Zusammenhang dankte Jansen der Restaurantkette „McDonalds". Sie habe mit ihrer Mitfinanzierung der Bücher eine „wichtige Idee" unterstützt. Der Konzern sei es übrigens auch gewesen, hakte Ivar Buterfas ein, der u. a. bei der Sanierung der St.-Nikolai-Kirche geholfen habe. Einer Kirche, die zum „mahnenden Finger Gottes" geworden sei: Sie erinnere an all das Grausame und das Elend der Nazizeit, aber auch an diejenigen, die nicht weggesehen hätten. Nicht wegzusehen – dazu rief der 66jährige auf, der erst 1964 seine Einbürgerungsurkunde erhielt und bis dahin ebenso staatenlos war wie seine beiden erstgeborenen Kinder.

„St. Nikolai steht als Mahnmal dafür, daß wir uns gegen Rassendiskriminierungen auflehnen, uns vor Minderheiten stellen und bedrohte Menschen bei uns Schutz finden", betonte Buterfas gestern vor Schülervertretern und Lehrern. Es dürfe nie wieder geschehen, „daß einer kommt, der uns, unsere Jugend mißbraucht", forderte Buterfas leidenschaftlich. Dafür kämpfe er, denn der Blick auf „himalayahohe Leichenberge" sei ihm unauslöschlich vor Augen.

SUHL / v. 21. Febr. 2001

Buterfas: Ich verneige mich vor großartigem Projekt

Lob für Schülerprojekt „Suhler Zeitzeugnisse" / Einladung nach Hamburg

Von Heike Jenzewski

Suhl. „Auch ihr, meine lieben jungen Freunde, tragt keine Verantwortung für das, was vor mehr als 50 Jahren geschah. Aber ihr tragt ein hohes Maß an Verantwortung dafür, dass sich so etwas nie wiederholt."

Ivar Buterfas, Holocaust-Überlebender, erinnerte gestern im Herder-Gymnasium an den ersten deutschen Bundespräsidenten Theodor Heuss. Der sprach nach Kriegsende davon, dass es keine Kollektivschuld des deutschen Volkes gäbe, wohl aber eine Kollektivscham. Auch er selbst habe längst verziehen, so Ivar Buterfas, vergessen aber könne er nichts. „Das macht das Rastlose in mir. Ich kämpfe gegen das Vergessen. Niemals wieder dürfen braune, zweibeinige Kampfhunde die Macht übernehmen."

Ivar Buterfas hat keine Berührungsängste mit jungen Leuten. Suhl war gestern die 157. deutsche Stadt, in der er seine Autobiografie vorstellte. Zum ersten Mal saßen ihm dabei mit rund 120 Schülern des Herder-Gymnasiums Jugendliche einer ostdeutschen Schule gegenüber. FW-Bild: Karl-Heinz Frank

Zehn Tage vor Hitlers Machtergreifung 1933 in Hamburg geboren, hat Buterfas als Sohn einer deutschen Mutter und eines jüdischen Vaters ganz besondere Erinnerungen an Kindheit und Jugend. 150 Exemplare seiner Autobiografie „Sunny Goj" (Goj ist der Begriff der Juden für Nichtjuden) überreichte er gestern mit Unterstützung von McDonald's an die Stadt Suhl. Schüler und Bürger können künftig auf seine Erinnerungen zurückgreifen.

Zum Vorlesen aus seinem Buch kam der 68-Jährige nur kurz. Fast anderthalb Stunden erzählte er im Beisein seiner Frau Dagmar voller Elan – ohne Verbitterung, aber sehr eindringlich – aus seinem Leben. Er prangerte die „braunen Hetztiraden an, mit denen das Internet vergewaltigt wird", forderte couragiertes Handeln und informierte über sein Engagement für die Nikolaikirche in Hamburg. Sein ausdrückliches Lob galt der „unglaublichen Aufmerksamkeit" der rund 120 Schüler aus den Geschichtskursen der 11. und 12. Klassen, die gespannt und teils atemlos seinen Ausführungen lauschten.

Bürgermeister trug sich ins Goldene Buch ein

„Mit tiefem Respekt verneige ich mich vor allen, die an dem großartigen Schülerprojekt gearbeitet haben und damit auch auf das Thema Zwangsarbeiter und Entschädigungsfonds aufmerksam machten. Das ist wohl einmalig!", lobte Ivar Buterfas das Projekt zur Lokalgeschichte „Suhler Zeitzeugnisse 1933 bis 1945". 1995 war Hans Vieregg, er erlebte Nazideutschland nicht als Kind, sondern als politisch Verfolgter und war gestern auch anwesend, mit der Idee dazu an den Suhler Oberbürgermeister herangetreten. Zwei Teile sind bisher erschienen, u. a. mit Forschungsergebnissen über die Judenverfolgung und über die Lage der Zwangsarbeiter in Suhl (*Freies Wort* berichtete mehrfach). Ivar Buterfas zeigte sich so begeistert von den Arbeiten, dass er spontan einige der jungen Autoren einlud, das Projekt in Hamburg einem großen, internationalen Publikum vorzustellen. In der Hansestadt findet vom 14. bis 16. September ein großes Friedensfest statt, an dessen Vorbereitung 100 Nationen mitwirken. Damit soll der Wiederaufbau der Nikolaikirche festlich begangen werden. Seit fast 15 Jahren bemüht sich Ivar Buterfas um den Erhalt des Mahnmals, das 1943 von englischen Bombern zerstört wurde. 26 Millionen Mark hat er als Präsident des Förderkreises „Rettet die Nikolaikirche" in aller Welt zusammengetragen, um die einst herrliche Kathedrale als Stätte der Begegnung wieder aufzubauen.

Bürgermeister Rüdiger Müller trug sich gestern ins „Goldene Buch" von St. Nikolai ein, das bereits „25 000 Unterschriften berühmter Persönlichkeiten vom Heiligen Vater bis Gorbatschow" trägt. Müller wünschte Ivar Buterfas viel Erfolg für die weiteren Vorhaben gegen Extremismus, Krieg und Gewalt. Heute liest er ab 10 Uhr übrigens vor Schülern und erwachsenen Interessenten im Rathaus Zella-Mehlis.

Mit deutschen „Traditionslügen“ aufräumen

Überlebender des Holocaust erzählt in der Gerhart-Hauptmann-Realschule aus seinem Leben

Leonberg. Von seinen bedrückenden Erfahrungen während und nach der Zeit des Dritten Reichs hat der deutsch-jüdische Autor Ivar Buterfas gestern vor Leonberger Schülern berichtet. Der 73-jährige Zeitzeuge will die Schüler durch seine Erinnerungen für Geschichte wach machen.

Von Thomas Thieme

„Da ist ja der Judenjunge, lasst ihn uns ein bisschen rösten!“ Die Schüler sitzen ruhig und gespannt auf ihren Plätzen in der Aula der Gerhard-Hauptmann-Schule. Im Moment, in dem Ivar Buterfas diese Worte aus seiner Biografie vorliest, geht ein Raunen durch die Reihen im Saal. Er beschreibt eine Szene, in der er, der jüdische Junge, von deutschen Kindern angezündet und gepeinigt wurde. In vielen Augen ist blankes Entsetzen zu erkennen. Die Szene stammt aus dem Buch „Sunny Goj“ - genauer gesagt aus seinem Leben, an das er sich in dem Buch zurückerinnert.

Der Autor wurde 1933 geboren, im Jahr der Machtübernahme durch die Nazis. Gemeinsam mit sechs Geschwistern ist er als Sohn eines jüdischen Vaters und einer christlichen Mutter in Hamburg aufgewachsen. Von „unerschrockenen Deutschen“ wurde die Familie noch bis zum Beginn der vierziger Jahre in der Stadt versteckt. Schon als kleiner Junge mussten Ivar Buterfas und seine Angehörigen eine Menge Repressalien über sich ergehen lassen. Nach dem Ausbruch des Zweiten Weltkriegs floh die Familie für zwei Jahre nach Polen, kehrte aber noch vor dem Ende des Krieges in die Trümmerlandschaft der zerstörten Stadt Hamburg zurück. Zerzaust, verlaust und verhungert lief der zwölfjährige Ivar Buterfas im Mai 1945 den britischen Befreiern aus einem Kellerloch entgegen. Die Familie Buterfas ist auch nach dem Krieg in Deutschland geblieben. Gemeinsam mit seiner Frau Dagmar lebt er bis heute in Hamburg. Der mittlerweile 73-Jährige ist vor allem durch sein Engagement im Förderkreis der Hamburger St. Nikolaikirche, die in einer Bombennacht im Juli 1943 zerstört wurde und seither als Mahnmal an die Opfer des Krieges erinnert, bekannt geworden.

73-Jähriger zieht 150 Leonberger Realschüler in seinen Bann

Der 147 Meter hohe Kirchturm hatte den Piloten bei den Luftangriffen als Orientierungspunkt für die Bombardierung gedient. Etwa 150 Leonberger Realschüler aus der Ostertag- und der Gerhard-Hauptmann-Schule lauschten gespannt den Worten des 73-Jährigen, der es gut verstand, die Jugendlichen in seinen Bann zu ziehen. „Das Thema ist wichtig und interessant. Dass wir einen bekannten und authentischen Zeitzeugen gewinnen konnten, davon zu berichten, spricht für die gute Zusammenarbeit zwischen der Stadt und den Schulen“, freute sich Oberbürgermeister Bernhard Schuler, der stellvertretend für alle Schulen 200 Exemplare des Buches in Empfang nahm.

Buterfas: keine Schuldzuweisung an die jüngere Generation

Mit sehr deutlichen Worten verurteilte Buterfas gegenwärtige rassistische Entwicklungen und radikale politische Tendenzen. Der Nährboden für Wiederholungstaten liege in der unzureichenden Aufarbeitung der Vergangenheit. Mit dem so genannten Dachau-Syndrom will der Autor aufräumen. Dabei handele es sich um das Verdrängen der schrecklichen Verbrechen, indem nicht darüber gesprochen wird. Dadurch, so Buterfas, sei eine „Traditionslüge“ entstanden. Der Autor betonte seine Überzeugung: Von 1933 bis 1945 habe jeder Deutsche gewusst, was sich in Deutschland abgespielt hat. Er wolle jedoch keine Schuldzuweisungen an die jüngere Generationen richten, betonte der deutsch-jüdische Autor, der 1995 mit dem Weltfriedenspreis ausgezeichnet wurde.

Ivar Buterfas sucht den Dialog. Foto: factum

Verziehen, aber nicht vergessen

Ivar Buterfas bewegte als Holocaust-Überlebender mit seinem Vortrag

Der Holocaust-Überlebende und Weltfriedenspreisträger Ivar Buterfas hielt am Dienstag in der Gesamtschule Derschlag einen eindringlichen Vortrag.

VON MARIA MACHNIK

Gummersbach - Eine alltägliche Informationsveranstaltung war Ivar Buterfas' Vortrag in der Mensa der Gesamtschule Derschlag auf keinen Fall. „Es ist ein Geschenk, ein Privileg, das nur uns zugute kommt, nicht der Nachfolgegeneration", betonten Anna Sommer und Britta Wickenbach von der „Anne-Frank-Gruppe" in ihren einfühlsamen Abschiedsworten.

Stille, dann tosender Applaus. Offensichtlich sprachen die jungen Frauen ihren gespannt lauschenden Mitschülern aus Haupt-, Real-, Gesamtschule und Gymnasium aus der

NS-Erbe: Der gebürtige Hamburger Ivar Buterfas, Sohn eines Juden und einer Christin, zeigt seinen ungültigen Pass. Mit einem Stempel wurde der heute 70-jährige im Hitler-Regime Staaten los. Seine Einbürgerung 1964 kostete ihn zehn Mark. BILDER: ROLAND U NEUMANN

> Vergeben und verziehen hab' ich längst, vergessen nicht.
>
> IVAR BUTERFAS

Seele. So, wie zuvor der 70-jährige gebürtige Hamburger Buterfas, den Bundestagsabgeordneter Friedhelm-Julius Beucher (SPD) ins Oberbergische gelockt hatte. „Innerlich sehr aufgewühlt" und „voller Scham, Trauer und Entsetzen" angesicht der Eskalation in Nahost fesselte der neunte Sprössling aus einer „versippten Mischehe" die Zuhörer mit einem Ausflug in seine aufwühlende Jugendschilderung im NS-Regime und seine Autobiographie „Sunny Goj".

Auch nach 230 Auftritten sind es Buterfas' emotional gefärbte Schilderungen, verquickt mit aktuellen Geschehnissen wie den Brandanschlag auf das Asylbewerberheim in Mölln, die die Veranstaltungen zu etwas Besonderem machen. Denn Buterfas, der bei der Kapitulation am 4. Mai 1945 noch 40 Pfund wog und als einer der Ersten mit einer weißen Flagge aus dem Keller kam, ist nicht von Rachegelüsten oder Häme getrieben. „Vergeben und verziehen hab' ich längst, vergessen nicht", bekennt der Präsident des in Hamburg angesiedelten Förderkreises „Rettet die Nikolaikirche". Buterfas, „stolz ein deutscher Jude zu sein und stolz, nicht desertiert zu sein", kämpft um und für die friedliche Insel Demokratie, in der „wir seit 57 Jahren leben". Und für die er Gott täglich dankt. Er kämpft dafür, die Geschichte im Gedächtnis aller, vor allem im Gedächtnis der Jugend wach zu halten: „Die Erinnerung, die brauchen wir, wir müssen etwas gegen das Vergessen tun", so Buterfas' Devise. Vorbeugen will er, die Jugend hellhörig machen. „Wir dürfen nicht zulassen, dass braune Kräfte die Demokratie mit ihren Sitzflächen entehren". Geschickt appelliert er an die Jugend, wenn er mit simplen Beispielen die Lebensumstände im NS-Regime schildert: Parkbänke waren für Juden tabu, küssten sich eine Jüdin und ein Deutscher in der Öffentlichkeit, war das Rassenschande. Eindringlicher wird er mit Episoden nach Kriegsende: Für die Eheschließung brauchte seine in Dresden geborene Gattin Dagmar Frankental auch 1951 einen Arier-Nachweis, die gemeinsamen Kinder kamen in den 1960-er Jahren staatenlos zur Welt und der gebürtige Deutsche Buterfas musste für seine Einbürgerung 1964 zehn Mark berappen.

Geschickt macht Buterfas den Schülern ihr Schulsystem, das „einen vor Neid erblassen lässt", schmackhaft. Der um seine Schulbildung Betrogene selbst hatte nach dem Krieg einen „unglaublichen Nachholbedarf". Fügt er an „Es ist völlig sinnlos, sich braunen Brigaden anzuschließen. Lasst Unrecht nicht zu, aber kehrt nicht die Helden raus", dann haben Buterfas' Sätze ihre Wirkung nicht verfehlt. Lautstarker Beifall und ein Lob der Schülerinnen Sommer und Wickenbach sind der beste Beweis: „Es ist bewundernswert, dass Sie, der die schrecklichen Ereignisse als Zeitzeuge miterlebt habe, es sich zur Aufgabe machen, Jugendlichen darüber zu berichten".

Als der Holocaust-Überlebende Buterfas aus seiner Kindheit und Jugend im Dritten Reich sprach, hätte man in der vollbesetzten Mensa der Gesamtschule Derschlag eine Stecknadel fallen hören können.

FREIE HANSESTADT BREMEN

Der Präsident des Senats · Postfach 10 25 20 · 28025 Bremen

Der Präsident des Senats

Herrn
Ivar Buterfas
c/o Förderkreis "Rettet die Nikolaikirche" e.V.

Klingel am Haupteingang
Rathaus
28195 Bremen
Tel.

Datum und Zeichen Ihres Schreibens	(Bitte bei Antwort angeben) Geschäftszeichen:	Bremen
05.01.1998	BB2	20. Februar 1998

Sehr geehrter Herr Buterfas,

haben Sie ganz herzlichen Dank für die Übersendung Ihrer Lebenserinnerungen, die mich an eine Geschichte aus dem Talmud erinnern: Ein Blinder läuft nachts mit einer Fackel umher. Gefragt, weshalb er immer die brennende Fackel vor sich hertrage, wo er doch gar nicht sehen könne, antwortete er: Ich trage die Fackel, damit mich die anderen hinweisen können auf Hindernisse, Unebenheiten und Fallgruben.

Ein solches Grundvertrauen in den Menschen ist wohl nötig, um das kraftvolle Engagement zu erklären, mit dem Sie Ihre "Lebensaufgabe", die Nikolaikirche als Friedensmahnmal zu erhalten, ins Werk gesetzt haben.

Ganz besonders danken möchte ich Ihnen für Ihr Angebot, auch in Bremen vor jungen Menschen aus Ihrem Buch zu lesen und ins Gespräch zu kommen. Ich bin überzeugt, daß Sie nicht nur schriftlich ein wunderbarer Erzähler sind.

Ich werde von Ihrem Buch und dem Anliegen, das mit ihm verbunden ist, auch unserer Bildungs- und Kultursenatorin erzählen, und ich hoffe, daß Sie bald einmal – vielleicht gemeinsam mit mir - vor Bremer Schülerinnen und Schülern auftreten können.

Ich danke Ihnen nochmals und grüße Sie herzlich,

Henning Scherf

Dr. Henning Scherf
Bürgermeister

Telex
2 44 804 senat d
Telefax

Der Präsident des Senats ist zugleich
Senator für Kirchliche Angelegenheiten

Dr. Karl Blüml
Schulaufsicht
Allgemein bildende höhere Schulen
Wipplingerstraße 28
A-1010 Wien
Tel.: +43152525 - 77233
e-mail: karl.blueml@ssr-wien.gv.at

stadtschulrat
für wien

Wien, 6. Oktober 2005

Herrn
Ehrenpräsidenten
Ivar BUTERFAS

HAMBURG

Sehr geehrte, liebe Frau Buterfas, sehr geehrter, lieber Herr Präsident Buterfas!

Sie und Ihre Gattin haben zum zweiten Mal das Wunder vollbracht: Über 300 noch pubertierende oder knapp nach der Pubertät stehende Schülerinnen und Schüler waren nach übereinstimmender Aussage der Beteiligten begeistert!

Ich möchte Ihnen im Namen des Stadtschulrates für Wien, der Wiener Gymnasiallehrer/innen, sowie der Schülerinnen und Schüler meinen herzlichsten Dank für Ihren „Vortrag" am 28. September 2005 am Wiener Gymnasium in der Geblergasse (1170 Wien) herzlichst danken!

Was ich von den begleitenden Lehrerinnen und Lehrern und von vielen, vielen Schülerinnen und Schülern als Rückmeldung bekommen habe, war: Das war überzeugend, das war großartig! Wir sind sehr dankbar für diese Gelegenheit!

Haben Sie vielen herzlichen Dank dafür und, bitte, klopfen Sie an, wenn Sie Wien auch nur streifen. Sie haben die Zahl Ihrer Freunde hier in Wien drastisch erhöht.

Für den Stadtschulrat für Wien

Dr. Karl Blüml, Schulaufsicht

Bitte, lassen Sie mich Ihre Konto-Nummer für den Ersatz der Spesen wissen! (Ich hab sie schlecht notiert, bitte, verzeihen Sie!)

Sandbostel

Streit um Mahnmal: Redeverbot für Buterfas

Aufregung um eine Entscheidung gegen Ivar Buterfas, Gründer des Förderkreises „Rettet die Nicolaikirche": Der 72-Jährige, Überlebender des Holocaust, der am 9. November aus seiner Autobiografie im Rathaus von Bremervörde vorlesen wollte, darf dies dort nicht tun. Der dortige Verwaltungsrat lehnte dies mit den Stimmen der CDU ab. „Das ist unglaublich und ein Skandal", sagte Buterfas dem Abendblatt.

Ivar Buterfas (72): Er darf im Rathaus von Bremervörde nicht aus seiner Autobiografie vorlesen. FOTO: ZAPF

Buterfas, Träger des Weltfriedenspreises, ist engagiertes Ehrenmitglied im Verein „Dokumentations- und Gedenkstätte Sandbostel". Der Erlös der Buterfas-Lesung am Jahrestag der Reichspogromnacht soll dem Verein zukommen, der im niedersächsischen Sandbostel (Kreis Rotenburg, zwischen Zeven und Bremervörde) eine Gedenkstätte errichten will – auf dem Gelände des ehemaligen Kriegsgefangenenlagers. Durch das Lager („Stalag XB") gingen im Zweiten Weltkrieg mehr als eine Million Häftlinge aus 46 Nationen. Mindestens 50 000 Menschen wurden dort ermordet oder starben an Hunger und Seuchen. Kurz vor Kriegsende war die Einrichtung noch Auffanglager für rund 10 000 KZ-Häftlinge gewesen. Das Gelände wird als Gewerbegebiet genutzt, alte Baracken des ehemaligen Lagers rotten vor sich hin. Buterfas: „Der Zustand ist schlimm." Er ärgere sich über Ignoranz und teils offene Feindseligkeit gegen die Gedenkstätten-Pläne in Sandbostel. „Was da abläuft, ist unglaublich."

Die örtliche CDU ließ in einer Mitteilung verlauten, die Entscheidung sei nicht gegen Buterfas persönlich, sondern für eine neutrale Position Bremervördes in dem Gedenkstätten-Streit. Denn: Es bestehe die „akute Gefahr", dass die Lesung in eine politische Diskussion über die strittigen Fragen zum Lager Sandbostel münden könne. Heute sprechen Buterfas, Ralph Giordano und andere auf einer internationalen Konferenz in Hamburg zur Gedenkstätte Sandbostel. (neh)

Hamburger Abendblatt 13.7.04

Bremervörder Zeitung 17. Juli 2004

LESERBRIEFE

Gedenktafel in Ordnung

Von Klaus-Jürgen Hoops aus Hipstedt erreichte uns ein Leserbrief zum Thema Gedenkstätte Sandbostel.

Vorbemerkend möchte ich mich dem Leserbrief des Grafen von Fraunhofen uneingeschränkt anschließen. Dazu gehört für mich auch, dass die seitens des Landrat Dr. Fitschen vorgeschlagene Lösung einer Gedenktafel, 60 Jahre nach Kriegsende, völlig in Ordnung ist. Dieses auch in Anbetracht der wechselvollen Geschichte des Lagers seit dem Zweiten Weltkrieg und dem vorbildlichen Einsatz der Gemeinde Sandbostel und seiner Bürger, einer Versöhnung über den Gräbern.

Mir kommt es so vor, als wenn es den Herren Buterfas, Dr. Kohlrausch und Volland, nur um die Durchsetzung ihrer ureigensten Macht- und, im letzteren Fall persönlichen Interessen, geht. Die Errichtung einer Gedenkstätte ist doch letztendlich nur noch ein Aufhänger. Darüber hinaus empfinde ich in den Äußerungen des Herrn Buterfas, Sandbostel bekannter als Las Vegas machen zu wollen, eine erhebliche Bedrohung, wenn nicht sogar Erpressung. Vielleicht nehmen wir es nicht mehr wahr, Deutschland ist eine freiheitliche Demokratie, zu der auch diese Region zählt und auch wir verabscheuen die Verbrechen der Nazizeit.

Für mich ist es daher eine ungeheuerliche Provokation, wenn Herr Giordano behauptet, dass es bei einigen Menschen nach wie vor Anzeichen für „bleibende Indoktrination" durch die NS-Ideologie gibt (BZ vom 14. Juli). Das kann nach meiner Auffassung doch nur bedeuten: „In dieser Region leben nach wie vor unverbesserliche Nazis", noch dazu demokratisch gewählt.

Wer ist Herr Giordano eigentlich, dass er eine derartige Ungeheuerlichkeit ungestraft äußern kann? Offensichtlich genügt es, Schriftsteller und Publizist zu sein, um derartige Erkenntnisse über die hier mit Mehrheit gewählten, politischen Vertreter gewinnen zu können.

Als besonders gefährlich für eine Demokratie empfinde ich es, wenn Bürger über das Thema Sandbostel nur hinter der vorgehaltenen Hand sprechen mögen, aus Angst, dadurch in irgendeiner Form mit den bestehenden Gesetzen in Konflikt zu geraten. Vielleicht erinnern wir uns, genau diese Angst der Bürger ermöglichte einmal die Herrschaft der Nazis.

Ich bin froh, dass die politisch Verantwortlichen der Stadt Bremervörde die Buterfas-Lesung nicht zugelassen haben und damit künftige Präzedenzfälle verhindert werden. Abschließend noch ein Wort zu den Äußerungen des ehemaligen Ministerpräsidenten Gabriel. Fast dreizehn Jahre hatte die SPD die Macht in Niedersachsen und die SPD will nichts gewusst haben? Haben die SPD-Verantwortlichen vor Ort geschlafen? Nach meiner Auffassung, kann das doch nur die billige Diskreditierung der jetzigen Regierung bedeuten.

Druck erzeugt Gegendruck

Von Detlef Steppat, Kreistagsabgeordneter der Wählergemeinschaft Freier Bürger, aus Scheeßel-Jeersdorf erhielten wir einen offenen Brief an Ivar Buterfas.

Sehr geehrter Herr Buterfas, zunächst einmal möchte ich Ihnen deutlich machen, dass ich aus tiefster Überzeugung alle Nazi-Verbrechen mit Abscheu verurteile und mich dafür schäme, übrigens gehöre ich der Nachkriegsgeneration an.

Ich weiß, dass auch im Lager Sandbostel Zehntausende unschuldige Menschen gestorben oder sogar ermordet worden sind. Auch ich bin der festen Auffassung, für diese Verstorbenen muss eine würdige Gedenkstätte eingerichtet werden, damit diese Taten des Unrechts nicht vergessen werden und dieses damit den Angehörigen deutlich gemacht wird. Geschichte darf nicht verschwiegen werden, geschehenes Unrecht wird durch Schweigen nicht entschuldigt, gesühnt oder vergessen. Der richtige Weg kann es aber auch nicht sein, die Gemeinde Sandbostel als „Skandaldorf" zu beschimpfen und die Bürgerschaft dieser Gemeinde und die örtlichen Kommunalpolitiker der Gemeinde und des Landkreises unter Druck zu setzen.

Druck erzeugt Gegendruck, er wird nicht weiterhelfen. Geben Sie den verantwortlichen Politikern Ruhe und Gelegenheit, in Zusammenarbeit mit der betroffenen Bevölkerung eine würdige und akzeptable Lösung zu finden.

Die Redaktion behält sich vor, Leserbriefe zu kürzen. Unter dieser Rubrik veröffentlichte Einsendungen geben nicht unbedingt die Meinung der Redaktion wieder. Es werden nur Leserbriefe veröffentlicht, die handschriftlich unterschrieben und mit vollständiger Adresse versehen sind.

„Ich danke dem Förderkreis ‚Rettet die Nikolai-Kirche' für sein Engagement für den Frieden in der Welt." Mit diesen Worten trug sich Bundeskanzler Gerhard Schröder (rechts) 1999 in das Goldene Buch der Gedenkstätte St. Nikolai ein. Links: Ivar Buterfas.

Buterfas will Kanzler in die Pflicht nehmen

Offener Brief in Sachen Gedenkstätte Sandbostel

Von Thomas Schmidt

Sandbostel. Auf sein erstes Schreiben an den Bundeskanzler in Sachen Sandbostel hat Ivar Buterfas eine Antwort bekommen, die er als „nicht erschöpfend" ansieht. In einem offenen Brief bekräftigt das Ehrenmitglied des Gedenkstättenvereins jetzt noch einmal seine Bitte an den Kanzler, sich persönlich für die Gedenkstätte auf dem Gelände des ehemaligen Kriegsgefangenenlagers und KZ-Auffanglagers einzusetzen.

In seinem Brief bezieht sich Buterfas ausdrücklich auf die jüngsten Reden des Kanzlers zum 20. Juli und zur Landung der Alliierten in der Normandie, in denen der Kanzler die Auseinandersetzung mit der Vergangenheit anmahnte.

„Ich habe mir erlaubt, Sie an den schrecklichen Zustand zu erinnern, in dem sich das ehemalige Kriegsgefangenenlager Stalag XB und das KZ-Auffanglager befindet, in das noch in den letzten Tagen des Zweiten Weltkrieges etwa 10.000 KZ-Häftlinge von Neuengamme gebracht wurden", heißt es in dem Brief. Buterfas habe sich am 6. Februar bereiterklärt, die Vorsitzenden des Vereins zu unterstützen, die sich seit zwölf Jahren um eine Erinnerungs- und Trauerstätte vergeblich bemüht haben, „weil es eine Schande für die Bundesrepublik sei, so Buterfas wörtlich, „dass Trauernde aus aller Welt ohne Rücksicht auf das Alter von den dortigen Gewerbetreibenden mit verbaler Gewalt „verjagt werden."

Buterfas erinnert den Kanzler auch an dessen Eintragung ins Goldene Buch der Gedenkstätte St. Nikolai, deren Errichtung Buterfas maßgeblich vorangetrieben hatte. „Ich danke dem Förderkreis ‚Rettet die Nikolai-Kirche' für sein Engagement für den Frieden in der Welt", hatte der Kanzler 1999 ins Goldene Buch geschrieben: „In diesem Sinne bitte ich Sie kraft Ihres Amtes um Unterstützung bei der Einrichtung einer Trauer- und Gedenkstätte, die erschreckenderweise bis zum heutigen Tage – sechs Jahrzehnte nach dem Zweiten Weltkrieg – immer noch nicht verwirklicht worden ist."

Auch an Schröders Amtszeit als Niedersachsens Landesvater erinnert Buterfas: „Ich gehe davon aus, dass sie in ihrer langjährigen verantwortungsvollen Aufgabe als Ministerpräsident wahrscheinlich nicht davon erfahren haben, dass sich nur 100 Kilometer von ihrem Amtssitz entfernt bis heute eines der größten Verbrechen der deutschen Nachkriegsgeschichte abspielt, sollte dieser Zustand so bleiben."

Es sei für ihn unvorstellbar, „dass Sie nach einem dem endlosen Leidensweg für die Menschen aus 46 Nationen uns Ihre Hilfe versagen", appelliert Buterfas an den Kanzler.

„Das ist eine Schande für die Bundesrepublik"

Gedenkstätte Sandbostel: Ivar Buterfas will den Kanzler in die Pflicht nehmen

In einem Offenen Brief an Gerhard Schröder bittet der Bendestorfer eindringlich um Unterstützung für sein großes Anliegen.

Von Claudia Michaelis

Bendestorf. In seinem unermüdlichen Engagement für die Errichtung einer würdigen Gedenkstätte auf dem Gelände des ehemaligen Kriegsgefangenen- und KZ-Auffanglagers Sandbostel lässt Ivar Buterfas nicht locker. Nachdem der Träger des Weltfriedenspreises aus Bendestorf in den vergangenen Monaten bereits eine breite Front von Unterstützern, darunter auch den Chef der SPD-Landtagsfraktion Sigmar Gabriel, für sein großes Anliegen gewinnen konnte (die HAN berichteten), will der 71-Jährige jetzt auch Bundeskanzler Gerhard Schröder in die Pflicht nehmen für die Schaffung der Gedenkstätte, gegen die sich die Kommunalpolitik vor Ort im Landkreis Rotenburg wehrt.

Die Antwort auf sein erstes Schreiben an den Kanzler sei „nicht erschöpfend" gewesen, begründet Buterfas seinen aktuellen Vorstoß in Richtung Berlin, den er jetzt in Form eines Offenen Briefs auf den Weg gebracht hat. Darin bekräftigt Buterfas als Ehrenmitglied des Gedenkstättenvereins noch einmal ausdrücklich seine dringende Bitte an den Kanzler, sich persönlich für die Gedenkstätte einzusetzen.

Buterfas, selbst Holocaust-Überlebender, bezieht sich auf die jüngsten Reden des Kanzlers zum 20. Juli und zum 60. Jahrestag der Landung der Alliierten in der Normandie, in denen Schröder die Auseinandersetzung mit der Vergangenheit angemahnt hatte. Er habe sich erlaubt, Schröder an den schrecklichen Zustand zu erinnern, in dem sich das ehemalige Lager Stalag XB und das KZ-Auffanglager befindet, in das noch in den letzten Tagen des Zweiten Weltkriegs etwa 10 000 Häftlinge von Neuengamme in Todesmärschen gebracht wurden. Heute ist das Lagergelände Gewerbegebiet.

Er habe sich im Februar bereit erklärt, die Vorsitzenden des

Ivar Buterfas am Gedenkstein vor der Lagerkirche Sandbostel. Foto: cw

Gedenkstättenvereins zu unterstützen, die sich seit zwölf Jahren vergeblich um eine Erinnerungs- und Trauerstätte bemühten – „weil es eine Schande für die Bundesrepublik ist, dass Trauernde aus aller Welt ohne Rücksicht auf das Alter von den dortigen Gewerbetreibenden mit Gewalt verbal verjagt werden", mahnt Buterfas.

Gern erinnere er sich an sein Gespräch mit Schröder 1999 in Berlin, in dessen Rahmen sich Schröder ins Goldene Buch der Gedenkstätte St. Nikolai eingetragen hatte. Deren Einrichtung hatte Buterfas maßgeblich vorangetrieben. „Ich danke dem Förderkreis ‚Rettet die Nikolai-Kirche' für sein Engagement für den Frieden in der Welt", hatte Schröder damals geschrieben. In diesem Sinne bitte er um Unterstützung bei der Schaffung der Gedenkstätte, die erschreckenderweise bis heute nicht verwirklicht worden sei, appelliert Buterfas: „Ich bin von Ihrer geistigen Haltung absolut überzeugt, und es wäre für mich unvorstellbar, dass Sie nach einem so endlosen Leidensweg für die Menschen aus 46 Nationen uns Ihre Hilfe versagen."

Sandbostel: Das Ende eines Skandals

BREMERVÖRDE Es ist geschafft! In Sandbostel wird es eine Gedenkstätte für die Opfer des Nationalsozialismus geben. Darum hatte der Hamburger Holocaust-Überlebende Ivar Buterfas (73) Monate lang gekämpft. Zwei Baracken und ein Teil des Grundstücks werden einem Verein überlassen, der die Erinnerung an das einstige Kriegsgefangenen- und KZ-Auffanglager Stalag XB wach halten soll.

Monatelang hatte es erheblichen Streit gegeben. Sandbostel war immer wieder in den Schlagzeilen: Buterfas kritisierte, dass historische Baracken mutwillig zerstört werden und dass Gewerbetreibende, die auf dem Gelände heute ansässig sind, Angehörige ermordeter Insassen mit Gewalt vertreiben. Auf Druck der Landesregierung ist ein Kompromiss gefunden worden: Rechtzeitig zum 60. Jahrestag der Lagerbefreiung soll die Gedenkstätte fertig gestellt sein. Offen ist noch die Frage, ob die Straßenmeisterei des Kreises weichen muss. Sie ist in der ehemaligen Lagerkommandantur untergebracht. *(ow)*

NAMEN UND NACHRICHTEN

Erste Erfolge für Buterfas in Sandbostel

Erster Punktsieg für **Ivar Buterfas**, Gründer des Förderkreises St. Nikolai, im Tauziehen um die Gedenkstätte für das ehemalige Kriegsgefangenenlager Sandbostel bei Rotenburg/Wümme: Die beiden vom niedersächsischen Landwirtschaftsminister **Heiner Ehlen** bestellten Moderatoren, **Hans-Wilhelm Hastedt** und **Horst Rademacher**, haben im Landkreis die Zusage, dass eine Gedenkstätte nahe der Lagerkirche errichtet, zwei Baracken zur Dokumentation frei gemacht und erhalten werden. Buterfas, den der örtliche Gedenkstättenverein im Streit um Hilfe bat, hat aber Nachforderungen: Die falsche Beschilderung als „Kriegsgräber" soll gegen einen Hinweis auf den Lagerfriedhof getauscht, der Denkmalschutz für alle Gebäude gesichert, und die ehemalige Kommandantur als „Sitz der Täter" gekennzeichnet werden. *gs*

Einigung über Sandbostel

Auf dem Gelände des früheren NS-Lagers wird Gedenkstätte errichtet

Sandbostel – Nach einem jahrzehntelangen Streit um eine Gedenkstätte für das NS-Lager Sandbostel (Landkreis Rotenburg/Wümme) deutet sich jetzt ein Kompromiss an. Danach soll die Gedenkstätte doch auf dem früheren Lagergelände errichtet werden, und zwar im Bereich um die alte Lagerkapelle. Außerdem sollen ein oder zwei Originalbaracken gekauft und als Museum und „Lernort" genutzt werden. Zur Annäherung der zerstrittenen Parteien kam es an einem vom Bildungsministerium angeregten Runden Tisch.

In dem Kriegsgefangenenlager Stalag X B, einem der größten in Norddeutschland, waren Hunderttausende Soldaten und kurz vor der Befreiung 1945 auch KZ-Häftlinge untergebracht. Tausende starben.

Bislang hatte die Gemeinde Sandbostel sich stets gegen eine Gedenkstätte auf dem Gelände gewehrt, das inzwischen Gewerbegebiet ist. Nun lenkten alle Parteien ein: „Wir sind uns einig, dass wir uns aufeinander zu bewegen wollen", sagt der amtierende Bürgermeister Clement Volker Poppe.

Zustimmung kommt auch von Klaus Volland, dem Vorsitzenden des Dokumentations- und Gedenkstättenvereins. Er hatte zuvor für eine Gedenkstätte in der ehemaligen Lagerkommandantur plädiert. Das Gebäude wird heute von der Straßenmeisterei des Landkreises genutzt und soll nun nicht mehr in die Gedenkstätte einbezogen werden.

Allerdings widerspricht ein prominenter Unterstützer aus Hamburg: „Dieser Ort der Täter muss geräumt werden", fordert der Holocaust-Überlebende Ivar Buterfas. (mik)

Mit Mut gegen rechtsradikales Gedankengut

▪ *Leserforum*

Schwerpunktgebiet neonazistischer Organisationen

Zum Artikel „Donnerschlag gegen die NPD-Szene", Artikel in der Verdener Aller-Zeitung vom Freitag, 23. April, schreibt Horst Dethlefs, Achim, für die Gewerkschaft Erziehung und Wissenschaft (GEW)

Wem die Bedeutung des Themas „Neofaschismus" noch nicht ganz klar gewesen sein sollte, wurde schnell und eindrucksvoll belehrt.

Die GEW hatte Lehrkräfte und Schülervertreter nach Verden eingeladen, um über den Umgang mit den wachsenden neofaschistischen Aktivitäten vor Schulen in der Region zu beraten.

Die Neo-Nazi-Szene hatte Wind von der Sache bekommen und war mit etwa 25 gewaltbereiten Personen angerückt, um die Veranstaltung zu sprengen. Der Spuk wurde durch die Polizei beendet und ein Großteil der teilweise bewaffneten Störer vorläufig festgenommen.

Der Referent Ralf Beduhn zeigte auf, dass genau diese Strategie so genannte „National befreite Zonen" schaffen solle, in denen durch Drohung und Einschüchterung, durch eine Mischung aus Terror und Propaganda das öffentliche Geschehen bestimmt werde.

Beduhn, selbst Lehrer an der Gesamtschule Weyhe-Leeste, führte aus, dass es hier nicht um einen rationalen Diskurs ginge, sondern um eine klare Auseinandersetzung und Null-Toleranz diesen Kräften gegenüber. Mit zahlreichen Beispielen belegte er, wie sich Schüler und Lehrkräfte einer Schule erfolgreich um die eindeutige Dominanz demokratischer Denkweisen bemühen können. Faschistische Gruppen dürften sich gar nicht erst bilden.

Der Raum Verden/Rotenburg sei jetzt das niedersächsische Schwerpunktgebiet neonazistischer Organisationen. In unterschiedlichen Formen, von vermeintlich harmlosen öffentlichen Vorträgen ·bis zu massiven Morddrohungen, verschaffe sich diese Szene eine ständige bedrohliche Präsenz. Die Teilnehmer erfuhren dann Näheres über die Organisationsstruktur und die dahinter stehenden Personen im Landkreis.

Den Jugendlichen, die sich auf dieses Feld begäben, drohe das Abrutschen in die Kriminalität und die gesellschaftliche Isolation. Die großen Probleme, dann wieder aus dieser Szene auszusteigen, machten den Sektencharakter deutlich.

Wer sich ein Bild über den Hass und die Gewaltverherrlichung machen wolle, solle sich mit der Musik und den Texten der Neonazis vertraut machen.

Nach den Erfahrungen und Informationen dieses Abends war allen Beteiligten klar, dass die begonnene Arbeit fortgesetzt und ausgeweitet werden muss.

Leserbriefe geben die Meinung ihrer Verfasser wieder. Kürzunger vorbehalten.

Polizei verhindert Konfrontation

Starkes Aufgebot in Verden und Achim

Von unserer Redakteurin
Anke Landwehr

Verden. Mit einem starken Polizeiaufgebot ist am Wochenende das Aufeinandertreffen linker und rechter Gruppen in Verden und Achim im Vorfeld der Europawahl verhindert worden. Zwar sei es zu kleineren Provokationen gekommen, doch die befürchtete offene Konfrontation sei ausgeblieben, teilt Jürgen Menzel als Sprecher der Verdener Polizei mit.

In Verden hatten sich am Freitagabend zunächst rund 50 linke Demonstranten aus Verden und Rotenburg vor dem „Borsteler Hof" eingefunden. Zur Unterstützung kamen noch etwa 20 weitere Personen aus Bremen angereist, um Flugblätter zu verteilen und Transparente zu entrollen. In der Gaststätte sollte eine Stunde später eine Vortragsveranstaltung der konservativen „Unabhängigen Wählergemeinschaft Achim/Verden" beginnen. Thema: „Stalinistische Gewalt im Baltikum und der DDR". Daran nahmen rund 20 Zuhörer teil.

Ein Angehöriger der Verdener NPD-Szene wurde wegen seines Verhaltens des Platzes verwiesen. „Ansonsten gab es keine Komplikationen", heißt es im Polizeibericht. Die Linken zogen schließlich geschlossen und in Polizeibegleitung zum Bahnhof, wo sie ihre Demonstration auflösten.

In Achim hatten Aktionen der NPD Verden-Rotenburg bereits in der vergangenen Woche zu Konfrontationen mit Andersdenkenden und örtlichen Behörden geführt. Für den Wochenmarkt am Sonnabend hatten nun sowohl die NPD wie auch eine Antifa-Gruppe aus Rotenburg Informationsstände angemeldet. Vorsichtshalber forderte Achims Polizeichef Johannes Fuhr deshalb zusätzlich speziell ausgebildete Bereitschaftspolizisten an. Dank des massiven Polizeieinsatzes und der offenen Präsenz sei es gelungen, Auseinandersetzungen von vornherein zu unterbinden, so die Polizei in ihrer Bilanz des Einsatzes.

Anfänglichen „Wanderbewegungen" zwischen den beiden Ständen und Provokationen schoben die Beamten einen Riegel vor. Rund um den NPD-Stand sprachen sie mehrere Platzverweise aus. Außerdem stellten sie die Personalien einiger Anhänger beider Lager fest, drei Personen wurden durchsucht. Die Antifaschisten packten ihre Flugblätter wieder ein, nachdem Polizei und Staatsanwaltschaft das unvollständige Impressum beanstandet hatten.

Heisenhof-Verkauf: „Eintragung ins Grundbuch verhindern"

Axel Rott will alle polizeilichen Register ziehen / Sonderkonferenz mit Landkreis und Gemeinde Dörverden

Von Volkmar Koy

VERDEN ▪ „Ich bin alles andere als amüsiert". Polizeichef Axel Rott lächelte gestern außerordentlich gequält bei der Lektüre der Verdener Aller-Zeitung. Der Verkauf des ehemaligen Offizierskasinos Heisenhof in Barme an die Wilhelm-Tietjen-Stiftung, die mit dem Rechtsextremen Jürgen Rieger in Verbindung gebracht wird, bereitet Rott mehr als nur eine Sorgenfalte. „Kann man das noch verhindern?" lautet die folgerichtige Frage. Schnellstmöglich soll es nun ein Treffen von Vertretern des Landkreises, der Gemeinde Dörverden, der Polizei und der für den Verkauf verantwortlichen Industrieverwertungsgesellschaft (IVG) geben.

Axel Rott.

Auf Grund der polizeilichen und verfassungsrechtlichen Erkenntnisse sollten laut Rott die rechtlichen Möglichkeiten ausgelotet werden, eine Eintragung ins Grundbuch zu verhindern. Hintergrund dafür werde eine Verbotsverfügung der Niedersächsischen Landesregierung vom 9. Februar 1998 gegen die das ehemalige Volksbildungs- und Jugendheim Hetendorf betreibenden Vereine Heide-Heim e. V. und Heideheim e.V. mit fast deckungsgleichen Vorständen sein. Da sich beide Vereine gegen die verfassungsmäßige Ordnung richteten, wurden sie verboten und aufgelöst. Das wurde im Juni 1998 sogar vom Bundesverfassungsgericht bestätigt. Erster Vorsitzender beider Vereine war besagter Jürgen Rieger.

In der Verfügung, so Rott, sei festgestellt worden, dass es eine Wesensverwandtschaft beider Vereine mit dem Nationalsozialismus gebe. Mit beteiligt außerdem: die Nationalistische Front und die Jungen Nationaldemokraten (JN), die Jugendorganisation der NPD. Gerade das bringt Rott so richtig auf die Palme. Die JN sei im Raum Verden und Rotenburg besonders aktiv. „Das ärgert mich ganz besonders", sagt der Polizeichef. Wenn nun ausgerechnet Rieger auch noch in den Kreis Verden komme, sei das eine unheilvolle Kombination. Man brauche nicht viel Fantasie, um sich die Folgen auszumalen. „Wenn es uns nicht gelingt, das Vorhaben zu verhindern, dann haben wir hier alle 14 Tage eine Demo mit Gegenpolen aus der autonomen Szene." Das sei für die Polizei belastend und könne auch zu verletzten Beamten führen, befürchtet Rott, der liebend gern vor dem Verkauf des Heisenhofs informiert worden wäre. Derartige Demos verliefen nicht nur friedlich.

Bei einem Mann mit dieser Vergangenheit müsse man mit allem rechnen.

Geballte Staatsmacht kontra Jürgen Rieger

Landkreis Verden, Gemeinde Dörverden und Polizei haben gemeinsame Marschrichtung festgelegt

Von unserer Redakteurin
Anke Landwehr

Verden/Dörverden. Sollte der Rechtsextremist Jürgen Rieger versuchen, aus dem Heisenhof in Dörverden-Drübberholz einen Treffpunkt für Neo- und Altnazis zu machen, säße ihm die geballte Staatsmacht im Nacken. Darauf haben sich gestern Oberkreisdirektor Werner Jahn, Dörverdens Bürgermeister Rainer Herbst und Verdens Polizeichef Axel Rott verständigt.

Während Herbst sich über das Gespräch nicht äußern möchte, bevor er den Gemeinderat am 12. Juli in vertraulicher Sitzung informiert hat, gab Rott ein kurzes Statement ab. Man wisse, dass der Hamburger Rechtsanwalt ein Rassist, Verfassungsfeind und Nazi sei. Das habe das Oberverwaltungsgericht Lüneburg vor vier Jahren festgestellt, als es die Verbote der von Rieger geführten Vereine Heide-Heim und Heideheim bestätigte. Die beiden Organisationen seien Träger der berüchtigten „Hetendorfer Tagungswochen" bei Hermannsburg im Landkreis Celle gewesen.

In der Urteilsbegründung des OVG heiße es, dass „auch die Person des Vorsitzenden verbotsbegründend" sei, so Rott. Rieger dürfe keine Ersatz- oder Nachfolgeorganisation ins Leben rufen. „Das ist die Lupe, durch die wir ihn betrachten werden, wenn er auf dem Heisenhof aktiv wird", sagt Rott und: „Die Bevölkerung kann sicher sein, dass wir dem Spuk schnellstens ein Ende bereiten werden – falls er überhaupt beginnt."

Gegenüber unserer Zeitung hatte Rieger erklärt, dass auf dem Heisenhof kein zweites Hetendorf geplant sei (wir berichteten). Er plane vielmehr, ein 1999 in der Hamelner Innenstadt erworbenes Kino für Tagungen zu nutzen. Wie jedoch aus verlässlichen Quellen zu hören ist, ist der Rechtsextremist dabei, dieses Objekt wieder zu verkaufen.

Wilhelm Hogrefe, CDU-Landtagsabgeordneter und Chef der CDU-Fraktion im Verdener Kreistag, ließ verlauten, es gäbe „handfeste Anhaltspunkte" dafür, dass der Vertrag über den Kauf des Heisenhofes „nicht rechtswirksam zustande gekommen sein könnte".

Mit scharfem Säbel gegen Nazi-Pläne

Jürgen Rieger soll keine Freude am Heisenhof haben

Von unserem Redakteur
Johannes Heeg

Verden. Glaubt man Oberkreisdirektor Werner Jahn, wird sich der Kauf des Heisenhofs in Dörverden für Jürgen Rieger, einem führenden Vertreter der rechtsextremistischen Szene, als Fehlinvestition erweisen. „Wir haben vom Baurecht her jede Menge Möglichkeiten, eine unerwünschte Nutzung des Areals zu verhindern", sagt Jahn.

Jede neue Nutzung des ehemaligen Militärgeländes bedürfe einer Baugenehmigung. Details nennt Jahn nicht, denn diese würde Rieger für sich und seine Zwecke zu nutzen wissen, befürchtet er. Der wegen Volksverhetzung verurteilte Hamburger Rechtsanwalt Rieger steckt hinter der Wilhelm-Tietjen-Stiftung, die den Heisenhof in Drübberholz erworben hat. Rieger war unter anderem Vorsitzender des Vereins Heide-Heim. Dessen Gelände in Hetendorf bei Celle war bis zum Verbot durch den niedersächsischen Innenminister jahrelang Treffpunkt neonazistischer Organisationen.

„Ein zweites Hetendorf wird es in Dörverden nicht geben", stellt Jahn klar. Anders als in Hetendorf sei hier das Problem frühzeitig erkannt worden. „Wir werden Herrn Rieger und seine Einstellung nicht ändern können, doch wir werden alles tun, damit er die Lust verliert, in Dörverden was zu machen", betont Jahn. Der Landkreis Verden als Baugenehmigungsbehörde werde alle rechtsstaatlichen Mittel ausschöpfen. „Und das sind keine stumpfen Schwerter", so Jahn, „das wird Herr Rieger schnell zu spüren bekommen."

Landrat Hans-Jürgen Wächter betont, dass auch weiterhin größte Wachsamkeit angebracht sei, um Nazi-Aktivitäten im Landkreis Verden zu unterbinden. „Alle vier Fraktionen des Kreistags unterstützen die Kreisverwaltung und die Gemeinde Dörverden in ihrem offensiven Umgang mit diesem Problem", so Wächter, man ziehe an einem Strang. Dies sei auch wichtig, um das in der Nachbarschaft geplante Konversionsprojekt Victoria Garden nicht zu gefährden.

Gleichzeitig bat der Landrat um Verständnis, dass beispielsweise die Sondersitzung des Dörverdener Gemeinderats unter Ausschluss der Öffentlichkeit habe stattfinden müssen. „Da sollte nichts vertuscht oder unter dem Deckel gehalten werden. Aber natürlich darf man Herrn Rieger keine Argumente liefern, wie er seine Ziele doch noch erreichen könnte."

Unterdessen gibt es bereits Lob aus dem linken Lager. Es sei nicht an der Tagesordnung und daher imponierend, dass sich eine Gemeinde so schnell nach Bekanntwerden der Sachlage so eindeutig gegen die neuen „Mitbürger" positioniere, schreiben Mitglieder der ehemaligen „Initiative zur Schließung des faschistischen Schulungszentrums in Hetendorf". In Hetendorf habe erst der jahrelange breite öffentliche Protest dazu geführt, dass das Nazi-Zentrum geschlossen wurde. Ganz gleich, ob Jürgen Rieger und seine Gleichgesinnten in Dörverden eine Schulungsstätte nach Vorbild von Hetendorf planen oder ob sie aus dem Heisenhof eine „Zuchtstätte neuer Nazigenerationen" machen wollen – beides gelte es zu verhindern. **(Siehe auch Hauptausgabe, Seite 16)**

Ultimatum vom braunen Rechtsanwalt

Rechtsextremist Rieger auch schon als Autor einer Broschüre zum Sachsenhain hervorgetreten

Von unserem Redakteur
Rolf-Dieter Vogeler

V e r d e n. Angelika Revermann ist in der Regel nicht kleinlich mit Info-Material zu Verdener Sehenswürdigkeiten. Doch eine unscheinbare, 44 Seiten starke Broschüre aus ihrem Sachsenhain-Ordner rückt die Leiterin der Tourist-Information nicht heraus. Verfasser des Werks ist Jürgen Rieger – jener Neonazi, der den Dörverdener Heisenhof zu einem Zentrum für Fruchtbarkeitsforschung machen will.

Mit seiner „Artgemeinschaft – Germanische Glaubens-Gemeinschaft wesensgemäßer Lebensgestaltung e. v." hatte der braune Anwalt im Sommer 1991 den von den Nationalsozialisten zum Gedenken an das so genannte Verdener Blutgericht von 782 errichteten Sachsenhain besucht. Die ab 1934 von den Nazis geschaffene Anlage zieht immer wieder Politpilger aus dem ganz rechten Lager an.

In einem Verdener Lokal hielt Rieger nach dem Sachsenhainbesuch einen Vortrag über das historische Ereignis, dessen Einzelheiten im Dunkeln liegen. Der genaue Ort des Geschehens ist unbekannt, ebenso die Zahl der umgebrachten Sachsen. Die Vermutungen reichen von höchstens einigen wenigen bis hin zu 4500 Toten.

Auf einer Großkundgebung zum Auftakt der Errichtung der Kultstätte verglich der Nazi-Ideologe Alfred Rosenberg Hitler mit dem Sachsenherzog Widukind, der dem „Sachsenschlächter" Karl dem Großen die Stirn geboten hatte. 60 000 Menschen sollen an der Kundgebung im Reiterstadion teilgenommen haben.

Aus Riegers Referat wurde eine Broschüre mit dem Titel „Sachsenhain und Sachsenmord in Verden." Rieger attackiert darin vor allem einen Aufsatz des früheren Superintendenten Erich Leßke (Sulingen).

Diese Arbeit aus einer kirchlichen Schrift zum evangelischen Landesjugendtreffen 1960 in Verden überließ die Stadt häufig Interessierten als Informationsquelle – zum Verdruss Riegers. Denn Leßke verharmlose das Geschehen des Jahre 782, seine Arbeit stecke voller Fehler. Anfang 2001 bekam

Stellte der Stadt Verden ein Ultimatum: Der Hamburger Neonazi Jürgen Rieger. Foto: dpa

die Tourist-Information Riegers schmales Bändchen zugesandt. Absender: die „Artgemeinschaft".

Das Begleitschreiben mit dem in großen, altertümelnden Runen gehaltenen Briefkopf enthielt ein Ultimatum. Die Stadt solle mitteilen, ob sie noch immer Leßkes „von Lügen strotzende" Schrift über den Sachsenhain verbreite. Falls sie nicht binnen weniger Tage antworte, werde ihr Verhalten in einer Neuauflage der Rieger-Schrift angeprangert. Unterschrift: Rieger. Revermann, zu dieser Zeit erst wenige Monate im Amt, informierte den damaligen Stadtdirektor Dirk Richter. Der dachte nicht daran, sich von Rieger und dessen „Artgemeinschaft" erpressen zu lassen. „Darauf reagieren wir nicht", entschied er, und damit hatte es sich.

Nicht allein die „Artgemeinschaft" nahm Anteil am Sachsenhain. 1991, im selben Jahr, in dem die Rieger-Gruppe ihn besuchte, verlangte eine „Arbeitsgemeinschaft Naturreligiöser Stammesverbände Europas" (ANSE) von der Stadt Verden, mit der Verbreitung des Leßke-Aufsatzes Schluss zu machen. Verwaltungschef Richter wies das Ansinnen schriftlich zurück – Grund genug für die ANSE, mit der Kommunalaufsicht zu drohen.

Ob zwischen dem Sachsenhain-Besuch der Artgemeinschaft und der Initiative der ANSE Zusammenhänge bestehen, ist unklar, wäre aber nicht verwunderlich. Beide Organisationen sind Teil einer gegen das Christentum gerichteten neuheidnischen Strömung, die auf das Germanentum zurückgreift und oft rassistisch geprägt ist.

So bekennt sich die „Artgemeinschaft" laut einer Internet-Veröffentlichung des Informationsdienstes gegen Rechtsextremismus (IDGR) zu einem „rassenbedingten, antichristlichen Kampf". Sie habe versichert, sie werde nicht ruhen, bis sie den jetzt kirchlich genutzten „Heidenfriedhof" Sachsenhain in ihren Händen habe, heißt es.

Standing Ovations von Schülerinnen der IGS und TMS

„Ich kann verzeihen, aber ich will nicht vergessen"

Ivar Buterfas las aus seiner Autobiografie „Sonny Gol"

„Jeder Krieg ist eine Niederlage des Geists"

Ergreifende Lesung mit Hamburg-Mäzen Ivar Buterfas

„Sie sind ja gar nicht arisch!"

Neuer Versuch, Schülern das Leiden der Juden näherzubringen / Ivar Buterfas las

„Wenn ihr Unrecht seht, nehmt es nicht hin"

Weltfriedenspreisträger Ivar Buterfas in Ettelbrück

Verdrängen heißt Geschichte unterschlagen

Ivar Buterfas berichtete Schülern des Planck-Gymnasiums über Nazi-Gewaltherrschaft

Ivar Buterfas in Ettelbrück

„Sunny Goj" appelliert an die Jugend, Toleranz und Zivilcourage zu zeigen

Weltfriedenspreisträger schenkt Neustädtern Lebenserinnerungen

Ein Holocaust-Überlebender kämpft mit Schülern gegen das Vergessen

Dagmar und Ivar Buterfas – Todesangst in Irland

Ivar Buterfas lädt Jörg Haider ein:

„Er soll Farbe bekennen"

Aufräumen mit der Lüge des „Nichts-Gewusst-Habens"

Weltfriedenspreisträger Ivar Buterfas zu Gast in der Humboldt-Schule

Frühwarnsystem gegen Rechts

„Wehret den Anfängen": Präventionsrat der Stadt Verden appelliert an alle Bürger

Von Andreas Becker

VERDEN ▪ Eine Stadt steht auf. Verden macht mobil gegen den Rechtsextremismus. „Wehret den Anfängen", verkündete Ute Scholz gestern Nachmittag im Rathaus.

Die Allgemeine Stellvertreterin von Bürgermeister Lutz Brockmann warnte zusammen mit Michaela Meyer vom Präventionsrat der Stadt Verden sowie Elke Müller und Werner Schröter vom „Bündnis für Demokratie und Toleranz – Gegen Rechtsextremismus" vor „Anzeichen, dass sich rechte Gruppierungen und insbesondere rechte Jugendorganisationen die Verdener Gegend gezielt als Anwerbegebiet ausgesucht haben".

Dabei müsse allerdings klar betont werden, dass diese Versuche nicht darauf beruhen würden, dass hier so viel braunes Potenzial wäre, ergänzte Ute Scholz. Bisher habe keine rechte Jugendorganisation in Verden Fuß gefasst. Werner Schröter: „Es gibt allerdings starke Aktivitäten der Rechten, um Verdener Schüler mit rechtem Gedankengut auszurüsten." Jüngstes Beispiel: „Eine Flugblattaktion vor den Verdener Schulhöfen kurz vor den Sommerferien."

In dem Zusammenhang appellierte Ute Scholz an alle Verdener Bürgerinnen: „Es muss ein gemeinsames Bemühen sein, der braunen Gefahr keinen Nährboden zu geben." Vor diesem Hintergrund wurde der Präventionsrat der Stadt, der sich bisher vor allem die Schwerpunkte „Schule" und „Integration" auf die Fahnen geschrieben hatte, um die Arbeitsgruppe „Gegen Rechtsextremismus" erweitert. Um den Kampf gegen Neonazis entschlossen und erfolgreich zu führen, arbeiten Präventionsrat, Gewerkschaften, Kirchen und Verfassungsschutz Hand in Hand.

Die Erste Stadträtin konkretisierte die Maßnahmen: „Wir bauen jetzt Strukturen auf, damit gerade Jugendliche und Schüler umgehend Ansprechpartner bekommen, falls sie von Rechtsextremen kontaktiert werden." Dass diese Gefahr jederzeit besteht, machen aktuelle Aktivitäten der Rechtsextremen deutlich. Ute Scholz: „Es ist bekannt geworden, dass rechte Jugendorganisationen bundesweit CDs mit rechtem Gedankengut vor den Schulen verteilen wollen. So weit darf es nicht kommen. Jugendliche, Eltern und Lehrer sind aufgerufen, frühe Versuche zu erkennen und der Polizei zu melden."

Elke Müller ergänzte mit eindringlichen Worten: „Es muss sofort Öffentlichkeit hergestellt werden. Nichts darf verschwiegen werden." Um die Stadt Verden im Hinblick auf die drohende Gefahr von Rechts weiter zu sensibilisieren, findet am 25. September in der Stadthalle ein Konzert unter dem Titel „Aufmucken gegen Rechts" statt. Bereits am 9. September veranstaltet der Landesverfassungsschutz im Gymnasium am Wall zu dieser Thematik einen Infotag für Lehrer. Tenor: „Das Frühwarnsystem an den Schulen muss funktionieren."

III. Lebenslauf

Name, Vorname:	Buterfas, Ivar geb. am: 16. Januar 1933 in Hamburg
Eltern:	Orla Ida Wanda Buterfas, geb. Bahr; Christin Felix Markus Buterfas; Jude Ich bin als 8. Kind dieser ehelichen Verbindung entstanden. Unser Vater kam sehr früh in Schutzhaft, später ins KZ. Unsere Mutter widerstand dem Druck der Gestapo, ließ sich nicht scheiden und rettete somit den Kindern, die nach den Nürnberger Rassegesetzen als Halbjuden galten, das Leben.
Schulausbildung:	Volkshochschule mit jahrelangen Unterbrechungen wegen Verfolgung, Flucht und Versteck.
1942	verloren wir nach der Wannseekonferenz unsere deutsche Staatsbürgerschaft.
1955	Eheschließung mit Dagmar Eveline Maria Buterfas, geborene Frankenthal, geb. am 25. Juli 1934
1958	Geburt unseres Sohnes Andreas
1960	Geburt unserer Tochter Jasmin
1961	durch energisches Eintreten meiner Ehefrau Dagmar erhielt ich meine deutsche Staatsbürgerschaft zurück. Auch unsere bis dahin als staatenlos geltende Kinder Andreas und Jasmin wurden gemeinsam mit mir deutsche Staatsangehörige.
1970	Gründung der Firma Buterfas & Buterfas, Bausanierung. Seit 1995 wird das Unternehmen durch unseren Schwiegersohn, Jens Thomsen, geführt.

1987 gründete ich den Förderkreis „Rettet die Nikolaikirche" e.V.

Millionenbeträge sind in die Sanierung geflossen, eines der bedeutendsten Glockenspiele, bestehend aus 51 Glocken, wurde installiert. Erfolgreich wurde auch ein Dokumentationszentrum errichtet für internationale Ausstellungen.

1991 war ich Gründer der Internationalen Felix Mendelssohn-Bartholdy Gesellschaft.

1995 habe ich mich ganz verstärkt als Zeitzeuge in den Dienst der Aufklärung gestellt und nehme diese Arbeit auch heute noch wahr.

Weit über 1.400 Veranstaltungen habe ich bisher in mehr als 400 deutschen und deutschsprachigen Ländern in Europa vor Jugendlichen durchgeführt.

2001 habe ich mich aus dem Förderkreis „Rettet die Nikolaikirche" e.V. zurückgezogen, um mich ganz meiner Aufklärungsarbeit widmen zu können.

2004 im Dezember erklärte ich mich bereit, noch einmal für den Förderkreis tätig zu werden, jedoch nur für den Zweck, den Gläsernen Panoramalift für meine Vaterstadt Hamburg im Turm von St. Nikolai zu ermöglichen. Das Projekt ist geglückt. Bis Anfang November 2005 hatte der Lift bereits 25.000 Gäste aus der ganzen Welt.
In den ca. 18 Jahren meines Engagements für St. Nikolai habe ich absolut ehrenamtlich ohne finanzielle Entschädigung meine ganze Kraft in die ehemalige alte Bürgerkirche St. Nikolai und das jetzige Friedensmahnmal investiert. Immer war mir meine Ehefrau Dagmar eine besonders große Hilfe.

Viele Politiker haben mir mit Ehrungen und Auszeichnungen ihre Anerkennung ausgesprochen. Einige möchte ich abschließend aufführen:

1991	The Iron Curtain, persönlich überreicht in Hamburg durch den Staatspräsidenten von Ungarn, Dr. Guyla Horn.
1993	Portugaleser, verliehen durch den Senatspräsidenten und 1. Bürgermeister der Freien und Hansestadt Hamburg, Dr. Henning Voscherau.
1994	Bundesverdienstkreuz, verliehen durch den Bundespräsidenten der Bundesrepublik Deutschland, Dr. Richard von Weizsäcker.
1995	Friedens- und Toleranzpreis, verliehen in Antalya / Türkei durch die „Call of piece in the World Association".
2002	Felix Mendelsohn-Bartholdy-Medaille, überreicht im Rathaus Leipzig durch Bürgermeister Wolfgang Tiefensee.
2003	Goldener Rathausmann der Stadt Wien, überreicht durch den Landeshauptmann und Bürgermeister Dr. Michael Häupl.
2003	Verleihung der Europäischen Medaille für Menschenrechte in Graz (Graz war 2003 Menschenrechtsstadt Europas) durch den Landeshauptmann, Alfred Stingl.
2003	Medaille der Stadt Erfurt, überreicht in der Staatskanzlei durch den Ministerpräsidenten des Landes Thüringen, Dieter Althaus.
2004	Die Silberne Feder der Stadt Berlin, überreicht im Roten Rathaus durch den Senator für Jugend, Bildung und Sport, Klaus Böger.
2004	Medaille für Verdienste am Volke, verliehen durch die Kultursenatorin der Freien und Hansestadt Hamburg, Dana Horakova, auf Veranlassung des Senatspräsidenten und 1. Bürgermeisters der Freien und Hansestadt Hamburg, Ole von Beust.

Nicht ohne Stolz zeigt Ivar Buterfas seinen „Portugaleser", eine der höchsten Auszeichnungen, die Hamburg zu vergeben hat FOTO: AMBOR

Ivar Buterfas wird Sonderbotschafter für Jugendaufklärung in Europa

Ende Januar 2000 Treffen mit allen großen Staatschefs des Kontinents

Meppen (ebs) Der 67-jährige Hamburger Ivar Buterfas, Holocaust-Überlebender, der am 16. Januar 1933 in Hamburg kurz vor der Machtübernahme Adolf Hitlers am 30. Januar 1933 das „Licht der Welt" erblickte, wird Sonderbotschafter für Jugendaufklärung in Europa. Am 26. November werde er Bundeskanzler Gerhard Schröder in Berlin persönlich übermitteln, dass er den Vorschlag des Staates Schweden annehmen wird. Das teilte Ivar Buterfas in einem Gespräch mit unserer Zeitung mit. In Meppen hatte Buterfas zwei Vorträge zum Thema „Ich habe verziehen, aber ich vergesse nicht" gehalten.

„Ohne Aufarbeitung der Vergangenheit gibt es keine Zukunft", meinte der Mann, der aus dem Blick zurück für sich Konsequenzen gezogen hat und mit seinem Engagement für den Weltfrieden nach vorne schaut. Buterfas, der nach dem Holocaust erfahren musste, das „der braune Geist" noch längst nicht aus allen Köpfen verschwunden war, mahnt nicht nur, „vielmehr engagiert er sich für eine Welt, in der den Menschen seine Erfahrungen erspart bleiben", schrieb vor nicht allzu langer Zeit der heutige Bundespräsident Johannes Rau.

„Die Jugend in Deutschland ist besser als ihr Ruf"

Seit vier Jahren befasst sich der erfolgreiche Unternehmer, dessen Vater ein Jude und dessen Mutter eine Christin war, intensiv mit der deutschen Geschichte. In vielen Gastvorlesungen an den verschiedensten deutschen Universitäten und in den Abschlussklassen der Sekundarstufe I sowie im schulischen Sekundarbereich II trägt Buterfas dazu bei, dass Deutschlands unrühmliche Vergangenheit aufgearbeitet wird. „Bisher habe ich in Deutschland mit meinen Worten rund eine Million Jugendliche erreicht."

„Die Jugend in Deutschland ist besser als ihr Ruf", weiß der Mann, der selbst dem Gespräch mit der rechtsradikalen Szene nicht ausweicht. Erschreckend sei, wie wenig die Jugend über den Holocaust wisse. In Schweden habe eine Erhebung ergeben, dass der Holocaust bei den Jugendlichen so gut wie gar nicht in den Köpfen präsent sei. Die schwedische Stadt habe deshalb ein Projekt gegen das Vergessen aufgelegt. Die Ergebnisse seien in einem Buch über den Holocaust in Europa von 1933 bis 1945 mit dem schwedischen Titel „Tell ye your children…" (Erzählt es euren Kindern…) veröffentlicht.

„Anlässlich eines Besuchs des Hamburger Senates in Schweden, an dem ich teilgenommen habe, sei man wohl auf ihn aufmerksam geworden. Vor drei Wochen habe ich erfahren, dass Senat und Kammer in Schweden mich als Sonderbotschafter für Jugendaufklärung in Europa vorschlagen. Ich spreche darüber heute Abend das erste Mal öffentlich." In Anbetracht seines Alters hat Buterfas überlegt, ob er das Amt annehmen soll, aber letztlich siegte sein unbändiger Aufklärungswille.

Wenn Ivar Buterfas am 26. November in Berlin im Bundeskanzleramt seine Bereitschaft zur Amtsübernahme gibt, dann steht auch fest, dass er vom 26. bis 28. Januar 2000 bei einer internationalen Konferenz, die sich mit dem Holocaust und dem Frieden in Europa beschäftigt, in Stockholm mit US-Präsident Bill Clinton, Großbritanniens Staatschef Tony Blair, Bundeskanzler Gerhard Schröder, Israels Ministerpräsidenten Barak und vielen anderen Staatschefs an einem Tisch sitzen wird. „Endlich findet meine Aufklärungsarbeit die Anerkennung, die ich mir erhofft habe."

Ivar Buterfas und Dr. Michael Häupl, Wien

Ivar Buterfas und Alfred Stingl, Graz

DER SENAT

DER FREIEN UND HANSESTADT

HAMBURG

VERLEIHT

HERRN IVAR BUTERFAS

IN DANKBARER

ANERKENNUNG

SEINER VERDIENSTE

UM DAS GEMEINWOHL

DIE MEDAILLE FÜR

TREUE ARBEIT

IM DIENSTE DES VOLKES

IN SILBER

HAMBURG, DEN 29. JULI 2003

DER PRÄSIDENT DES SENATS

Medaille für Buterfas

Ivar Buterfas (71, Foto), Bauunternehmer und Ehrenpräsident des „Förderkreises Rettet St. Nikolai", bekam gestern von Kultursenatorin **Dana Horáková** (56, l.) die „Medaille für Dienste am Volk" verliehen. Begleitet wurde er von seiner Frau **Dagmar** (69, r.). Grund der hohen Auszeichnung waren seine „vorbildliche Arbeit und sein hohes Engagement für das Gemeinwohl". Die Senatorin würdigte die Leistungen Buterfas' weit über die Arbeit für Alt-St.-Nikolai hinaus: „Natürlich ist Ihr Einsatz für den Erhalt der Kirchenruine nur ein Bruchteil der Fülle an Verdiensten, für die wir Sie heute ehren. Ich denke da an Ihre Vorträge über die Zeit von 1933 bis 1945 in den Universitäten, Gymnasien und Haupt- und Realschulen, mit denen Sie den kommenden Generationen die Vergangenheit nahe bringen", sagte Dana Horáková. *(eli)*

Sunny Goj

Die Lebenserinnerungen des Ivar Buterfas